|光明社科文库|

# 个人信息保护立法研究

高富平◎著

光明日报出版社

**图书在版编目（CIP）数据**

个人信息保护立法研究 / 高富平著 . -- 北京：光明日报出版社，2020.5

ISBN 978 - 7 - 5194 - 5738 - 9

Ⅰ.①个… Ⅱ.①高… Ⅲ.①隐私权—法律保护—立法—研究—中国 Ⅳ.①D923.04

中国版本图书馆 CIP 数据核字（2020）第 076998 号

## 个人信息保护立法研究
**GEREN XINXI BAOHU LIFA YANJIU**

著　　者：高富平

责任编辑：史　宁　　　　　责任校对：刘浩平
封面设计：中联学林　　　　　责任印制：曹　净

出版发行：光明日报出版社
地　　址：北京市西城区永安路 106 号，100050
电　　话：010 - 63139890（咨询），010 - 63131930（邮购）
传　　真：010 - 63131930
网　　址：http://book. gmw. cn
E - mail：shining@ gmw. cn
法律顾问：北京德恒律师事务所龚柳方律师

印　　刷：三河市华东印刷有限公司
装　　订：三河市华东印刷有限公司
本书如有破损、缺页、装订错误，请与本社联系调换，电话：010 - 63131930

开　　本：170mm×240mm
字　　数：260 千字　　　　印　　张：17
版　　次：2021 年 1 月第 1 版　印　　次：2021 年 1 月第 1 次印刷
书　　号：ISBN 978 - 7 - 5194 - 5738 - 9
定　　价：95.00 元

# 目　录
## CONTENTS

# 前　言

　　人类已经进入网络化、数据化、智能化的大数据时代，数据成为支撑社会经济运营的新资源。能够识别个人的个人信息是社会交往和经济运行的必要工具，个人信息利用关系着大数据利用。数据再利用或社会化利用成为数据法律制度的核心问题，构筑个人信息利用秩序即是构筑大数据利用法律秩序的基石。我国一方面积极推进大数据技术发展和应用，另一方面积极建构网络安全制度，为个人信息的安全有序利用提供制度保障。

　　我国个人信息保护领域的立法，刑法走在了最前列。2009 年《中华人民共和国刑法修正案（七）》将非法提供和获取公民个人信息纳入刑法调整，确立侵犯公民个人信息罪。2012 年全国人大常委会通过的《全国人民代表大会常务委员会关于加强网络信息保护的决定》开启我国个人信息保护立法征程。本书对我国现行《刑法》、《消费者权益保护法》（2013 年修订）、《网络安全法》、《民法总则》及其相关司法解释涉及的个人信息保护规范，从规范分析和价值分析两重角度给予系统评估。

　　个人信息受保护已经成为法律共识。现行个人信息保护规范内容主要有：（1）确立个人信息收集和使用的基本原则，即合法、正当、必要原则；（2）收集和使用个人信息须经信息主体知情并同意；（3）信息控制人应依法或依约使用个人信息；（4）信息主体（个人）享有删除权和更正权；（5）信息控制人应采取适当的技术措施保护个人信息安全。违反这些规定，需要承担相应的法律责任，包括民事责任、行政责任和刑事责任。

　　《民法总则》中的"个人信息受法律保护"并不等于确立个人信息权或将之上升为具体的人格权，表明我国对个人信息保护采取"法益"保护，而不是权利保护。这样的定位基本上是与国际社会接轨的，相一致的。只是我国现行法对个人信息保护规则非常稀少且囿于原则，不能起到对个人信息的保护作用，更不能支撑我国大数据产业对个人信息的利用。主要问题是：

（1）过于依赖个人的同意保护个人利益，同意成为他人使用个人信息的前提，也成为个人维护其权益的直接手段。但是，同意起不到应有的作用，反而成为信息控制人规避法律风险的手段。

（2）信息主体权利规范缺失，只有《网络安全法》第43条赋予了个人两项救济性权利，即删除权和更正权，不利于信息主体维护自己权益。

3. 信息控制人义务规范不完整，且多为禁止性规范，不能给信息控制人利用个人信息以指引，个人信息利用面临法律不确定性。

我国虽然建立了个人信息保护的民事责任、行政责任和刑事责任体系，但欠缺行为规范，导致我国的法律责任难以落实，也导致直接以法律后果替代行为规范保护个人信息。责任规范存在问题主要是：

（1）作为民事权益保护，个人信息保护的任何法律后果（责任）均应当建立在侵害个人权益的基础之上，但是，我国恰恰缺失个人信息利用行为是否侵害个人权益的判断规则，导致行政执法、甚至刑事执法结果的正当性受到质疑。

（2）违法行为是否构成侵权行为，没有权威说法。依据现行法律规范，未经个人同意收集和使用个人信息即构成违法行为，当然构成民事侵权行为。但是最高人民法院的司法解释将侵害个人信息的加害行为定位于"公开"行为，而不是"非经同意的使用行为"。这说明，法律界对非经同意使用是否属于侵权行为认识不一。

（3）目前我国有关法律对个人信息规范粗糙，个人信息行政保护执法不具有可操作性，使行政机关难以执法以实施具体的行政处罚。

（4）现行刑法以"'违反国家有关规定'＋'情节严重'"作为规范模式，不仅具有相当的覆盖面，而且使刑法具有设定义务的规范效果。因为我国现行法对于合法的购买、收受、交换等行为并没有明确的规范，刑法宣布"情节严重"的即要承担刑事责任，导致刑法规范的越位，在一种行为是否违法尚不确定的状态下，由刑法宣布可以入刑，使个人信息利用行为面临着巨大的法律不确定性。

（5）"违反国家有关规定"只是行为进入刑法调整的门槛，而不等于具备刑法上的违法性，具有社会危害性是违反法律规定的行为构成犯罪（刑事违法行为）的标准。刑法解释从个人信息种类、数量、获利等情节严重因素进行了细化，但是，这些严重的情节是否具有民事违法性，是否承担民事责任在现行法下找不到依据，导致出现法律关系调整的刑法化，背离了刑法调整的目的和定位。

我国个人信息保护没有统一的立法，分散于多部法律中，内容简单重复，进行问题应对式立法，没有整体设计，没有建立统一个人信息保护的理念、原则和保护方式。在法律规范目的和价值定位上，我国现行个人信息保护规范主旨和目的有失偏颇，仅仅考虑了个人利益的保护，没有考虑个人信息的社会价值，缺失合法流通利用的规范。从法律规范结构来看，信息主体授权性规范少，数据控制人的义务性规范粗糙简单，难以发挥法律的指引作用；义务性规范以禁止性规范为主，且禁止性规范直接引到行政责任和刑事责任，使行政处罚和刑罚的正当性受到质疑。

所有这些问题均可归结为，我国法律理论上对什么是个人信息、为什么保护个人信息、如何保护个人信息的基本问题没有正确的认知，导致立法目的、保护模式等定位模糊。但是，现行法律规范又支持单一的个人信息权制度，形成了以赋予个人对个人信息的控制权作为个人信息保护的主要手段。这一定位和保护方式，既与国际社会通行规则不一致，也与大数据应用实践和趋势不吻合。个人数据（信息隐私）并不是纯粹的私权利决定的事情，而是法律在权衡私人和公共利益基础上的权利和义务规则。将个人信息定位于完全由个人控制不仅在实践上很难实现，而且与当今的大数据发展和应用方向不相吻合。

国际社会的个人信息保护规则形成于20世纪80年代。伴随互联网的普及应用，物联网、云计算、大数据、机器学习等的出现，人类对数据的应用发生了翻天覆地的变化。在这样的背景下，单纯依赖个人赋权和维权不能解决个人数据保护问题，赋予个人用前控制（同意）、未经同意即构成侵权以寻求司法救济，也不能平衡个人权益和社会公共利益，发挥个人数据应有的价值。我国应当充分深入研究大数据背景下个人信息保护的新趋势、新规则、新思路，在新的定位基础，制定个人信息保护法，全面重构我国的个人信息保护制度。

第一部分 01

导　论

# 一、研究背景和目的

## （一）大数据时代的到来

伴随计算机技术的广泛应用，人类社会进入到一切信息均数字化，而数字化的信息均可以网络传输的时代。数字化处理和传输给人类社会信息生产、处理、传输和分享的能力带来了翻天覆地的变化。数字技术、网络技术的应用产生大量数据，这些数据不仅规模大，而且杂乱无章。人们发现不能再用传统的思维和方法管理数据，不能再随意地丢弃这些新信息，而应重新开发和利用信息。在信息科技领域，人们一方面不断地探索如何将现实世界转化为可以采用信息技术处理的信息，另一方面不断探索驾驭海量信息收集和处理能力的技术。这便是大数据技术的出现。

大数据表示我们收集和分析社会中产生的大量数据的能力。IBM 将大数据概括为 4 个"V"，即数据量（Volume）大，数据形态多样（Variety），数据处理速度（Velocity）快，数据价值（Value）高。

第一，数据体量巨大。大数据的起始计量单位至少是 P（1000 个 T），甚至 E（100 万个 T）或 Z（10 亿个 T）。全球各个行业的数据存储量，每年都在以 50% 以上的速度高速增长，非结构化数据更是以近每年翻一番的速度暴增。Google 执行主席 Eric Schmidt 说："自人类文明开始到 2003 年，人类共生产了 5 艾字节（exabytes）数据。现在我们每两天即可以生产 5 艾字节，而且生产速度正在加快。"

第二，数据类型繁多。包括网络日志、音频、视频、图片、地理位置信息等，多类型的数据对数据的处理能力提出了更高的要求。

第三，价值密度低。如随着物联网的广泛应用，信息感知无处不在，信息海量，但价值密度较低，如何通过强大的机器算法更迅速地完成数据的价值"提纯"，是大数据时代亟待解决的难题。

第四，处理速度快，时效性要求高。

大数据意味着：我们产生新数据的速度惊人（数据化我们的世界）；我们生产更加复杂的数据形式；我们分析数据的能力发生了巨大的变化。

数据化我们的世界主要有三方面表现。其一，我们不断地留下我们交流的数字记录，如电子邮件、社交网络、电话交谈等均以数字形式存储。其二，我们愈来愈多的活动被数字化记录下来：在数字世界，我们的任何行为均留下数字轨迹。比如，我们浏览网页的轨迹被记录下来，我们点击过什么，买过什么，分享或喜欢什么，听过什么音乐，读过什么书，频率如何，等等。其三，许多照片和录像被数字化获取和存储。我们每个人使用数码相机、智能手机等将随时随地拍摄的花絮上传至网上。这主要是因为，我们现在的电子终端都是智能化的，智能手表、智能手机、谷歌眼镜等可以随时感应和记录我们的时间、位置、活动、行走轨迹等。

数据化如何改变我们的商业活动，创造新的价值？显然，仅仅收集数据并没有用，关键是分析并"破解"其价值。数据价值不仅在于首次使用，更在于再次使用或重复使用。因此，数据的再利用是大数据应用最重要的法律问题。

**（二）大数据价值的实现：人工智能**

数据成为人们获得新的认知、创造新的价值的源泉。数据化正在改变我们的商业活动，改变市场、组织结构、社会关系，创造新的价值。显然，仅仅收集数据并没有用，关键是分析并"破解"其价值。数据的价值不仅在于首次使用，更在于再次使用或重复使用。因此，数据的再利用是大数据应用最重要的法律问题。

在大数据时代，数据的价值形式发生变化。数据呈现不再主要是依靠各种数字化的信息库。过去，我们利用信息的方式主要是阅读新闻、文章、文献，视听各种图片、音视频资料等，我们无法在浩瀚的数据海洋获取有用的知识，我们更多的是依赖他人加工好的各种数据库，查询我们需要的文献，获取我们需要的信息。也就是说，分散的数据或信息是被整理成各种数据库为人们所使用的，而人们没有利用庞杂信息的能力。但是，在大数据时代，我们有了人工智能、机器学习和深度学习。机器学习是使用算法来解析数据、从中学习，然后对真实世界中的事件做出决策和预测。深度学习是实现机器学习的技术，深度学习使得机器学习能够实现众多的应用，并拓展了人工智能的领域范围。而机器学习功能使得为机器赋予人的智能成为可能，这便是通常所讲的人工智能（Artificial Intelligence）。

在某种意义上，"人工智能 = 大数据 + 机器学习"。大数据是原材料，机器学习的核心是各种算法，加上各种行业知识作为辅料。在人工智能的背景下，任何数据均具有价值。人工智能利用的是快速的适时性非结构化数据，如社交媒体用户产生的图片和视频流、上班族在上下班途中产生的流量信息、飞机引擎中上千个传感器的数据流，等等。具有商业价值的可能就是实时产生的数据流本身，可能是经过不断采集、筛选、归类形成的各种数据集（data set）。机器学习的对象是数据本身，它并不需要高度结构化的数据库。

为大力发展我国人工智能技术创新和促进大数据战略的实施，加快发展数据经济，2017 年 7 月，国务院印发的《新一代人工智能发展规划》（以下简称《规划》），提出三步走计划，到 2030 年人工智能理论、技术与应用总体达到世界领先水平。《规划》旨在大力发展五大人工智能 2.0 技术（包括深度学习、跨界融合、人机协同、群智开放和自主操控），用以解决技术、产业、社会和国防四大领域的问题。

因此，大数据是支撑人工智能应用的，而人工智能是大数据价值得以实现的主要技术。我们讨论大数据的基础制度时，必须以此作为判断基础。

### （三） 大数据时代的经济形态：数据经济

大数据对应的经济形态即数据经济，也就是数据驱动的经济。数据经济实际上与知识经济、信息经济、数字经济等概念一脉相承，描述了人类进入"数据—信息—知识"为核心资源的社会图景。

大数据支撑人工智能，而人工智能在各个行业的应用，将使人类社会迈入数据驱动的社会，开启数据驱动的经济（data - driven economy）。数据驱动的经济也被称为以数据为基础的经济（data - based economy），简称数据经济或数字经济，用来描述数据作为社会基本资源和企业竞争力时代的经济形态。

自从 ICT 或网络应用于商务，活动中就出现了不少词汇描述人类进入信息社会的经济形态，先后出现了知识经济、信息经济、数字经济（digital economy）、数据经济等。笔者认为，这些经济形态均源自于信息革命——数字化、网络化、信息化，而数据经济无非是信息技术发展到数据化、智能化阶段的产物。信息技术使人类实现信息共享，提高知识生产率，使人类社会进入知识经济时代。"知识经济"（The Knowledge Economy）通俗地说就是"以知识为基础的经济"（The Knowledge – based Economy）。① 知识经济的基础是信息技术，信息技术的不断发展催生了云计算、物联网等，出现了万物互联和大数据，于是数据分析（人工智能、机器学习）成为人类知识的新来源和决策依据。因此，数据经济与知识经济一脉相承，是知识经济的高级阶段。

与数据经济交换使用的还有数字经济。"数字经济"也出现于 20 世纪 90 年代中期。② 随着互联网、云计算、大数据、物联网等新技术应用，数字化、网络化、智能化成为社会运行的常态，于是数字经济成为描述这个时代经济特征的流行词汇。2016 年 9 月，二十国集团（G20）领导人杭州峰会首次提出全球性的《二十国集团数字经济发展与合作倡议》对数字经济作了较权威的定义："数字经济是指以使用数字化的知识和信息作为关键生产要素、以现代信息网络作为重要载体、以信息通信技术的有效使用作为效率提升和经济结构优化的重要推动力的一系列经济活动。"笔者认为，数据经济也强调数字化的知识与信息（或数据）为生产要素，与数据经济异曲同工。或者说，数据经济是数字经济更时髦的说法。

因此，上述概念只是角度不同，并没有实质差异。这里使用数据经济来描述大数据时代以数据收集和分析为基础的整个社会经济运行和发展模式的转变，一方面，在 ICT 技术创新引领下，数据采集收集、数据处理分析、数据流通和交易（包括服务）成为一个行业并渗透进社会的各行各业，由此带动人类社会走向数据驱动的经济形态。

数据是大数据时代的核心资源，数据的价值是贯穿于数据产生到使用的全

---

① 1996 年，世界经合组织（OECD）发表了题为《以知识为基础的经济》的报告。该报告将知识经济定义为建立在知识的生产、分配和使用（消费）之上的经济。

② 入选全球最具影响力的 50 位思想家的美国经济学家唐·塔普斯科特（Tapscott）于 1994 年出版了《数字经济》（*The Digital Economy：Promise and Peril In The Age of Networked Intelligence*），该概念由此成为广泛使用的概念。

生命周期。因此，理解数据经济，必须从认知数据的价值链入手。数据的价值链建立在数据的不同活动基础上：数据生产和收集；数据聚合和结构化；数据存储和处理；数据分析、营销和销售（distribution）；数据的使用和再使用。所有这些活动都需要劳动和资金投入，都需要相应的技术支持，而这些活动的开展无疑成为数据经济核心。

虽然经济活动贯穿于数据价值链的每个环节，但数据的价值最终是数据分析应用于各种活动和决策中产生的，它可能是新的发现、新的结果、新的程序或更加精准的决策。人们通过数据分析可以带来新思想、新解决方案或者更精准地预测未来。数据的这种价值也被描述为"数据驱动创新"（data – driven innovation）。2013 年，软件和信息产业协会发布了《数据驱动创新》① 白皮书，提出并定义了数据驱动创新："数据驱动创新表述企业和公共机构基于数据分析的信息利用能力，以改进个人和组织（包括中小企业）日常运营的服务和产品。"典型地讲，智能制造本质上是收集和分析数据以优化产品制造流程和工艺，并不断推出新产品或服务的过程。实际上，数据驱动创新成为数据驱动经济的核心力量。

围绕数据经济发展，国际社会和主要国际组织早已开始部署和规划。2014年，欧盟议会、欧盟理事会、欧洲经济和社会理事会和地区理事会联合发布了《走向繁荣的数据驱动经济》②，明确提出"数据是未来知识经济和社会的核心"。该通讯认为，繁荣数据驱动经济具有以下三个特征：（1）具有质量好的、可信赖和可协同处理的数据集和稳定的数据分析基础设施；（2）促进数据集价值实现的基本条件，比如适格的技术人员、各类主体之间的密切合作等；（3）利用大数据处理可以取得不同效果的应用领域，公共机构可率先垂范，成为新数据服务和数字产品的媒介人。OECD 于 2015 年发布了研究报告《数据驱动创

---

① Data – Driven Innovation – A Guide for Policymakers: Understanding and Enabling the Economic and Social Value of Data, SIIA White Paper, 2013. [EB/OL]. 软件和信息产业协会官网，2018 – 01 – 20.

② Communication from the Commission to the European Parliament, The Council, The European Economic and Social Committee and the Committee of the Regions: Towards a Thriving Dta – driven Economy [COM（2014）442 final].

新：为增长和福祉的大数据》①，对大数据给人类社会带来的变革作了较为权威和系统的论述，成为指导其成员国实施大数据战略的重要参考。2017 年，欧洲政治战略中心发布了《进入数据经济》②，对如何迎接数据经济提出三点设想：（1）理解数据生态系统的价值创造；（2）建立数据友好的规制框架；（3）制定积极的公共政策支持数字转型。

因此，我们一定要在数据经济或数字经济意义上认识大数据的价值，在推动经济转型升级引擎意义上部署大数据战略，构建大数据发展的基础制度。

### （四）个人信息与大数据

个人信息是指可识别具体个人（仅指自然人）的信息。个人信息概念强调"识别性"，凡是能够识别特定个人的信息，无论是直接识别到的还是间接识别到的特定个人的信息，均为个人信息。

在美国，个人信息被称为"个人可识别信息"（personal identifiable information，简称 PII）③；在欧盟，个人信息被称为个人数据。实际上，个人信息与个人数据含义相同，只是不同法域习惯用语不一。因此，本书时常混用个人信息和个人数据二词，在涉及欧盟的法律时，多用个人数据，涉及我国法律或美国法律时使用个人信息。

个人信息是社会交往和社会运行的必要工具或媒介。一方面，个人需要利用可以识别自己的符号，向社会推介、展示自己，需要利用它开展各种活动，将活动结果归属于其本人。另一方面，社会也需要利用个人提供的个人信息和散落于各处的、可被搜集掌握到的有关个人信息来了解、判断某个人。

大数据来源渠道多样，表现形式多样，主要表现为网络运行轨迹、用户网络行为记录、媒体信息、文本信息、自然界信息（天文地理信息）等。一切有

---

① OECD（2015）. *Data – Driven Innovation*：*Big Data for Growth and Well – Being*，OECD Publishing，Paris，［EB/OL］数字对象标识符官网，2018 – 01 – 20.

② EPSC Strategic Notes（2017）：*Enter the Data Economy*：*EU Policies for a Thriving Data Eco-system*，欧盟官网.

③ Schwartz，Paul M. and Solove，Daniel J.，*Reconciling Personal Information in the United States and European Union.* 102 Calif. L. Rev. 877（2014）.

意义的数据皆有源，也都是来源于或关于某人、某物（包括自然界）、某组织的信息或者他们的活动、运行记录。其中，来源于个人、可识别个人的个人信息或个人数据在大数据及其应用中占有非常重要的地位。因为，人是一切活动主体，又是一切活动结果的承受主体，一切政务和商务活动最终是围绕人而展开，了解、认识和联系人成为一切活动的起点。于是，从本世纪初起，对于网络用户进行画像成为大数据应用的基本形态。

用户画像源自 Alan Cooper（交互设计之父）最早提出的"人格面具（persona）"概念，即目标用户的具体描述或表现。现在用户画像几乎被所有的企业所应用，尤其是互联网企业。它通过搜集用户的各种信息（社会属性、生活习惯和消费行为等）给用户抽象出一个个特征标识，形成标签化的用户模型。用户画像实质上就是识别，就是判断一个人是什么样的人。其中我们可将用户画像大致分为三大类：

第一类为基本信息画像，主要是用户基本信息，如年龄、性别、学历、职业、收入、资产、婚否、是否有房、是否有车等；

第二类为用户行为画像（基于互联网业务，此处的用户行为主要指用户的消费行为），如品类偏好、下单预测、分期意愿等；

第三类则是宽泛的用户分群画像，此类画像基于统计方法（聚类）将同类型用户划为一类，根据不同业务需求，群体特征也不尽相同。

用户画像可以使产品的服务对象更加聚焦，更加专注，不仅可以找到喜欢自己产品或服务的目标客户（精准营销），而且可以根据用户的需求设计产品（个性化定制或服务），提升产品或服务的质量或满意度。因此基于用户画像为基础的数据分析已经成为大数据应用最为成熟的领域，也是经济转型和提升企业竞争力最有效的工具。

在大数据时代，个人信息采集、收集日益普及、密集和隐蔽，将自我采集和收集的个人信息组合，形成数字画像、实时追踪、数据挖掘分析成为普遍现象。在某种意义上，个人数据的收集、分析和应用代表着大数据目前最主要的应用，也是大数据带给人们的最主要红利。因此，个人数据是大数据的基础和核心。

### （五）我国大数据应用发展的困惑：研究主题的确定

我国政府非常重视大数据技术发展和应用。2015 年 8 月 31 日，国务院印发《促进大数据发展行动纲要》，明确了我国全面发展大数据应用与发展的目标和主要任务，彰显了我国加快建设数据强国的决心与思路，大数据的应用发展已经受到国家层面以及产业各界的高度重视。

2016 年在对《2006—2020 年国家信息化发展战略》修订的基础上形成的《国家信息化发展战略纲要》，实质上将"数字化、网络化、智能化为特征的信息化"作为建设网络强国、落实"四个全面"战略布局的重要举措。

大数据战略推进过程中，人们发现，数据的产生、获取途径多样，各个组织利用各自的网络收集、存储和使用数据。但是，每个单位的数据均是有限的，很难形成"大样本"数据。而一旦人们发现数据的潜在价值后，也不希望公开自己的数据，任由他人自由抓取。于是，数据再利用或社会化利用成为数据法律制度的核心问题。而数据的社会化利用，即别人可使用你的数据，你也可以使用他人的数据。要实现这样的目标，就必须开放数据，共享数据，要通过共享和流通实现数据的集聚和匹配。实际上，数据只有在流通或社会化使用中才有价值，才有生命。数据不被人使用就是死水潭，毫无价值。因此，《促进大数据发展行动纲要》对数据共享和流通给予了高度关注。该纲要明确提出了将引导培育大数据交易市场，开展面向应用的数据交易市场试点，探索开展大数据衍生产品交易，鼓励产业链各环节的市场主体进行数据交换和交易，促进数据资源流通，建立健全数据资源交易机制和定价机制，规范交易行为等一系列健全市场发展机制的思路与举措。

但是要使数据开放、分享和流通，除了需要解决企业或其他组织愿不愿意的问题，还涉及个人信息保护问题。前者涉及到目前被广泛关注的产品性数据赋权问题，而后者则是来源数据的保护问题。由于个人信息具有识别个人的功能和特性，个人信息必须受到保护，以避免被不当使用或滥用，给个人造成损害。现在国际社会普遍认为，个人信息收集和使用应予以规范，以保护个人的尊严和自由免受损害。个人信息受保护已经成为现代法治社会的一项基本原则。随着互联网等现代通信手段的应用，个人信息收集和利用成为非常便捷的事情。

非经信息权利人的同意，随意收集、使用、买卖个人信息从事商业活动十分普遍，利用个人信息从事诈骗、绑架、敲诈勒索等刑事犯罪活动也时有发生，这使每个人都处于不安全的状态。个人信息不法利用对人们生存安宁和正常生活秩序造成巨大威胁，个人信息保护成为我国迈入信息社会首先必须解决的问题。

长期以来，由于我国个人信息的利用缺失规范，我国个人信息利用中侵犯个人权益的现象非常严重。根据2016年的一项调查，当前人们对个人信息保护的社会现状安全感不高，超七成的参与调研者认为个人信息泄露安全问题严重；民众遭受个人信息侵害程度高；个人信息安全防范意识不强，为侵害行为提供可乘之机，半数的参与调研者对于因证件复印和快递单造成的个人信息泄露无察觉，超六成的参与调研者在更换手机和手机号时存在信息泄露隐患；个人信息侵害维权观念不强、常识不够、动力不足，仅有20%的参与调研者在发现个人信息遭受侵犯时，采取投诉、举报和报警等积极应对措施，六成参与调研者不知如何维权，近半数参与调研者认为维权困难。①

个人信息被合法利用的同时也出现了大量违法犯罪行为。于是，在我国对个人信息没有基本规范的情形下，率先通过《中华人民共和国刑法修正案（七）》（以下简称《刑修七》），其中增加了侵犯公民个人信息罪。公安部曾先后于2012年2月、12月和2013年2月，三次部署全国公安机关开展集中打击行动，共抓获犯罪嫌疑人4115名，破获出售、非法提供和非法获取公民个人信息案件4382起，查获被盗取的各类公民个人信息近50亿条，打掉利用非法获取的公民信息实施犯罪的团伙985个，破获绑架、敲诈勒索、暴力追债、电信诈骗、非法调查等犯罪案件上万起。自2009年《刑修七》引入个人信息刑事罪名至2016年12月，全国法院共审结出售、非法提供公民个人信息、非法获取公民个人信息刑事案件1433起，生效判决人数2112人。

但是，在出重拳打击犯罪的同时，我们也发现一个重要的问题，刑法所打击的非法出卖与提供个人信息、非法获取个人信息的覆盖面非常广泛，几乎可

---

① 《中国个人信息安全和隐私保护报告》（2016年11月发布）。中国青年政治学院互联网法治研究中心与封面智库于2016年10月24日联合发起《你的隐私泄露了吗？——个人信息保护情况调研》问卷调查，该调查覆盖全国各省、区、市，共回收问卷1048575。最后，在该调查问卷的基础上形成该报告。

以涵盖现实生活中的所有数据共享和流通利用行为。当这些数据行为被认定是"非法"时，数据的使用人就有可能构成犯罪。而当我们审查何为非法时，我们又很难找到法律依据。因为现行法律仅仅原则性地规定，收集和使用信息应当遵循合法、正当和必要原则，应当征得被收集人的同意并按照法律或合同约定使用个人数据。那么是否违反这些规定我们就可以绳之以刑法呢？比如，是否非经同意收集和使用个人数据（比如达5000条）就可以入刑？刑法为我们数据的流通、使用蒙上一层违法犯罪的阴影。

　　一方面，国家政策鼓励数据交换和交易，促进数据资源流通，促进大数据应用和发展；另一方面，国家现行的法律却没有给合法的数据流通提供指引和空间。如何破解这样的僵局，成为大数据产业发展首先要解决的问题。

## 二、我国个人信息保护立法：法律规则与社会需求的冲突

### （一）我国个人信息有关法律扫描

　　2000年12月28日，第九届全国人民代表大会常务委员会第19次会议通过的《全国人大常委会关于维护互联网安全的决定》第4条规定：利用互联网侮辱他人或者捏造事实诽谤他人；非法截获、篡改、删除他人电子邮件或者其他数据资料，侵犯公民通信自由和通信秘密构成犯罪的，依照刑法有关规定追究刑事责任。这应该说是我国在保护个人信息方面作出的第一个法律层面上的努力。但是该规定目的在于禁止通过互联网侮辱诽谤他人、侵犯公民通信自由和通信秘密，而非全面的个人信息保护。2003年，国务院信息化办公室就已对个人信息立法研究课题进行部署。2005年《个人信息保护法（专家意见稿）》已经形成，2008年呈交立法机关，但至今未进入正式的立法程序。以下是现行涉及个人信息立法的梳理。

　　我国个人信息保护领域的立法，刑法走在了最前列。2009年《中华人民共和国刑法修正案（七）》首次将侵犯公民个人信息的行为纳入刑法调整，确立"出售、非法提供公民个人信息罪"（《刑修七》第7条第1款）、"非法获取公

民个人信息罪"（《刑修七》第 7 条第 2 款）。2015 年《中华人民共和国刑法修正案（九）》（以下简称《刑修九》）取消了上述两罪构成要件中的身份要求，加大了对侵犯公民个人信息犯罪的打击力度；两罪的罪名也合并为侵犯公民个人信息罪。

民事领域个人信息保护立法相对较为分散。从法律层面，2012 年全国人大《关于加强网络信息保护的决定》（以下简称《决定》）首次对公民个人电子信息的收集、使用和流通进行了规定。《决定》确立了个人信息收集、使用"应遵循合法、正当、必要的原则，明示收集、使用信息的目的、方式和范围，并经被收集者同意"的基本规则。此外，个人信息不得出售或非法向他人提供。

《决定》实际上开启了我国个人信息保护立法征程，《决定》确立的基本原则和规范被一些法律所吸收和细化。最主要体现在《中华人民共和国消费者权益保护法》（以下简称《消保法》）和《中华人民共和国网络安全法》（以下简称《网络安全法》）。

2013 年，《中华人民共和国消费者权益保护法》第二次修订，修订后的《消保法》正式对消费领域个人信息的收集、使用进行了规定。《消保法》的立法遵循了《决定》的基本规则，规定"经营者收集、使用消费者个人信息，应当遵循合法、正当、必要的原则，明示收集、使用信息的目的、方式和范围，并经消费者同意"。此外，"经营者及其工作人员对收集的消费者个人信息必须严格保密，不得泄露、出售或者非法向他人提供"。2016 年颁布的《中华人民共和国网络安全法》对网络运营者收集、使用个人信息进行了规定。其规则与《决定》《消保法》如出一辙。略有不同的是，《网络安全法》具体规定了个人信息的提供需经被收集者同意，但经过处理无法识别特定个人且不能复原的除外。

在司法解释层面，2010 年《最高人民法院关于审理旅游纠纷案件适用法律若干问题的规定》（法释〔2010〕13 号）第 9 条规定"未经旅游者同意公开其个人信息"，旅游经营者或辅助者应承担相应责任。2014 年《最高人民法院关于审理利用信息网络侵害人身权益民事纠纷案件适用法律若干问题的规定》（法释〔2014〕11 号）（以下简称《规定》）第 12 条也规定了公开自然人个人信息，造成损害的应承担侵权责任；但其同时规定了除外情形，相当于确立了个人信息的公开规则。

在行政法规层面，个人信息保护立法较为丰富，但缺乏体系性和完整性。如 2013 年国务院颁布的《征信业管理条例》对征信业务中个人信息的收集和使用进行了规范。

在部门规章方面，有许多部门规章均涉及个人信息保护。比如，工信部 2013 年发布的《电信和互联网用户个人信息保护规定》（工业和信息化部令第 24 号，2013 年 6 月颁布，2013 年 9 月 1 日起施行）对提供电信服务和互联网信息服务过程中收集、使用用户个人信息的活动做出规范。显然该规章旨在落实《决定》精神，规范电信和互联网服务过程中的个人信息保护，具有重要的作用，也为之后的《网络安全法》提供了很多可资借鉴的规则。

### （二）政府对大数据产业政策

我国政府非常重视大数据技术发展和应用。2015 年 8 月 31 日，国务院印发《促进大数据发展行动纲要》，明确了我国全面发展大数据应用与发展的目标和主要任务，彰显了我国加快建设数据强国的决心与思路，大数据的应用发展已经受到国家层面以及产业各界的高度重视。"数据不仅可以治国，还可以强国"[1] 已经成为共识。

2016 年在对《2006—2020 年国家信息化发展战略》修订基础上形成的《国家信息化发展战略纲要》，实质上将"数字化、网络化、智能化为特征的信息化"作为建设网络强国、落实"四个全面"战略布局的重要举措。

工业和信息化部 2016 年 12 月发布了《大数据产业发展规划（2016—2020年）》（工信部规〔2016〕412 号）（以下简称《规划》）。《规划》在分析总结产业发展现状及形势的基础上，围绕"强化大数据产业创新发展能力"一个核心、"推动数据开放与共享、加强技术产品研发、深化应用创新"三大重点，完善"发展环境和安全保障能力"两个支撑，打造一个"数据、技术、应用与安全协同发展的自主产业生态体系"，提升我国对大数据的"资源掌控、技术支撑和价值挖掘"三大能力。

---

① 涂子沛．大数据［M］．桂林：广西师范大学出版社，2015：新版自序．

《规划》还具体提出了 7 项重点任务、8 个重点工程以及 5 个方面的保障措施。5 个保障措施之一是"健全相关政策法规制度",为此《规划》在数据开放、数据保护、数据流通、个人信息保护和关键信息基础设施五方面提出了设想:

(1) 推动制定公共信息资源保护和开放的制度性文件,以及政府信息资源管理办法,逐步扩大开放数据的范围,提高开放数据质量;(2) 数据保护:加强数据统筹管理及行业自律,强化大数据知识产权保护,鼓励企业设立专门的数据保护职位;(3) 数据流通制度:研究制定数据流通交易规则,推进流通环节的风险评估,探索建立信息披露制度,支持第三方机构进行数据合规应用的监督和审计,保障相关主体合法权益;(4) 推动完善个人信息保护立法,建立个人信息泄露报告制度,健全网络数据和用户信息的防泄露、防篡改和数据备份等安全防护措施及相关的管理机制,加强对数据滥用、侵犯个人隐私等行为的管理和惩戒力度;(5) 强化关键信息基础设施安全保护,推动建立数据跨境流动的法律体系和管理机制,加强重要敏感数据跨境流动的管理。

中共中央政治局 2017 年 12 月 8 日下午就实施国家大数据战略进行第二次集体学习。中共中央总书记习近平在主持学习时强调,大数据发展日新月异,我们应该审时度势、精心谋划、超前布局、力争主动,深入了解大数据发展现状和趋势及其对经济社会发展的影响,分析我国大数据发展取得的成绩和存在的问题,推动实施国家大数据战略,加快完善数字基础设施,推进数据资源整合和开放共享,保障数据安全,加快建设数字中国,更好服务我国经济社会发展和人民生活改善。[①]"实施国家大数据战略加快建设数字中国",成为我国发展的基本战略。

实际上,自 2015 年以来,国务院及其一些相关部门不断出台与大数据战略相关的政策文件,以下是 2015 年以来的国家主要政策汇总。

---

① 新华社北京 12 月 9 日电,习近平主持中共中央政治局第二次集体学习,中国政府网,2017 – 12 – 09.

表 1 - 1  大数据应用国家政策一览表

| 时间 | 部门 | 政策名称 |
|---|---|---|
| 2015 年 3 月 | 国务院 | 《关于积极推进"互联网" +行动的指导意见》 |
| 2015 年 5 月 | 国务院 | 《中国制造 2025》（国发〔2015〕28 号） |
| 2015 年 8 月 | 国务院 | 《促进大数据发展行动纲要》 |
| 2015 年 9 月 | 国务院 | 《关于运用大数据加强对市场主体服务和监管的若干意见》 |
| 2016 年 1 月 | 发改委 | 《关于组织实施促进大数据发展的重大工程的通知》 |
| 2016 年 2 月 | 发改委、能源局、工信部印发 | 《关于推进"互联网 +"智慧能源发展的指导意见》 |
| 2016 年 3 月 | 环保部 | 《生态环境大数据建设总体方案》 |
| 2016 年 5 月 | 国务院 | 《国家创新驱动发展战略纲要》 |
| 2016 年 6 月 | 国务院 | 《关于促进和规范健康医疗大数据应用发展的指导意见》 |
| 2016 年 7 月 | 中共中央、国务院 | 《国家信息化发展战略纲要》 |
| 2016 年 7 月 | 国土资源部 | 《关于印发促进国土资源大数据应用发展实施意见》 |
| 2016 年 8 月 | 交通运输部 | 《关于推进交通运输行业数据资源开放共享的实施意见》 |
| 2016 年 12 月 | 工信部 | 《大数据产业发展规划》（2016—2020 年） |
| 2017 年 3 月 | 发改委 | 《关于促进分享经济发展的指导性意见》 |
| 2017 年 7 月 | 国务院 | 《新一代人工智能发展规划》（国发〔2017〕35 号） |
| 2017 年 10 月 | 国务院 | 《关于积极推进供应链创新与应用的指导意见》（国办发〔2017〕84 号） |

由此可见，政府一直在谋篇布局推动大数据应用和大数据产业发展。但是，我国大数据基础制度供给却十分短缺，而且现有的立法中有关个人信息收集和使用的制度规则不仅与国际社会偏离，而且严重制约着个人信息的合理使用。

为了实施国家大数据战略加快建设数字中国，我们需要对我国个人信息制度做系统的评估，并在评估基础上提出制定统一的个人信息保护法的基本设想。

## 三、我国个人信息保护法评估方法

为了更集中地分析我国的个人信息保护制度规则，本评估报告的评估范围仅限于法律层面，主要评估《刑法》《决定》《消费者权益保护法》《网络安全法》《民法总则》和相应的司法解释，而对大量的行政法规、部门规章所涉及的制度规则暂不研究和评述。我们相信，这样的研究不会影响对我国个人信息保护制度的整体评价。为了使读者全面了解我国涉及个人信息保护的法律法规，本书将以附录方式明确列举行政法规、部门规章涉及的相关条文。

个人信息是社会运行的润滑剂，是现代商务和政务活动不可缺失的工具，因此，一切关于个人信息保护的规范旨在为了使个人信息的利用更为合理，但必须要在保护个人权益、维护个人信息安全的前提下进行。因此，个人信息保护规范隐含着两个目标：一是确立个人信息的收集和使用的规则，保护个人权益不受侵犯；二是使人们能够在遵循法律规则的前提下使用个人信息，保护信息使用人（又称为信息控制人）的合法权益。这两个目的成为我们评判我国个人信息保护法的基本依据或标准。

法律规范要素包括假定条件、行为模式、法律后果。由于假定条件（包括适用条件和主体行为条件）是法律适用要重点考察的要素，本评估评价不涉及个人信息的适用，因此本书不涉及对现行法律规范的假定条件的评述，只涉及行为模式和法律后果的评价。

法律规范的行为模式分为授权性规范、义务性规范和禁止性规范。个人信息保护规范主要调整信息主体（欧盟法律中称为数据主体，专指自然人）和信息控制人（获取、使用、实际控制个人信息的主体，包括个人、企业、政府机关等一切组织）之间个人信息的收集和使用关系。主要调整模式为，赋予信息主体某种权利可以要求数据控制人为一定的行为或者不为一定的行为（一般不包括对个人信息本身的支配——作出或不作出某种行为），同时施加给信息控制人以一定的义务来实现。通常信息控制人的义务包括积极地作出一定行为义务，也包括不得作出某种行为的义务（在法律规范上，亦称为禁止性规范）。也就是说，个人信息法律规范的模式涵盖了授权性规范、义务性规范和禁止性规范。授权性规范主要针对信息主体，而义务性规范是针对信息控制人的，只是其义务规范包括了法律规范中的义务性规范和禁止性规范。

　　法律后果即违反法律义务所应承担的法律责任。违反个人信息保护规范的法律责任分为民事责任、行政责任和刑事责任。民事责任是受害人针对侵害其个人权益的加害行为实施者要求承担的责任，包括停止侵害、赔偿损失等。行政责任是信息控制人违反行政法规定由行政机构裁定其应承担的法律责任（行政处罚），包括警告、罚款、没收违法所得、责令停业等。刑事责任则是指行为人因其犯罪行为所必须承受的，由司法机关代表国家所给予的刑事制裁，包括有期徒刑和罚金等。

　　以下，我们从行为模式和法律后果两部分对个人信息现行法律规范做一个评析。

# 02

## 第二部分

## 个人信息保护规范：
## 行为模式评价

　　法律规范中的行为模式大致分为授权式行为模式、义务式行为模式和权义复合式行为模式。本部分主要对现行涉及个人保护的主要法律的规范内容进行梳理、解析和评价，以概括分析出我国现行法对个人信息保护和利用确立了哪些行为规则，及其是否全面、合理和科学。

# 一、我国个人信息保护基础：个人身份信息保密规范

在中国，个人身份信息保护基本法是《中华人民共和国身份证法》。该法规定的基本身份信息（居民身份证登记的项目）包括：姓名、性别、民族、出生日期、常住户口所在地住址、公民身份号码、本人相片、指纹信息、证件的有效期和签发机关。

公民身份号码是每个公民唯一的、终身不变的身份代码，由公安机关按照公民身份号码国家标准编制。依据该法，冒用他人居民身份证或者使用骗领的居民身份证，购买、出售、使用伪造、变造的居民身份证的，依法追究刑事责任；国家机关或者金融、电信、交通、教育、医疗等单位的工作人员泄露在履行职责或者提供服务过程中获得的居民身份证记载的公民个人信息，构成犯罪的，依法追究刑事责任。

在公民身份证法基础上，我国许多法律和行政法规对个人信息公开、披露等都作出了明确的限制性规定，保护我国公民个人身份信息保密几乎是所有从事公共管理和社会公共事务人员的基本义务。公民个人身份保密法律规范是我国个人信息保护最基础的组成部分。

我国现行法律规定，政府机构及其工作人员对其工作、履行职责（包括特殊职务）过程中获悉的个人信息应该保密、不得泄露。同时，这些法律还将个人身份信息保密义务延伸至：特定从业人员对其从业过程中获悉的个人信息应保密，如律师、邮政从业人员、旅游经营者等；特定人群身份信息保护，比如，对举报人的个人信息应保密。

这些限制性、禁止性规定给予相应职位、职务的人员以责任，既有利保护个人信息或隐私，也有助于在源头上扼制不法个人信息的来源。下文笔者将法律和行政法规分别列出。

表 2-1　个人身份信息保密规范（法律）

| 法律名称 | 义务主体 | 保护的对象或信息类型 | 义务内容 |
|---|---|---|---|
| 《反恐怖主义法》 | 公安机关、有关部门 | 恐怖犯罪案件证人、反恐工作人员及其近亲属的真实姓名、住址和工作单位等个人信息 | 经申请不得公开 |
| 《反间谍法》 | 国家安全机关及其工作人员 | 任何个人的隐私信息 | 保密 |
| 《测绘法》 | 地理信息生产、利用单位和互联网地图服务提供者 | 用户个人信息 | 遵守法律和法规 |
| 《环境保护法》 | 接受举报的机关 | 举报人的相关信息 | 保密 |
| 《反家庭暴力法》 | 公安机关 | 报案人的信息 | 保密 |
| 《行政监察法》 | 监察机关 | 举报人相关的信息 | 保密 |
| 《统计法》 | 统计机构和统计人员 | 统计工作中知悉的国家秘密、商业秘密和个人信息 | 保密 |
| 《税收征收管理法》 | 收到检举的机关和负责查处的机关 | 检举违反税收法律、行政法规行为的人 | 保密 |
| 《护照法》 | 护照签发机关及其工作人员 | 因制作、签发护照而知悉的公民个人信息 | 保密 |
| 《居民身份证法》 | 公安机关及其人民警察 | 因制作、发放、查验、扣押居民身份证而知悉的公民的个人信息 | 保密 |
| | 有关单位及其工作人员 | 对履行职责或者提供服务过程中获得的居民身份证记载的公民个人信息 | 保密 |

续表

| 法律名称 | 义务主体 | 保护的对象或信息类型 | 义务内容 |
|---|---|---|---|
| 《旅游法》 | 旅游经营者 | 其在经营活动中知悉的旅游者个人信息 | 保密 |
| | 监督检查人员 | 检查中知悉的被检查单位的商业秘密和个人信息 | 保密 |
| 《律师法》 | 律师 | 执业活动中知悉的委托人和其他人不愿泄露的有关情况和信息 | 保密，有例外 |
| 《精神卫生法》 | 有关单位和个人 | 精神障碍患者的姓名、肖像、住址、工作单位、病历资料以及其他可能推断出其身份的信息 | 保密；但是，依法履行职责需要公开的除外 |
| 《社会保险法》 | 社会保险行政部门和其他有关行政部门、社会保险经办机构、社会保险费征收机构及其工作人员 | 用人单位和个人的信息 | 保密，不得以任何形式泄露 |
| 《出境入境管理法》 | 履行出境入境管理职责的工作人员 | 出境入境管理工作中知悉的个人信息 | 不得泄露 |
| 《传染病防治法》 | 疾病预防控制机构、医疗机构 | 涉及个人隐私的有关信息、资料 | 不得泄露 |
| 《邮政法》 | 邮政企业及其从业人员 | 用户使用邮政服务的信息 | 不得向任何单位或者个人泄露 |

续表

| 法律名称 | 义务主体 | 保护的对象或信息类型 | 义务内容 |
|---|---|---|---|
| 《反洗钱法》 | 负有反洗钱职责或义务的部门、机构和工作人员 | 履行反洗钱职责或者义务获得的客户身份资料和交易信息 | 保密；非依法律规定，不得向任何单位和个人提供 |
| | 反洗钱行政主管部门和其他依法负有反洗钱监督管理职责的部门、机构 | 履行反洗钱职责获得的客户身份资料和交易信息 | 只能用于反洗钱行政调查 |
| | 司法机关 | 依照本法获得的客户身份资料和交易信息 | 只能用于反洗钱刑事诉讼 |
| 《未成年人保护法》 | 任何组织或者个人 | 未成年人的个人隐私 | 不得披露 |
| | 任何组织或者个人 | 无行为能力的未成年人的信件、日记、电子邮件 | 由其父母或者其他监护人代为开拆、查阅外，任何组织或者个人不得开拆、查阅 |
| 《电子商务法》 | 电子商务主管部门 | 依照法律、行政法规的规定要求电子商务经营者提供有关电子商务数据信息的 | 采取必要措施保护电子商务经营者提供的数据信息的安全，并对其中的个人信息、隐私和商业秘密严格保密，不得泄露、出售或者非法向他人提供 |

表 2-2 个人身份信息保密规范（行政法规）

| 行政法规名称 | 主体 | 信息类型 | 表现形式 |
|---|---|---|---|
| 《居住证暂行条例》 | 国家机关及其工作人员 | 在工作过程中知悉的居住证持有人个人信息 | 保密 |
| 《不动产登记暂行条例》 | 不动产登记机构、不动产登记信息共享单位及其工作人员 | 不动产登记信息 | 保密 |
| 《戒毒条例》 | 公安、司法行政、卫生行政等有关部门工作人员 | 戒毒人员戒毒的个人信息 | 保密 |
| 《保安服务管理条例》 | 保安从业单位 | 客户单位明确要求保密的信息 | 保密 |
| | 保安员 | 客户单位明确要求保密的信息 | 不得泄露 |
| | 公安机关 | 提取、留存的保安员指纹等人体生物信息 | 保密 |
| 《国际收支统计申报办法》 | 国家外汇管理局及其分支局 | 申报者申报的具体数据 | 严格保密 |
| 《流动人口计划生育工作条例》 | 地方各级人民政府和政府有关部门以及协助查验婚育证明的村民委员会、居民委员会及其工作人员 | 涉及公民隐私的流动人口信息 | 保密 |
| 《现役军人和人民武装警察居民身份证申领发放办法》 | 公安机关、军队、武装警察部队及其有关人员 | 在现役军人、人民武装警察居民身份证申领和发放工作中知悉的个人信息 | 保密 |

| 行政法规名称 | 主体 | 信息类型 | 表现形式 |
|---|---|---|---|
| 《彩票管理条例》 | 彩票发行机构、彩票销售机构、彩票代销者以及其他因职务或者业务便利知悉彩票中奖者个人信息的人员 | 彩票中奖者个人信息 | 保密 |
| 《征信业管理条例》 | 经营个人征信业务的征信机构工作人员 | 工作中获取的信息 | 不得泄露 |
| | 国务院征信业监督管理部门及其派出机构的工作人员 | 工作中知悉的国家秘密和信息主体的信息 | 保密 |
| 《铁路安全管理条例》 | 铁路运输企业工作人员 | 旅客身份信息 | 不得窃取、泄露 |
| 《缺陷汽车产品召回管理条例》 | 产品质量监督部门和有关部门、机构及其工作人员 | 履行本条例规定职责所知悉的商业秘密和个人信息 | 不得泄露 |
| 《地图管理条例》 | 互联网地图服务单位 | 用户个人信息 | 不得泄露、篡改、出售或者非法向他人提供 |
| 《社会救助暂行办法》 | 履行社会救助职责的工作人员 | 社会救助工作中知悉的公民个人信息 | 除按照规定应当公示的信息外，应当予以保密 |

从上述规定中可以看出：

（1）政府机构及其工作人员对其工作、履行职责过程中获悉的个人信息应该保密、不得泄露；

（2）对某些特定个人信息相关机构及其工作人员只能用于特定目的，如履行反洗钱职责或者义务获得的客户身份资料和交易信息、依法履行反间谍工作职责获取的组织和个人的信息、材料；

（3）对举报人的个人信息应保密，这很大程度上是为了保障举报人的人身安全，从而保障举报机制的有效性；

（4）特定从业人员对其从业过程中获悉的个人信息应保密，如律师、邮政从业人员、旅游经营者等，但此类信息可基于特定事由而公开或向他人提供，但主要是涉及公共利益的目的。

这些关于个人身份信息的规定与个人信息保护法没有直接关系，因为个人信息保护法是以赋予信息主体（个人）对个人信息的某种控制为出发点，而单纯身份信息保密性规定是对特定公职、特殊从业人员的保密义务的规定。可以说，"身份信息保密＋个人隐私信息自我控制（隐私保护）"是我国在移植域外个人信息保护法之前个人信息保护的基本规范。不过，个人身份信息因具有直接识别性，也是个人信息保护的核心内容，甚至在我国是个人信息保护首先面对的问题。


## 二、个人信息保护规范的基本内容


2000 年 12 月 28 日，第九届全国人民代表大会常务委员会第 19 次会议通过的《全国人大常委会关于维护互联网安全的决定》第 4 条规定：利用互联网侮辱他人或者捏造事实诽谤他人；非法截获、篡改、删除他人电子邮件或者其他数据资料，侵犯公民通信自由和通信秘密构成犯罪的，依照刑法有关规定追究刑事责任。这应该说是我国在保护个人信息方面作出的第一个法律层面上的努力。但是该规定目的在于禁止通过互联网侮辱诽谤他人、侵犯公民通信自由和通信秘密，而非全面的个人信息保护。2003 年，国务院信息化办公室就已对个人信息立法研究课题进行部署。2005 年《个人信息保护法（专家意见稿）》已经形成，2008 年呈交立法机关，但一直未进入正式的立法程序。直到 2018 年第十三届全国人大常委会立法规划，《个人信息保护法》被列为第一类立法规划，即"条件比较成熟、任期内拟提请审议的法律草案"。个人信息保护法正式提上立法议事日程。

不过，在2012年，为应对我国个人信息保护制度缺失局面，全国人大常务委员会发布了《关于加强网络信息保护的决定》确立了我国个人信息保护原则和内容，这些原则浸透着域外个人信息保护法的基本理论和原则，由此开启我国个人信息保护规则法律道路。这些规则被《消保法》《网络安全法》等法律所吸收和丰富，再加上之前确立了刑事保护不断强化，形成了我国个人信息保护规范的基本内容。

**（一）《关于加强网络信息保护的决定》**

2012年12月28日，第11届全国人大常委会第30次会议通过了《关于加强网络信息保护的决定》，该决定是专门规范个人信息利用，保护个人信息的基本法律规范。

虽然名称使用的是"网络信息"，但是其主要规范个人信息保护，《决定》第一条明确规定："国家保护能够识别公民个人身份和涉及公民个人隐私的电子信息。"这是第一次以法律形式宣布保护个人信息，具有里程碑意义。由于《决定》的法律地位并不明确，显然以《决定》替代正式的法律具有应急性。

《决定》主要内容有以下几个方面。

1. 基本规范

保护对象：能够识别公民个人身份和涉及公民个人隐私的电子信息。

个人信息收集和使用的基本原则和规则为：

（1）收集使用必须合法、正当、必要；

（2）收集要明示信息的目的、方式和范围，并经被收集者同意；

（3）保密和安全存管原则；

（4）不得出售或者非法向他人提供。

侵害个人信息主体：任何组织和个人。

侵害个人信息的方式：（1）窃取或者以其他非法方式获取公民个人电子信息；（2）出售或者非法向他人提供公民个人电子信息。

2. 网络安全和利用秩序规定

（1）网络服务提供者对其用户发布的信息的管理义务，发现违禁信息应停止传输并向有关主管部门报告。

（2）用户实名注册：网络服务提供者为用户办理网站接入服务，办理固定电话、移动电话等入网手续，或者为用户提供信息发布服务，应当在与用户签订协议或者确认提供服务时，要求用户提供真实身份信息。

（3）不得滥发商业邮件：任何组织和个人未经电子信息接收者同意或者请求，或者电子信息接收者明确表示拒绝的，不得向其固定电话、移动电话或者个人电子邮箱发送商业性电子信息。

3. 法律责任

（1）网络服务提供者停止侵害义务：个人身份、个人隐私信息被传播的受害人，或者受到商业性电子信息侵扰的当事人，有权要求网络服务提供者删除有关信息或者采取其他必要措施予以制止。

（2）侵害个人信息的刑事责任：窃取或者以其他非法方式获取、出售或者非法向他人提供公民个人电子信息的违法犯罪行为，受害人可向有关部门举报，由有关部门处理，或向人民法院起诉；被侵权人可以依法提起诉讼，构成犯罪的，依法追究刑事责任。

（3）侵害个人信息的行政责任：行政处罚。

《决定》首先赋予有关主管部门保护个人信息、查处不法侵害行为的行政职权，以及其可以依法给予警告、罚款、没收违法所得、吊销许可证或者取消备案、关闭网站、禁止有关责任人员从事网络服务业务等处罚，记入社会信用档案并予以公布；构成违反治安管理行为的，依法给予治安管理处罚。

（4）违法行为侵犯个人权益的应当承担民事责任。

《决定》肯定侵害个人信息的民事责任，但规定的比较简单。一方面，确认信息主体可以针对"窃取或者以其他非法方式获取、出售或者非法向他人提供公民个人电子信息的侵害他人民事权益的"行为，依法提起民事诉讼；另一方面，对于任何违法行为，侵害他人民事权益的，均应当依法承担民事责任。

《决定》从公民个人电子信息保护出发，对治理垃圾电子信息、用户身份管理以及网络服务提供者和网络用户的义务与责任、政府有关部门的监管职责等作出了较为系统的规定，体现了管理与发展相协调、规范与保护相统一、权利与义务相一致的原则，兼顾了个人、网络服务提供者和政府等相关主体的权责关系，为保障网络信息安全，保护公民、法人和其他组织的合法权益，维护国家安全和社会公共利益提供了法律保障。

### （二）《中华人民共和国消费者权益保护法》

第一个贯彻和落实《决定》精神的是《消保法》。2013 年 10 月 25 日修正后的《消保法》增加了对消费者个人信息保护的内容。该法将消费者的个人信息保护作为消费者的一项基本权利，明确规定了经营者的保护义务和违反义务、侵害个人信息权益的责任。

显然，个人信息多是个人消费者在购买物品和接受服务过程中形成的，消费者个人信息保护基本上代表着个人信息保护。

1. 明确消费者享有个人信息保护权

第十四条　消费者在购买、使用商品和接受服务时，享有人格尊严、民族风俗习惯得到尊重的权利，享有个人信息依法得到保护的权利。

《消保法》第十四条从消费者权益保护的角度，首次明确了消费者享有"个人信息依法受到保护"的权利。这与之后《民法总则》的规定几乎是相同的，均在于肯定个人信息受到保护，而不是直接宣布个人信息权或个人信息控制权。这样的定位本身是正确的。

2. 经营者保护个人信息的义务

第二十九条　经营者收集、使用消费者个人信息，应当遵循合法、正当、必要的原则，明示收集、使用信息的目的、方式和范围，并经消费者同意。经营者收集、使用消费者个人信息，应当公开其收集、使用规则，不得违反法律、法规的规定和双方的约定收集、使用信息。

经营者及其工作人员对收集的消费者个人信息必须严格保密，不得泄露、出售或者非法向他人提供。经营者应当采取技术措施和其他必要措施，确保信息安全，防止消费者个人信息泄露、丢失。在发生或者可能发生信息泄露、丢失的情况时，应当立即采取补救措施。

经营者未经消费者同意或者请求，或者消费者明确表示拒绝的，不得向其发送商业性信息。

虽然在消费者权益方面，《消保法》只是宣布个人信息受法律保护，但在具体保护方面，似乎是又给了消费者很强的对个人信息的控制权。按照《消保法》第二十九条的规定，经营者收集、使用消费者个人信息，除了遵循合法、正当、必要的原则外，还要"经消费者同意"。这意味着，非经消费者同意，经营者不得收集和使用个人信息；这也意味着，未经同意收集和使用个人信息即构成侵权。显然，这是一种非常严苛的规则。

3. 经营者违反个人信息保护义务的责任：民事赔偿和刑事处罚

民事赔偿的依据是第五十条："经营者侵害消费者的人格尊严、侵犯消费者人身自由或者侵害消费者个人信息依法得到保护的权利的，应当停止侵害、恢复名誉、消除影响、赔礼道歉，并赔偿损失。"

根据第五十六条，经营者在侵害消费者人格尊严、侵犯消费者人身自由或者侵害消费者个人信息依法得到保护的权利的情形（十种情形之一）下的责任为："除承担相应的民事责任外，其他有关法律、法规对处罚机关和处罚方式有规定的，依照法律、法规的规定执行；法律、法规未作规定的，由工商行政管理部门或者其他有关行政部门责令改正，可以根据情节单处或者并处警告、没收违法所得、处以违法所得一倍以上十倍以下的罚款，没有违法所得的，处以五十万元以下的罚款；情节严重的，责令停业整顿、吊销营业执照。"这就意味着，对于违反个人信息保护义务的经营者，行政机关可以给予责令改正、警告、没收违法所得、罚款、停业整顿、吊销营业执照等行政处罚。

## （三）《中华人民共和国网络安全法》

为应对日益突出的网络安全问题，促进我国网络的稳定发展和安全应用，我国于 2016 年 11 月 7 日发布了《中华人民共和国网络安全法》。该法的目的是"保障网络安全，维护网络空间主权和国家安全、社会公共利益，保护公民、法人和其他组织的合法权益，促进经济社会信息化健康发展"（第一条）。由于个人信息既关系社会公共利益，也关系公民个人的合法权益，因而个人信息保护被纳入到该法，成为该法的重要内容。由于该法是保障网络安全的基础性法律，它对个人信息的规定放在"网络信息安全"框架下的，也就是从网络安全的角度对个人信息进行规范的。该法主要规范和调整网络运营者的行为，但也涉及网络产品销售者或服务提供者，而且由于网络运营者具有宽泛的定义（指网络的所有者、管理者和网络服务提供者），不仅包括基础运营商，几乎可以涵盖设立和运营网站的个人、企业、事业单位和政府组织。因此，《网络安全法》对个人信息的规范不可小觑。

《网络安全法》对个人信息的保护主要体现在"网络信息安全"一章及关键信息基础设施的规定。

第三十七条 关键信息基础设施的运营者在中华人民共和国境内运营中收集和产生的个人信息和重要数据应当在境内存储。因业务需要，确需向境外提供的，应当按照国家网信部门会同国务院有关部门制定的办法进行安全评估；法律、行政法规另有规定的，依照其规定。

依据此，《网络安全法》将个人信息视为关键信息内容，为关键信息基础设施运营者设定了本地存储和向境外提供需要进行安全评估，并依法进行。

《网络安全法》确立的个人信息保护制度规则主要有以下几种。

1. 个人信息使用的基本原则

第四十一条 网络运营者收集、使用个人信息，应当遵循合法、正当、必要的原则，公开收集、使用规则，明示收集、使用信息的目的、方式和范围，并经被收集者同意。

网络运营者不得收集与其提供的服务无关的个人信息，不得违反法律、行政法规的规定和双方的约定收集、使用个人信息，并应当依照法律、行政法规的规定和与用户的约定，处理其保存的个人信息。

《网络安全法》第四十一条从积极和消极两个方面规定了网络运营者个人信息使用规则。从正面的角度，个人信息收集和使用应遵循合法、正当、必要原则和知情同意原则；反面规范即是，"不得收集与其提供的服务无关的个人信息"，"不得违反法律、行政法规的规定和双方的约定收集、使用个人信息"。收集和使用个人信息应当明示收集和使用规则、使用目的、方式和范围，并经被收集者同意；收集保存后，对个人信息的处理应当依法或约定进行。

**2. 个人信息安全保障义务**

第四十条　网络运营者应当对其收集的用户信息严格保密，并建立健全用户信息保护制度。

第四十二条　网络运营者不得泄露、篡改、毁损其收集的个人信息；未经被收集者同意，不得向他人提供个人信息。但是，经过处理无法识别特定个人且不能复原的除外。

网络运营者应当采取技术措施和其他必要措施，确保其收集的个人信息安全，防止信息泄露、毁损、丢失。在发生或者可能发生个人信息泄露、毁损、丢失的情况时，应当立即采取补救措施，按照规定及时告知用户并向有关主管部门报告。

《网络安全法》对个人信息保护集中在个人信息的安全方面，可以说确立了网络运营者的对个人信息的安全保障义务。网络运营者采取的措施主要有建立健全用户信息保护制度、技术措施和其他必要措施，履行四种安全保障义务：一是保密义务，确保其收集的个人信息安全；二是保持完整性义务，不得人为篡改，防止毁损、丢失；三是不得泄露义务，非经同意不得向他人提供个人信息；四是补救义务，网络运营者在发生或者可能发生个人信息泄露、毁损、丢失的情况时，应当立即采取补救措施，按照规定及时告知用户并向有关主管部门报告。

**3. 个人救济权**

第四十三条　个人发现网络运营者违反法律、行政法规的规定或者双方的约定收集、使用其个人信息的，有权要求网络运营者删除其个人信息；发现网络运营者收集、存储的其个人信息有错误的，有权要求网络运营者予以更正。网络运营者应当采取措施予以删除或者更正。

《网络安全法》第四十三条赋予了个人两项救济权，一是违法或违约收集和使用个人信息的，个人有请求删除个人信息的权利。二是收集和存储的个人信息有错误的，个人有权要求更正。

**4. 个人信息禁止性规定**

第四十四条  任何个人和组织不得窃取或者以其他非法方式获取个人信息，不得非法出售或者非法向他人提供个人信息。

第四十五条  依法负有网络安全监督管理职责的部门及其工作人员，必须对在履行职责中知悉的个人信息、隐私和商业秘密严格保密，不得泄露、出售或者非法向他人提供。

《网络安全法》第四十四条将刑法禁止的两类行为作了规定，一是不得窃取或者以其他非法方式获取个人信息；二是不得非法出售或者非法向他人提供个人信息。该规定并没有太多的实际意义，因为何为"非法"还需要其他法律规定并根据具体情形来判断。

《网络安全法》第四十五条，对负责网络安全监督管理职责的部门和工作人员的个人信息保护义务作了规定。重要的是，该条将个人信息与隐私、商业秘密并列，要求监督管理人员保密，并不得泄露、出售或者向其他人提供。

## （四）《民法总则》

《民法总则》第一百一十一条  自然人的个人信息受法律保护。任何组织和个人需要获取他人个人信息的，应当依法取得并确保信息安全，不得非法收集、使用、加工、传输他人个人信息，不得非法买卖、提供或者公开他人个人信息。

显然，《民法总则》虽然宣示个人信息受法律保护，但未明确其法律地位及性质，更未明确确立个人信息权作为一种具体的人格权。否则，在第一百一十条对具体人格权的列举之中，就应当明确列举个人信息权。

第一百一十一条也并没有建立个人信息使用的明确规范，而只规定"依法取得"并"确保信息安全"。也就是说，《民法总则》并未明确规定收集和使用个人信息需要征得个人同意。不过，"依法"的结果自然导致取得信息主体的同意。因为在其他法律、法规中明确规定了"经被收集者同意"。

第一百一十一条关于个人信息保护的利用内容主要为禁止性规范："不得非法收集、使用、加工、传输他人个人信息"和"不得非法买卖、提供或者公开他人个人信息"。这两个禁止性规范其实并不明确，因为该禁止性规范中包含了"非法"，而何为"非法"又不得不求助于其他法律的规定。而现行法律有关于个人信息的利用规范主要是征得信息主体的同意，并确保信息安全。显然，"同意"不应当等同于"合法"，"未同意"也并不意味着"非法"，个人信息的保护不能简单化到"同意规范"，需要法律细化使用规则。因此，笔者认为，我国并不存在明确的合法与非法"收集、使用、加工、传输"以及"买卖、提供或者公开"个人信息的法律规则。法律规则的不清晰，导致个人信息的利用面临不确定性。

### （五）《中华人民共和国电子商务法》

在网络化、数据化、智能化的时代，电子商务已经演变为网络与商务（经济）全面融合的现代商务形态，而数据的应用当然成为现代商务活动的必要组成部分，所以，电子商务法本质上是数据驱动的商务。不过，2018 年颁布了《中华人民共和国电子商务法》（以下简称《电子商务法》）根本就没有考虑也不太可能考虑数据利用问题，该法的定位和使命仍然是规范网络交易行为，平衡保护各方权益（但实质上侧重保护弱者，尤其是消费者权益），以营造安全、规范的网络交易环境和秩序。就此而言，《电子商务法》为所有利用网络从事经营活动提供了基本框架，为中国电子商务健康有序发展提供了法律保障。

为了规范电商活动中个人信息的使用，《电子商务法》除了提示电商经营者遵循法律法规外（第二十三条），首次明确经营者应当保障个人信息权利（第二十四条），明确电商具有保护消费者个人信息保护权行使的义务，电商应当给用户提供信息查询、更正、删除以及用户注销的方式、程序，同时不得设置不合理条件，这对我国个人信息保护制度完善具有积极作用。但是，为了实现对电商的监管，该法规定，有关主管部门依法要求电商提供有关电子商务数据信息的，电子商务经营者应当提供（第二十五条），虽然同时规定有关主管部门应当采取必要措施保护电子商务经营者提供的数据信息的安全，并对其中的个人信息、隐私和商业秘密严格保密，不得泄露、出售或者非法向他人提供。但是，这样的规则，为我国独有，因此让国外政府担心我国政府可随意获取私人信息，有可能会影响国外投资者对信息安全的担忧。

《电子商务法》对个人信息使用方面作出了两个我国现行法没有的规定，对具有搜索功能的网络经营者的结果展示提出了要求。其一是对所有电子商务经营者的一项要件："电子商务经营者根据消费者的兴趣爱好、消费习惯等特征向其提供商品或者服务的搜索结果的，应当同时向该消费者提供不针对其个人特征的选项，尊重和平等保护消费者合法权益"（第十八条）。其二是对电子商务平台经营者的要求（第四十条），即对商品或服务展示提出两点要求：电子商务平台经营者应当根据商品或者服务的价格、销量、信用等以多种方式向消费者显示商品或者服务的搜索结果；对于竞价排名的商品或者服务，应当显著标明"广告"。由于用户画像已经被广泛应用于电商领域，因而基于用户个性分析的推送或者根据用户特征而呈现页面已经成为普遍现象。为此，这两条都要求多种方式呈现搜索或服务页面结果，而不是仅仅根据用户特征分析呈现，避免防止价格歧视或"杀熟"之类的不当引导消费。同时，由于竞价排名也会干扰用户的判断和选择，因此，对于竞价排名方式呈现商品或服务结果的，也必须标明广告，提醒用户谨慎选择。

### （六）《征信业管理条例》

在行政法规层面，个人信息保护立法较为丰富，但缺乏体系性和完整性。如2013年国务院颁布的《征信业管理条例》第三章"征信业务规则"对征信业务中个人信息的收集和使用进行了规范：对个人信息的采集采取，除依照法律、行政法规规定公开的信息外，须经信息主体本人同意原则；禁止征信机构采集个人的宗教信仰、基因、指纹、血型、疾病和病史信息以及法律、行政法规规定禁止采集的其他个人信息；另外，除非取得其书面同意的除外，不得采集个人的收入、存款、有价证券、商业保险、不动产的信息和纳税数额信息。显然，征信业管理条例，对个人信息采集和利用规定了较为严苛的规则。

### （七）小结

如果将个人信息保护的现行规范内容做一个总结，那么主要表现为以下规范，这也是个人信息收集和使用的基本规则。

1. 个人信息受保护已经成为法律共识

个人信息受保护已经不仅是一个社会普遍的认知，而且也是法律共识。无论是作为基本法的《民法总则》，还是特别法（如《消保法》）均宣示"个人信息受法律保护"或"享有个人信息依法得到保护的权利"。

2. 保护基本原则

个人信息收集和使用应遵循合法、正当、必要原则。这一原则本身在我国法律中得到贯彻和体现，但缺少细化规则。

3. 收集和使用个人信息须经信息主体知情并同意

《民法总则》虽未明确提出个人同意原则，但是其合法性要求仍然导致个人信息的使用人必须采取同意规则。因为在其他法律、法规、部门规章均将"经被收集者同意"作为个人信息收集和使用的前置条件。从《决定》到《网络安全法》均有类似的规定。

同意的前提是知情，这需要信息控制人"明示收集和使用规则、使用目的、方式和范围"，并在此基础上作出真实同意意思表示。

现行法对于何为有效的"同意"并没有作出规范。在用户协议或隐私政策中要求信息主体做出的概括式或一揽子的同意，是否为有效的同意，同意是否包括默示或推定的同意，还是仅指明示的同意等，都有待明确。这导致个人信息的收集、使用的合法与非法仍然处于模糊状态。

4. 依法或依约使用义务

按照《网络安全法》，收集保存后，对个人信息的处理应当依法或依约进行。显然，依法收集时，应当依据法律确定目的使用；而依约定（同意）收集，就应依信息控制人事先明确的目的和用途使用个人信息。由于我国并未明确哪些情形下，可以依法收集，因此依法使用也就容易被解释为不违反法律规定。《电商法》对个人信息的使用作了一定规范。

5. 信息主体保护权

如前所述，在所有的法律中，《网络安全法》明确了信息主体有两项救济权，一是针对违法或违约收集和使用的删除权利；二是针对收集和存储中个人信息的错误的更正权。

### 6. 安全规范

《民法总则》的"确保信息安全"应当作广义的理解，既包括信息安全，也包括人为地披露或公开引发的安全。现行法律主要确立了信息控制人要采取适当的技术措施和其他必要措施，履行保密、防止毁损和丢失，并且不得篡改、泄露等义务，维护信息存储和使用安全。

## 三、个人信息保护规范评价

虽然我国多部法律已经开始涉足个人信息保护，但是从行为模式的角度看，个人信息保护规则偏少，而且多为禁止性规范，这既不能很好地保护个人权益，也使个人信息的利用面临许多法律上的不确定性。

### （一）关于个人信息保护的法律定位

目前我国法律均肯定个人信息应受到法律保护，采用了"个人信息受法律保护"或"享有个人信息依法得到保护的权利"。这种表述本身表明立法者还没有弄清楚个人信息该如何保护，是否应当给予明确的具体的权利。因此，《民法总则》对个人信息保护定位不清晰，没有将之表述为个人信息权，更没有将之上升为一种具体的人格权。

不过，笔者认同《民法总则》这样的定位，这与国际社会对个人信息保护的定位基本一致。"个人信息受法律保护"几乎与欧盟《统一数据保护条例》（Regulation（EU）2016/679，本书简称《条例》）① 的"个人数据保护权（right to protection of personal data）"表述一致，都不是一种具体的权利，而是个人享有个人信息受保护的权利。差异在于，欧盟是在基本权利（或人权）法层面来

---

① 全称：Regulation（EU）2016/679 of the European Parliament and of the Council of 27 April 2016 on the protection of natural persons with regard to the processing of personal data and on the free movement of such data, and repealing Directive 95/46/EC（General Data Protection Regulation）。该条例 2016 年 4 月 14 日通过，于 2018 年 5 月 27 日生效，将彻底取代 1995 年的《数据保护指令》，在欧盟范围内产生直接法律效力。

表述和规范个人数据保护权，而我国只是在《民法总则》中作了抽象的宣示性表达，没有具体的规定。

之所以认同这样的法律定位，是因为对个人信息的保护不是通过赋予个人对个人信息的支配权或类似权利来实现的，而是保护个人信息上的合法利益来实现的。个人信息本身具有公共属性、社会属性，不能够为个人排他支配，但是个人信息的使用必须保护个人尊严、自由和隐私利益。因此，个人信息受法律保护目的是保护个人信息上的个人利益，而不是让个人支配个人信息，因此不存在支配权意义上的个人信息权。总之，我国对个人信息采取"法益"保护，而不是权利保护。这样的定位基本上是与国际社会接轨的，相一致的。

**（二）个人信息保护规则缺失**

个人信息的利用是社会的普遍需求，而个人信息又关涉个人利益；因此，必须建立不侵害个人利益的个人信息使用规则，以切实保护个人信息上存在的个人利益。相对于域外制定了个人信息保护法的国家而言，我国现行法对个人信息保护规则相对较少，不能起到对个人信息的保护作用，更不能支撑我国大数据产业对个人信息的利用。我国个人信息保护规则存在着如下缺陷：

1. 主要依赖个人的同意保护个人利益

我国现行法律普遍将"经被收集人同意"作为个人信息收集和使用的前提条件。其背后的法律逻辑是，个人信息属于个人，只有个人有权控制其使用；同意成为他人使用个人信息的前提，也成为个人维护其权益的直接手段。但是，同意作为个人的权利产生以下五个方面的问题。

其一，它与个人信息保护的法律定位相悖。

因为，目前没有法律赋予个人对个人信息的支配权。而同意作为前置条件就产生"非经同意不得使用个人信息"的法律后果，实际上是赋予了个人对个人信息的支配权。没有对个人信息的支配权，就不可能产生具有绝对性决定权。因此，在法律不承认个人对个人信息具有支配权的前提下，同意权（个人信息使用决定权）是没有依据的。

其二，个人很难通过控制自己信息，维护自己的权益。

同意在我国法律的普遍采纳还有这样的逻辑：既然个人信息上存在个人利

益，个人信息的不正当利用会侵害个人自由、尊严，产生歧视等问题，那么个人是个人利益的维护者，也是对个人权益是否遭受侵害的最佳判断者，个人当然应当决定是否给他人使用个人信息，是否撤回或删除个人信息等，以捍卫自己的权利。但是，单靠个人维权难以实现这一目标。这是因为，个人信息本身是社会交往手段，个人没有决定是否允许使用的自由。在从事交易、接受服务的过程中，个人必须得提供个人的信息，而不能以其主观意志为转移。个人信息一旦提供给他人，个人就丧失控制或难以再控制。个人信息可以说散布于社会的各个角落，遍布于一个社会人成长的历程，一个人如何能够控制自己的信息呢？在网络社会中，大量的个人信息是用户浏览或利用网络从事的各种活动的记录，这些信息通常不是由个人记录和存管的，因而也不为个人所控制。在某种意义上，一个人可以选择不提供、不留痕，但那只是鲁滨孙漂流在孤岛的生活。如果说在前网络时代，个人对个人信息尚具有一定控制力的话；那么在今天"无时无处不网络"的时代，个人要完全控制个人信息几乎是不可能了。因此，仅靠赋予个人对个人信息的控制权，并要求同意使用是不可能保护个人权益的。

其三，知情同意往往被滥用，实践中的同意很难起到应有的保护个人权益的作用。

"非经同意不得使用个人信息"曾经被认为是个人控制个人信息的有效手段，但事实证明，"同意"作为个人控制个人信息的手段在今天已经演变为企业或其他组织规避法律、随意使用个人信息的工具。由于现实交易中，收集信息的一方往往是拥有较强实力的企业，信息主体与信息控制者之间地位的不对等导致信息主体在作出同意时通常处于弱势地位。作为消费者的信息主体，如果不接受企业制定的隐私政策，即不同意收集和使用相关个人信息，则相应地也无法使用该企业提供的服务。因此，信息主体实施同意时并没有多少自由、自愿，而往往是不得已而同意之。再加上，企业为了获取更多的授权，尽可能在其隐私政策、用户协议中涵盖个人信息使用的所有情形，以达到一次同意，授予企业无限的使用权（实质上等于个人放弃了所有权利）。在这样背景下，同意并不是保护个人权利的手段，而会成为滥用个人信息的保护伞。

其四，知情同意的有效性难以得到充分的保证。

　　知情同意模式要求信息控制者在进行信息收集、使用等行为前向信息主体告知必要的信息，如信息收集的具体内容、信息处理的目的、信息是否会被共享，以供信息主体对相关信息处理行为进行评估，并对同意与否作出决定。而同意是否有效，一是取决于信息主体有没有这样的自由；二是取决于信息主体是否作出真实有效的意思表示。如前所述，同意的作出往往是不自由。即便信息主体能够自由作出同意，同意的有效性也很难得到保证。原因有两个方面，一方面信息主体懈于对同意内容作出判断。人们每天要接受很多公司的服务，尤其是互联网公司，而互联网公司几乎都要收集个人信息，如果人们仔细阅读每一家公司的隐私政策，并合理评估后再作出同意，其成本无疑是过高的，何况公司的隐私政策会经常修改更新。因此，很多情况下，信息主体并不会阅读隐私政策而直接点击同意，这使同意流于形式，而不是信息主体的真实意思。另一方面，还存在着信息主体客观上不能准确判断的问题。技术的进步使得个人信息处理的方式变得愈发复杂，绝大部分的信息主体难以迅速地对个人信息处理及其可能的流通使用做出正确的理解，并对个人信息收集的后果进行合理地预判。个人信息收集、使用的不断普及和深化使得信息控制者开始谋求信息流通，不同信息控制者之间的信息共享、交换会使得不同的个人信息在同一信息控制者处聚集。个人信息聚集后，其性质可能发生实质改变，如原本不可直接识别信息主体的个人信息变得可直接识别，其处理后可得的结果也会变得更加丰富。因此，信息主体缺乏足够的专业知识对个人信息处理可能产生的影响做出正确的判断，导致信息主体无法得知其每一次的同意是否是明智的决定。

　　其五，即使能够克服上述缺陷，建立真正有效的同意制度，它的可行性也是值得怀疑的。

　　有效的知情同意需要两个起码条件：一是个人信息收集和使用的同意与背后的服务交易相分离；二是企业准确地告知个人信息使用目的，且仅限于该目的的使用，凡是超出该目的的使用必须另行征得个人再次同意。笔者认为，其一，除非给予一定的激励或对价，脱离交易环境，仅基于个人同意而收集和使用个人信息的情形应当非常少，分离交易和个人信息收集环节不现实。其二，要求企业精准地预测个人信息使用的目的，也超出企业的能力，只能模糊地泛泛地表述可能使用的场景、可能的使用人等。其三，要企业做到每次新应用不符合现实，也不符合经济考量。除此之外，要求任何使用个人信息的主体，均事先获得个人同意，不利于个人信息的社会化利用，阻碍了数据产业的发展。

因此，欧盟《条例》没有将同意作为个人数据处理的唯一合法性基础，也没有将同意列举为数据主体的一种权利。《条例》确立个人数据利用的规范，施加数据控制人以各种义务，以使数据控制人维护个人权益的前提下，合法地使用数据。数据控制人是否守法则主要由政府（数据监管机构）监督和实施。因此，《条例》创设了非常复杂的行政执法体系，赋予监管机构相当大的行政处罚权，对违规使用个人信息的行为予以处罚。

2. 信息主体权利规范缺失

由于个人信息不属于个人，不能完全由信息主体决定其是否使用，因而个人信息保护不是简单地赋予信息主体对个人信息的支配权（决定权）能够实现的，应通过信息主体与信息控制人（收集和使用人）之间的权利义务关系来实现，即通过行为模式立法实现个人信息保护。一方面，需要赋予信息主体对个人信息使用一定的控制权，以使个人信息的使用符合个人利益；另一方面，要对信息控制人（使用人）施加一定的义务，以使信息主体对使用控制的权利得以实现，最终维护信息主体在个人信息上的权益。通过这样的权利义务规范，建立个人信息使用法律规则，既维护信息主体的权利，同时又使个人信息得到合法利用。在这两个方面，我国现行法均严重缺失。

世界各国均肯定信息主体对个人信息的收集、使用具有一定的控制权，但此控制权并非对个人信息本身的控制权，而是对个人信息使用行为的"控制"。信息主体不可以绝对地控制该信息是否可以被使用，但是他有权阻止他人以侵害或可能侵害其权益的方式使用个人信息行为。由于个人信息是社会交往、政务和商务活动开展的必备要素，所以世界各国不可能赋予信息主体对个人信息使用以决定权，不可能确立非经信息主体的同意，他人不得使用个人信息的原则。例如欧盟《条例》在数据主体的权利一章中并没有同意权。在《条例》中，同意是信息主体以外的人使用个人信息的合法性基础之一（《条例》第6条第1款a项），同意并不是数据主体的权利。如果同意被作为一种权利往往意味着，数据主体的同意成为个人数据使用的一般性条件，除非有法律明确地限制，非经数据主体同意，即构成侵权。

《条例》虽然没有给予数据主体同意权，但给予了数据主体对个人数据使用"控制权"，甚至可以删除、取回甚至移转被数据控制人处理的个人数据。这些权利大致包括知情权、访问权、更正权、清除权（被遗忘权）、限制处理权、拒绝权、持续控制权（数据移转权，又译数据可携带权）。在这些权利中，数据移转权属于对个人数据本身的控制权。因为该权不仅可以从数据控制人处取回已经加工处理过的个人数据，而且还可以提供给他人。不过数据移转权是一种事后控制权，而不是事先控制权，其意图是在肯定数据控制人的使用权的同时也不妨碍数据主体将个人数据提供给他人使用。暂且不论设置这样的正当性和可行性，显然立法意图是促进个人数据为更多人使用，而不是让数据主体或数据控制人绝对地控制个人数据的使用。除了数据移转权外，其余数据权基本上属于救济性权利，这些权利旨在让数据控制人能够在维护数据主体权益的条件下处理（使用）个人数据。比如，在各个处理环节要求数据控制人告知处理目的，随时可基于其自身特殊情况拒绝数据控制人的一些处理行为（拒绝权）等。这些权利可以让数据主体能够了解哪些数据正在被哪些主体为何种目的或用途或者以何种方式在处理（使用），同时在危害自己权益时终止继续处理（使用）。当然，在数据已经为数据控制人实际控制和处理的情形下，赋予数据主体这些权利，单凭数据主体的个人力量是无法实现这些权利的；因此，需要对数据控制人施加相应的义务来实现。

相对于欧盟立法而言，我国现行个人信息保护规范，缺失对信息主体赋权性规范。只有《网络安全法》第四十三条赋予了个人两项救济性权利，即删除权和更正权，但这两项权利规范比较粗糙，缺乏操作性。这可能是因为我国现行法律更多希望通过个人同意来使信息主体对个人信息使用实现控制，而忽视了使用过程中对数据控制人使用行为的控制。由于个人事实上不能事先控制个人信息的使用，因而亟待通过使用过程中救济性权利的明确，给予信息主体一定程度维护自己权益的权利，进而可诉诸行政或司法救济等手段维护自己的权益。显然，缺失使用过程中针对个人信息滥用行为的授权性规范，不利于信息主体维护自己权益。

3. 信息控制人义务规范不完整，个人信息利用面临法律不确定性

对于信息控制人的义务性规范，世界各国立法主要体现在两个方面。第一，

要求信息控制人确保其所收集的个人信息的安全，防止未经授权的公开、使用或泄露等。第二，要求信息控制人确保个人信息收集和使用符合法律规范，以保证个人信息收集和使用行为不侵犯个人权益。例如，欧盟《条例》的基本逻辑是通过对数据控制者（及数据处理者）课以复杂保护义务，以实现对数据主体基本权利和自由的保护。《条例》第四章"数据控制者和处理者"规定了数据控制者和数据处理者的义务。概括起来，其主要内容主要包括：数据控制人的一般义务，明确其保护个人权利的义务及其责任分配；对个人数据的安全保障义务，并要求数据控制人"采取系统保护和默认保护"（data protection by design and by default）来确保个人权益①；数据控制人防范数据风险两个机制——数据保护影响评估和事先咨询；依法设置数据保护专员的义务；数据控制人制定行为准则并认证的义务。

我国现行立法中均强调了相关主体应确保信息安全，防止信息泄露、毁损或丢失，并要求在发生上述事故后，及时采取补救措施，通知涉及的个人和主管机关。但在个人信息收集和使用方面，对信息控制人的义务规范都较为原则，缺乏具体、实质规则以保证信息控制人遵守了合法、正当、必要的原则。尤其是在这方面，我国立法主要采禁止性规范，在所有的法律规范中，均规定"不得违反法律、行政法规的规定和双方的约定收集、使用个人信息"，"不得窃取或者以其他非法方式获取个人信息，不得非法出售或者非法向他人提供个人信息"。对于数据收集和使用人采取"不得＋违法"这样的规范模式，至于什么是合法地收集、使用和流通，在所有的法律中却没有相应规范。由此，在一定程度上我们可以认为，我国现行法律并没有建立起个人信息合法使用的规则。

禁止性规范不能起到对行为的指引作用，其效力主要通过责任规范（惩罚）来体现。我国目前个人信息现行法律制度的缺陷也正在于此。在合法的个人信息利用规则非常粗糙的前提下，以禁止规范为基础，建立强有力的责任规范体系，尤其是这些禁止性规范直接与刑事责任对接，导致我国的许多个人信息利用行为有可能被扣上一项违法的帽子，而违法严重的又可能导致刑事责任。这

---

① 数据系统保护（data protection by design）是指在设计个人数据处理的方法和目的之初，就将数据保护嵌入其中；而默认保护（data protection by default）则要求各相关组织在其产品或服务可被他人获取的一开始就将最为严厉的隐私措施应用其中。

不仅导致我国的个人信息使用面临巨大的法律不确定性，而且导致个人信息开发利用行业成了高度危险的行业（参见后文对刑事责任的论述）。

## 四、现行个人信息保护规范的司法实践

我国个人信息保护规范已经进入司法实践，虽然案件尚少，但人民法院努力解释和适用法律。这里选取几个案例说明个人信息保护法律规范在司法实践的应用。

**（一）知情同意规则适用**

在（2018）吉0502民初221号电信服务合同纠纷案件中，原告到被告某通讯器材销售中心处办理宽带业务，被告在未向原告充分说明的情况下，将原告身份证、银行卡通过手机信息绑定在"联璧金融"App上。本案中，销售中心将信息主体的个人信息绑定在App上的处理行为，事先没有告知信息主体并取得其同意，故该数据处理行为没有正当性基础。

在实践中大量存在在收集个人信息时存在告知，但是告知内容不详细，尤其是个人信息使用的目的、方式和范围不具体、特定，导致信息主体"概括式同意"，实际上徒具形式意义。

在（2015）杭西知民初字第667号计算机软件著作权许可使用合同纠纷案件中，原告周某起诉要求确认其与阿里巴巴（中国）有限公司间签订的《手机淘宝——软件许可使用协议》第七条第一款无效。该《协议》第七条第一款包括以下内容：阿里巴巴及其关联公司有权（全部或部分地）使用、复制、修订、改写、发布、翻译、分发、执行和展示您的全部资料数据或制作其派生作品，并将上述信息纳入其他作品内。该《协议》约定信息控制者有权以"现在已知或日后开发的任何形式、媒体或技术"对数据进行处理，而未来会以何种形式或技术对数据进行处理是无法确定的，信息控制者在其使用数据方式未知的情况下要求信息主体做出同意，信息主体就无法根据信息控制者的告知明确其同意授权的范围，也无法准确预估同意可能导致的后果，阿里巴巴（中国）有限

公司做出的告知不满足告知的内容应具体、特定的要求。

个人信息的收集多采用格式条款方式进行，在这种情形下，收集者应当采取显著方式提示个人信息主体，由信息主体自主自愿做出选择。在支付宝年度账单事件中，支付宝在年度账单的首页左下方利用小字体、接近背景色和默认勾选同意，让相当多的用户在不知情的情况下"被同意"接受芝麻信用。签署这份极易被用户忽略的《芝麻服务协议》，意味着芝麻信用可以向第三方提供用户的个人信息，芝麻信用还可以对用户的全部信息进行分析并将分析结果推送给合作机构，即用户在未注意到《芝麻服务协议》存在的情况下做出了"同意"数据被收集、使用的意思表示。知情同意是我国一般个人信息处理合法性基础。通过分析支付宝账单事件可以看出，个人信息控制者未采取显著方式提示个人信息主体注意的情况下，默认将同意进行勾选的模式显然不能满足《网络安全法》所规定的知情同意之要求，因而其不能构成有效的知情同意，在这种情况下取得的信息主体的同意应认为无效。

默认勾选属于很明显的忽视信息主体选择权的情形，极容易判断，但是在用户协议或者用户对个人信息的同意是用户接受服务或从事交易必备步骤的情形下，用户对个人信息收集和使用同意是否真正出于用户的真实意思表示，就不得而知了。在这种情形下，法院往往采取推定方式，只要个人勾选同意，即表示其同意。但是，这种同意往往是违背用户真实意愿的。

知情同意规则的适用，除了征询信息主体同意外，还存在是否要征询信息控制者的同意问题。在这方面，在北京微梦创科网络技术有限公司起诉北京淘友天下技术有限公司、北京淘友天下科技发展有限公司不正当竞争纠纷一案（以下称"新浪诉脉脉，二审判决书详见（2016）京73民终588号"）创造性地发展出所谓的三重授权原则，在业界具有一定的影响。这里对该案予以讨论。

脉脉作为一款着重于职场人脉的 App 软件，以第三方开发者的身份与新浪微博进行合作，其合作基础是《开发者协议》中约定的具体合作内容，并通过Open API 接口传输数据。在合作期间，新浪微博发现脉脉获取了其认为超过约定部分的数据，并由此认定该部分数据为非法获取，故中断合作。而于合作关系结束后，新浪微博认为脉脉并未完全删除先前所取得之数据，由此提起诉讼。本案历经一审、二审，法院以极大的篇幅对互联网企业收集数据的方式做了详细的认定，主要聚焦于爬虫抓取、Open API 接口的开放、协同过滤算法。基于此，法官亦就用户、平台、第三方开发者之间的"三重授权"收集使用个人信息数据的模式作出定论。笔者对二审判决书中所展现的证据认定、最终判决等内容，立足于我国现行法下持肯定态度，但是对于个人信息开放利用的发展是否应遵循此路径存在疑虑，故主要围绕"三重授权"的模式展开分析，对当下的用户、互联网平台、开发者之间的合法授权模式进行了初步的解读，并就此对其本质之"同意规则"进一步思考，简述其中正当性与必要性之缺失；进而就"同意规则"所指向之隐私利益进行讨论。

1. 三重授权解读

"三重授权"是本案二审法院做出的合法收集使用个人信息数据的路径之认定，法院对"三重授权"的定义为："用户授权" + "平台授权" + "用户授权"。在对"三重授权"进行解读时可以发现，二审法院建立此模式时，其跟脚是"同意规则"，也就是对我国现行法的基本原则"非经同意不得使用"的解读，即如《网络安全法》第四十一条所规定的："网络运营者收集、使用个人信息，应当遵循合法、正当、必要的原则，公开收集、使用规则，明示收集、使用信息的目的、方式和范围，并经被收集者同意。网络运营者不得收集与其提供的服务无关的个人信息，不得违反法律、行政法规的规定和双方的约定收集、使用个人信息，并应当依照法律、行政法规的规定和与用户的约定，处理其保存的个人信息。"故此，笔者将首先基于本案中二审法院的观点，对其认定的"同意规则"进行初步分析。

在本案中，新浪与脉脉之间的《开发者协议》第 2.5.1 条约定："开发者应用或服务需要收集用户数据的，必须事先获得用户的同意，仅应当收集为应用程序运行及功能实现目的而必要的用户数据和用户在授权网站或开发者应用生成的数据或信息。开发者应当告知用户相关数据收集的目的、范围及使用方式，以保障用户的知情权。"该项内容与《网络安全法》的规定相当一致，采用了最小化原则及事前同意原则这两个核心要素用以保护用户的个人信息数据，使得数据的收集、使用由此获得了正当性与合法性。但是在具体操作中，协议中所约定的与法律相一致的这两项原则其实殊难落实，最小化原则的边界在哪里、事先同意的明确程度又在哪里，均是需要在实践中反复思考、追问的，若不能厘清此二者之边界，仅有原则性的描述将使得个人信息数据的使用产生巨大的不确定性。以此二者为基础，二审法院在判决书中对脉脉在对个人数据的使用与收集上均做出了更进一步的界定。

在获取数据方面，也可以说是平台与第三方开发者之间的"同意规则"，法院围绕最小化原则展开的边界是"因业务所产生的更高注意义务"与"控制技术的范围"。以本案为例，脉脉平台的主要业务和特色是职场圈子及人脉网络，所以在取得此类数据之时，该平台有义务对其收集方式、收集内容等问题上加以更高的注意等级。详言之，在收集个人信息数据之时，收集方应当在每一个步骤中，清晰地认识到自身的行为是否具有合法性，这一注意义务所涵盖的范围不仅是从用户处采集数据，也包括从第三方采集数据。当产生较为模糊的情况时，不能粗糙地做出诸如因"该项获取行为并没有发现阻碍"就简单判断出"这是一项合法的行为"这样的结论，而是应将模糊变为明确，这既是保护用户个人数据的安全，亦是保障自身行为免遭法律追责的必要过程。"控制技术的范围"也正是与这一更高注意义务相辅相成的细化内容。数据采集方在收集数据之时，不能以其技术能达到的最大能力范围来对数据进行获取，而是应结合其所应当保持的注意义务，将技术能力限制在这一边界以内，超出的部分即使获得了用户的授权，但若不符合与第三方的约定，就极有可能被划入不正当竞争范畴。从整个行业发展视角而言，肆意超越注意义务的技术可能引发"技术霸权"的恶性竞争。再以脉脉的行为为例，其并未获得新浪微博在"用户职业信息"这一部分的授权开放，但是新浪因其自身疏漏，并未对脉脉获取此类数据之时立刻作出限制，因而脉脉得以在未授权的情况下获取微博用户的"职业信息"，法院认定脉脉的这一行为已超出了其业务范围内所应当遵守的"注意义务"，也不当扩大了技术能力应当止步的界限，已经超出了微博与脉脉之间的同意范围，故属于不正当竞争。

在用户的事先同意方面，二审法院完全认可对用户知情权的保障，对开发者应当告知收集数据的目的、范围及使用方式从约定与法律两个角度均做出了肯定，并且更进一步地认为，"第三方通过 Open API 获得用户信息时必须取得用户的同意，用户的同意必须是具体的、清晰的，是用户在充分知情的前提下自由做出的决定"。从"具体的、清晰的"描述中，笔者以为法院对"同意规则"的指引已经颇为明确，即让用户全面、明确地认识到其个人信息数据的动向，从而在源头上保护用户的利益。暂且不论在实践中的可操作性为何，但是这一态度中所包含的对用户利益的保护实值肯定。

明晰了二审法院对"同意规则"的态度与观点后，基于此，笔者对"三重授权"模式进行详述。第一重授权，即"用户授权"，为用户在使用平台（此案中为新浪微博平台）时对平台的授权，体现在用户对平台隐私政策的同意与接受，在隐私政策中，平台将会写明需用户授权收集、使用其个人信息的内容及范围。第二重授权，即"平台授权"，为平台对第三方开发者（此案中为脉脉）的授权，在此案中，亦或说在当今互联网商业运作中，多以《开发者协议》构筑平台与开发者间的合作框架，在开发者获取平台的合法授权后以 Open API 开放平台为数据传输合法通道。在该协议中，详细规定了诸多款项，如开发者通过接口能在平台获得的内容、对数据的使用需合目的、终止合作后对数据的删除等。其中最主要的内容是平台与开发者在协议中约定，开发者在收集、使用平台提供的数据时必须获取相关用户的同意，也就是说，开发者在收集、使用用户数据时仍需事先告知用户其使用数据的目的、方式和范围，并征得用户的同意。第三重授权，即"用户授权"，则为开发者在收集使用平台提供的用户的信息数据时，需事先征得用户的同意，这既是源自于第二重授权中开发者与平台的约定，亦是符合法律上对于数据收集使用方必须做到的前置条件。举例来说，首先平台在收集使用 A 的数据时，需征得他的同意。而后平台通过接口开放给开发者让其使用 A 的数据时，二者间约定"开发者在收集使用 A 的数据时，仍需再经过 A 的同意"。最后，平台在收集使用 A 的数据时，需要取得 A 的授权。

在对三重授权的本质进行分析之后，回到案件本身，脉脉在收集使用其用户的信息数据时，需要用户上传其通讯录，其中最有价值的是电话号码与姓名的匹配。收集之后，脉脉存在将非脉脉用户但为新浪微博用户的信息进行交叉匹配并推送给脉脉用户的行为，使得非脉脉用户的微博信息，在并未获得其同意的前提下，于脉脉软件运行环境中进行公开展示，这意味着，脉脉并未严格遵从第三重授权的步骤，获取非脉脉用户的同意即对其信息进行利用，放在前述例子中就是：A 是微博的用户，微博开放接口给脉脉后，脉脉未取得 A 的同意便将其信息收集使用，并展示在脉脉软件之中。据此，法院认定脉脉违反三重授权，违反了诚实信用原则与公认的商业道德，确属无误。

2. 对三重授权的进一步思考

在本案中，法院对"同意规则"的理解与贯彻后作出的"三重授权"是完全符合法律规定的，但笔者以为，正因如此，我们更需要反思在大数据时代下"三重授权"的正当性与必要性，即每一步授权的"同意规则"的正当性与必要性。

首先，"同意规则"的行使极有可能不当处理他人财产，更有损害他人利益之虞。该规则意味着个人信息主体对于个人信息数据拥有绝对的掌控力，所以信息主体得以同意或者拒绝他人收集、使用自己的个人信息。但是随着时间的前进，在如今的大数据时代，个人信息数据早已无法界定为个人所有的利益，任何第三方在个人信息数据上合理地开发、利用等行为，都将使得数据上附着独属于相应第三方的财产利益，如果此时仍对个人信息数据秉持"同意规则"，会彻底背离民法之私人自治的理念，这不仅仅就自己既存的利益进行规制，更是将对他人利益一并进行了规制，极可能对他人造成损害。以另一个角度来讲，该规则是否在否定他人于信息主体之个人信息数据上作出的真挚努力所应正当取得的相应财产利益？故此，这样的规则在当今的环境下着实欠缺正当性。

其次，"同意规则"的有效性存疑。前文已提及二审法院在判决书中对"同意"内容的明确，法院做出这样的解释完全符合对相应法律的认定，甚至也能视作法院在这一问题上的立场与导向，但是，这仍然是应然层面上的美好理想，无法与实际相联系，正如本案中二审法院对同意规则做了这一说明，却仍对脉脉在隐私政策中的"同意规则"之效力三缄其口。盖因大数据产业的复杂性、多样性、不可预知性，使得没有人能在收集用户个人信息的同时可告知即将对信息进行处理的范围，故此，现行市场上所有的隐私政策、"同意"条款，几乎均为"一揽子同意"。以本案为例，新浪微博与用户之间的授权约定、脉脉与用户之间的授权约定，都是以一种极为宽泛的、几近全面同意的形式构成的，这也势必造成用户无法完了解其个人信息具体将被作何种处理，更何况此类隐私政策过于冗长，用户在使用相应产品时很少会去阅读。此外，随着人们的日常生活益发不能离开各类 App 应用，不接受各类隐私政策将导致用户无法使用相应应用，这将极大降低个人的生活水平。故此，"同意规则"实质上看似美好，但并不能对用户进行真正有效的保护，反而会使得用户在实然层面完全缺少应有的保障。所以，"同意规则"的客观有效性着实值得商榷，这也导致了其必要性势必缺位。

最后，在反思"同意规则"的同时，我们亦应对该规则所指向的本质——用户个人的隐私利益作出新的审视。"同意规则"要保护之对象无非是用户的个人隐私利益，是为了让用户个人在互联网世界中有尊严、有自由地存在着，对其个人信息数据的使用不会给他造成不适感。但何为隐私，在不同于以往的大数据时代着实值得进一步思考。传统的对于隐私的描述与认知非常直观，盖因过去人们生活场景颇为简单，并不复杂。但于今日而言，人们每天接触的场景因互联网的发展日益庞杂。对同一条信息而言，在不同的场景，信息主体并不一定都享有隐私利益，换言之，信息主体对同一条信息在不同场景的应用并不会都产生不适感。例如就职业信息而言，当信息主体渴望求职，希冀知晓自己职业背景的人越多越好时，对该条信息向不特定多数企业推送应用反而为更多主体所接受。因此，脱离场景与应用去谈隐私利益，将"同意规则"强加其上，并不一定符合现状，这势必缺乏正当性与必要性，我们亟需摆脱传统的框架进行更深的探索。

"三重授权"与其指导思想之"同意规则"虽然符合现行法律规定，但是因其必要性与正当性的缺失，导致用户个人并不能真正地获得应有的保障，而企业之间又因缺乏有效的规则，极易产生纠纷，最终将对大数据红利的释放产生负面影响，对我国大数据战略的实现造成阻碍。故而个人信息的立法应当立足于我国的具体实践情况，结合不同场景对隐私利益进行不同的解读，进而妥善制定详细针对用户个人的保护义务链，让数据控制者负有具体的不侵害义务，而非以简单的"同意规则"来一笔带过；同时还应确认与保障第三方于个人信息数据上可能的正当利益，激励市场对数据进行更好地开发与利用，最终从个人保护与开放利用这两个并存的维度，为我国大数据战略保驾护航。

## （二）未尽到个人信息安全保障义务的适用

《民法总则》第一百一十一条对个人信息控制者或使用者规定了最基本的义

务——"确保信息安全"。确保个人信息安全被称为个人信息安全保障义务，也规定于各种涉及个人信息保护的法律之中。比如《网络安全法》，其核心内容是：确保个人信息不泄露、毁损、篡改或者丢失。《消保法》等法律也有详细的规范。

因为负有个人信息安全保障义务的往往是个人信息控制者，其控制着大量的个人信息，一旦发生泄漏，后果将不堪设想。如，2017年9月，我国爆发了7亿公民信息遭泄露的事件，其中泄露的就包括某部委的医疗服务信息，有大量的孕检信息遭到暴露并在暗网进行交易。因此，本指引认为未尽到个人信息安全保障义务，导致个人信息被篡改、损毁和泄露的也应当构成个人信息的侵害行为。

有关信息控制者个人信息安全保障义务有不少司法案例，诸如"陈斌、中国移动通信集团江西有限公司九江分公司侵权责任纠纷案"① 中，移动公司对手机用户信息的审查义务。该案基本案情为：郭虎伪造陈斌的身份证件，在九江移动公司办理了挂失开机业务，而后在梅春燕经营的移动专营店办理了补办手机卡业务。因九江移动公司及梅春燕在办理挂失开机业务及补办手机卡业务中对郭虎提供的"陈斌"身份证件是否为有效证件防范不到位，未尽到相应的审查义务，导致犯罪嫌疑人郭虎重新补办了SIM卡，然后通过网上操作交易盗取原告工商银行账户里的人民币共计七万余元。该案的争议焦点之一为移动公司是否有保障手机用户信息安全的义务。二审法院认为，上诉人移动公司是移送通信业务的运营商，保障手机用户信息安全是其法定义务及合同义务。而移动公司未尽到个人信息安全保障义务，导致用户个人信息被泄露并遭受损失，其行为构成个人信息侵害行为。

又如"林某某与四川航空股份有限公司侵权责任纠纷案"② 中，航空公司对消费者个人信息的保密义务。其基本案情为：2013年11月5日，林念平公司的工作人员通过拨打028–888×××8，为林念平订购了一张由成都飞往昆明的机票，订票的同时，林念平公司的工作人员将林念平的手机号码告知四川航

① 中国裁判文书库，访问日期：2019年3月6日。九江市中级人民法院（2018）赣04民终78号。
② 中国裁判文书库，访问日期：2019年3月6日。成都市中级人民法院（2015）成民终字第1634号。

空公司，并于当日收到了四川航空公司发送的成功出票信息及航班信息。同年同月 9 日，林念平的手机收到 153×××9650 号码发送的信息，载明了林念平的姓名及详细的航班信息，并提示林念平订购的航班因故将停飞，要求其通过拨打 400×××020 办理退票或改签手续。后林念平另行订购了一张云南祥鹏航空公司成都飞往昆明的机票，并支付 469 元。后经证实，林念平于 2013 年 11 月 5 日订购的航班并未取消。该案争议焦点为航空公司是否应就乘客个人信息的泄露承担责任。法院认为，原告证据虽不能证明其个人信息被泄露的具体环节，但已能证明其个人信息是通过航空公司的售票系统有关环节被泄露的，且航空公司未尽到保障消费者个人信息安全的相关义务，因此航空公司应当承担侵权责任。

### （三）个人信息侵权的举证规则

寻求个人信息侵权救济最为困难的是举证难。笔者以"个人信息"为关键词，检索从 2014 年至 2018 年相关的民事案例共 18 起（2014 年 1 起，2015 年 6 起，2016 年 8 起，2017 年 2 起，2018 年 1 起，见表 2－4）。就个案而言，举证责任的分配在很大程度上决定了自然人个人信息权利能否得到救济；同时，从历时的角度分析，法院在举证责任设置方面有从一般原则（"谁主张，谁举证"）向特殊性原则（举证责任倒置）偏移以寻求平衡的趋势。在这一过程中，"高度盖然性"这一证明标准被激活，某种程度上体现出司法向个人信息主体保护的倾斜。另外，在新近发生的几起案件中（包括指导性案例"庞理鹏诉趣拿网、东方航空"一案），法院更是将"安全保障义务"的举证责任分配给了个人信息控制者。

1. 举证责任偏移：从一般举证原则到公平、诚实信用原则

细读这 18 个案例，会发现早期的案件中，法院基本按照"谁主张，谁举证"的思路，要求个人信息主体就个人信息侵权的四要件进行举证。由于个人信息在传输、使用过程中往往涉及技术类的专业知识，即便只是要求个人信息主体对其进行认知，已属困难，若再加以"举证"的重担，那么当然地救济无望。因而，在这 18 个案件中，只要法院主张一般举证原则，个人信息主体的诉求就一定会被"驳回"（如表 2－4 中序号 1－11、13－16 的案例）。但在案例 12

林某诉四川航空、庞某诉东方航空及其申某诉上海携程、支付宝案中，法院判决不再拘泥于"谁主张，谁举证"原则，而是根据《证据规定》第七条中的公平、诚实信用等原则，通过具体考量个案中信息主体的举证能力，适当降低举证所达到的证明标准，只要求其在力所能及的范围内承担相应责任，且后三个案件中，判决书均提到"高度盖然性"标准、"基本事实成立"等概念。

这样的趋势也与国内不断加强的"个人信息保护"形势相呼应。大数据发展带来机遇和便利的同时，也严重威胁了个人信息安全。尤其当这些信息被泄露而由不法分子非法获取使用时，不论是对个人财产安全还是人身安全，都带来了极大的隐患。这18个案例，绝大部分是因为个人信息泄露而导致大额财产损失。另外，在刑事案件中，也不乏由于电话诈骗而导致个人信息主体死亡的案例。可见"个人信息保护"迫在眉睫。而一味遵守"谁主张，谁举证"的原则，显然无法救济个人信息主体权利，也无法遏制此等现象。在某种程度上而言，举证原则向"公平、诚实信用原则"的偏移体现出了司法在解释法律过程中一定的能动性。法律规范具有一定的概括性和抽象性，条文往往不能具体对应社会现实中产生的现象。并且法律规范的修改、废除需要经过一套严格的程序，耗时且耗力，体现出一定的滞后性。司法机关作为审判机构，是法律世界和现实世界的纽带，其并非只是在机械地运用条文，而是需要时常展现出一种能动性。在个人信息侵权案件中，举证责任分配由一般性原则向"公平、诚实信用原则"的偏移，体现的正是这种能动性。值得注意的是，此等能动性的运用应当极为谨慎，在某种程度上也可以看作是目前我国个人信息立法不足而采取的一种权宜之计。

2. 证明标准偏移："高度盖然性"激活，自然人举证基本事实

举证责任分配原则的偏移与证明标准的变化息息相关。① 德国学者汉斯·普维庭在批判埃克罗夫和马森的刻度盘理论时，将法官的证明结果分为四个等级（如下表2-3），并认为"对所谓证明责任点（75%、25%和50%）的正确

———————

① 在此，本部分无法断言究竟是由于原则改变导致证明标准降低，亦或是由于证明标准的降低而体现为举证责任分配原则的偏移。二者无法认为是泾渭分明的决定关系，而处于一种混沌的相互影响的状态。但从笔者的分析思路来讨论，笔者的确是先关注到"证明标准"降低，从而意识到举证责任原则的偏移。

评价是，50％ 的证明责任点把刻度盘一分为三（以证明、真伪不明和被驳回）"①。两家观点针锋相对，尤其是针对刻度盘理论 75％ 的证明责任点展开激烈争论。但无论如何，双方至少在一点上达成共识，即都承认高度盖然性（即表中第四栏）的认定属于一段区间（75％ ~99％），在这段区间内，法官拥有一定心证空间。

表 2 - 3　法官证明结果的四个等级

| 级别 | 百分比 | 可能性 |
|------|--------|--------|
| 第一级 | 1％ ~24％ | 非常不可能 |
| 第二级 | 26％ ~49％ | 不大可能 |
| 第三级 | 51％ ~75％ | 大致可能 |
| 第四级 | 76％ ~99％ | 极有可能 |

法律事实不等同于客观事实，在还原法律事实时，往往无法达到百分百真实的状态。德国、法国等大陆法系国家，普遍采取高度盖然性标准②。我国《最高人民法院关于适用〈中华人民共和国民事诉讼法〉的解释》（以下简称《民诉解释》）第一百零八条规定，对负有举证证明责任的当事人提供的证据，人民法院经审查并结合相关事实，确信待证事实的存在具有高度可能性的，应当认定该事实存在。可见，我国民事司法实践也以"高度盖然性"作为举证责任的证明标准。一般而言，"高度盖然性"标准是普遍性共识，在判决书中不会特别注明（原因可能在于大多数举证的确认都使用了高度盖然性标准），而在检索的案例 12 、17 以及 18 中，判决书都明确引用了《民诉解释》一百零八条的"高度盖然性"标准，以此判定个人信息主体已完成举证责任，这也成为这三个案件中个人信息主体权利得以救济的关键。由此可见，判决书中提及的"高度盖然性"标准，并非法官的无心之举，实际上是司法向个人信息主体进行倾斜保护的体现。同时，为了防止"高度盖然性"证明标准的滥用，《民诉解释》一百零八条也规定"对一方当事人为反驳负有举证证明责任的当事人所主张事

① ［德］汉斯·普维庭. 现代证明责任［M］吴越. 译. 北京：法律出版社，2000：108 - 109.
② 毕玉谦. 试论民事诉讼证明上的盖然性规则［J］. 法学评论，2000（4）：40—49.

实而提供的证据，人民法院经审查并结合相关事实，认为待证事实真伪不明的，应当认定该事实不存在"。在法院以"高度盖然性"认定事实存在时，个人信息控制者仍旧可以进行反证，并且只要使该事实处于真伪不明的状态，即可推翻此前认定。这种对于高度盖然性原则的注意性标识，可以视作司法机关试图在"谁主张，谁举证"与"举证责任倒置"二者之间寻求平衡。

　　另外，通过对案例的比较分析，也可以看出法院判决越来越以实践为导向，而不是笼统地按照一般举证原则，让个人信息主体对所有主张进行清晰、详细、准确地举证。相反，司法机关综合考虑个人信息主体的能力以及个人信息处理过程中的专业复杂性，仅仅要求个人信息主体在自身能力范围内，对主张的基本事实进行举证。例如，"林念平诉四川航空"案中，法院认定"在林念平已经尽自己的所能，将其客观上能够收集到的证据予以举示，证明了其信息在售票渠道被泄露的基本事实"①，而不需要其再对具体泄露细节进行举证。同样，在"庞理鹏诉趣拿网、东航航空"一案中，法院认为："客观上，法律不能也不应要求庞理鹏确凿地证明必定是东航或趣拿公司泄露了其隐私信息。而从庞理鹏已经提交的现有证据看，庞理鹏已经证明自己是通过去哪儿网在东航官网（由中航信进行系统维护和管理）购买机票，并且东航和去哪儿网都存有庞理鹏的手机号。因此，东航和趣拿公司以及中航信都有能力和条件将庞理鹏的姓名、手机号和行程信息匹配在一起。"② 可以看出，在该案中，法院也并不要求庞理鹏能对信息泄露的具体细节进行举证，而只认为其应对自身能力范围内的基本事实进行举证。

　　综合上述两方面可以发现，18 起案例中有 3 起强调"高度盖然性"原则，这种强调并非法官的无心之举，而是在现有法律体系中寻求解决实际问题的一种尝试。一方面，个人信息主体举证能力弱，不足以对侵权责任的四要件进行举证；另一方面，"举证责任倒置"的特殊设置又受到严格的限制。正是在这样的两难中，以解决实际生活中个人信息侵权案件频发问题为目的，"高度盖然性"标准被激活。而"基本事实明确"则是高度盖然性标准的实际体现，法院

---

① 林念平诉四川航空．四川省成都市中级人民法院．（2015）成民终字第 1634 号．
② 庞理鹏诉趣拿网、东方航空，北京市第一中级人民法院．（2017）京 01 民终 509 号．

不需要个人信息主体对所有主张进行事无巨细地举证说明，只需要其达到"基本事实准确"即可。

3. 违反安全保障义务视为过错，举证责任属于个人信息控制者

《侵权责任法》第三十七条规定，宾馆、商场、银行、车站、娱乐场所等公共场所的管理人或者群众性活动的组织者，未尽到安全保障义务，造成他人损害的，应当承担侵权责任。该条法律对于安全保障义务的规范价值取向，在于公共秩序和公共安全的维护。网络空间作为现实空间在网络上的再现，各平台管理者理应承担与三十七条所规定的与安全保障义务相类似的义务，以维持网络空间的公共秩序和公共安全。《中华人民共和国消费者权益保护法》第二十九条第二款中明确规定，经营者及其工作人员对收集的消费者个人信息必须严格保密，不得泄露、出售或者非法向他人提供。经营者应当采取技术措施和其他必要措施，确保信息安全，防止消费者个人信息泄露、丢失。在发生或者可能发生信息泄露、丢失的情况时，应当立即采取补救措施。从法理基础上来讲，《消保法》二十九条之规定类似于《侵权责任法》三十七条规定的"安全保障义务"。故而，此处所言"安全保障义务"，意指个人信息控制者在收集、处理个人信息过程中负有的，保护个人信息免于遭受泄露、非法利用等不良后果的义务。在2、8、9、15四个案例中，法院要求个人信息主体就个人信息控制者未履行安全保障义务进行举证，而在12、17、18三个案件中，法院则要求个人信息控制者（四川航空、趣拿网及东方航空、携程网）就安全保障义务的履行承担举证责任。

仔细分析后三者，会发现其间存在细微差别。具体而言，案例12（林念平诉四川航空案）中，林念平主张四川航空未尽到《消保法》第二十九条规定的经营者对消费者个人信息的保护义务及在发生信息泄露时采取补救措施的义务，法院就此认定四川航空应该通过举证证明其履行了采取技术措施和其他必要措施，以确保消费者个人信息安全的义务，来说明林念平信息的泄露并非四川航空公司的过错造成的。从这个层面上来讲，在林念平主张四川航空应履行安全保证义务时，法院考虑到林念平举证能力的限制，将已经履行安全保障义务的举证责任分配给了四川航空。理由主要是"售票系统由四川航空公司及与其有合同关系的第三方掌握，四川航空公司占有或者接近上述证据材料人，有条件

并有能力收集相关证据"。基于此，法院认定四川航空未履行安全保障义务，存在过错。案例 17（庞理鹏诉东方航空、趣拿网案）中，庞理鹏并没有提出东方航空和趣拿网未履行安全保障义务的主张，而是法院根据诉讼期间频发的有关被告泄露消费者信息而导致诈骗的新闻报道，推定被告"应知晓其在信息安全管理方面存在漏洞"，"但是，该两家公司并未举证证明其在媒体报道后迅速采取了专门的、有针对性的有效措施，以加强其信息安全保护"，因此违反了《消保法》二十九条第二款规定，存在过错。案例 18 则有较大突破，法院直接根据公平、诚实信用原则，认定携程就个人信息泄露无故意或过失之事实负举证责任。尽管三个案例在细节上有所不同，但是它们都将未履行法律规定的安全保障义务视为过错，同时也将已履行安全保障义务的举证责任分配给了个人信息控制者。

举证责任分配实际上暗含着败诉风险的分配，在具体设置时，需要考虑多方面因素。在我国的法律体系中，一般采取"谁主张，谁举证"的原则，对于特殊的"举证责任倒置"采取极为审慎的态度，采取法定主义原则。然而在个人信息侵权案件中，不论是适用一般举证原则还是采取责任倒置方式，都无法解决实际问题。本部分梳理 2014 年至 2018 年的 18 个有关个人信息侵权的案例，发现在司法实践中，法院的审判呈现出"取中道"的趋势。具体而言，主要涉及三方面。首先，举证责任原则不在单一遵循"谁主张，谁举证"的一般原则，而是开始向"公平、诚实信用原则"偏移。其次，"高度盖然性"证明标准作为平衡器被激活，在举证过程中，法院结合个人信息举证能力，只要求其对所主张内容的基本事实进行举证，大大降低了个人信息主体的举证负担。最后，法院将未履行"安全保障义务"视为过错，个人信息控制者一方应当就其已履行安全保障义务进行举证。2019 年两会期间，个人信息立法已被列入立法计划之中，加强对个人信息的保护大势所趋。在本部分分析的 18 个案例当中，新近案例如"庞理鹏诉东方航空、趣拿网案"等，似乎也呼应了加强个人信息保护的趋势。然而，需要提出的是，采取"公平、诚实信用原则"以及运用高度盖然性标准，虽然在一定程度上保护了个人信息主体，但这并非长远之计，仍旧需要通过立法将个人信息侵权案件中的举证责任分配确定下来，真正做到有法可依。

表 2 - 4　归责原则案例

| 序号 | 案件 | 归责原则 | 判决结果 | 判决书时间 |
|---|---|---|---|---|
| 1 | 郑洋 Vs. 天津航空、淘宝，合同纠纷 | 谁主张，谁举证 | 驳回（天津市东丽区人民法院 2014 丽民初字第 1720 号） | 二〇一四年六月二十五日 |
| 2 | 丁浩 Vs. 京东（北京京东叁佰陆拾度电子商务有限公司）网络服务合同纠纷 | 一、二审：谁主张，谁举证 包括对未履行服务保障义务的证明 未能证明违法行为和因果关系 | 一审驳回，二审维持（北京三中院 2015 民终字第 01515 号） | 二〇一五年二月十三日 |
| 3 | 原告罗镇杉诉被告郴州申湘天润汽车有限公司和被告中国太平洋财产保险股份有限公司隐私权纠纷一案一审民事判决书 | 谁主张，谁举证 未能证明违法行为 | 证据不足，无法认定（2014 郴北民二初字第 947 号） | 二〇一五年四月十三日 |
| 4 | 赵虹、惫志平 Vs. 浙江浪仕威电商有限公司，天猫网络有限公司网络侵权责任纠纷 | 谁主张，谁举证 未能证明违法行为和因果关系 | 驳回（沈阳市和平区人民法院 2015 沈和民一初字第 00732 号） | 二〇一五年四月十四日 |
| 5 | 李宁 Vs. 支付宝，广州高雄林贸易有限公司网络侵权责任纠纷 | 谁主张，谁举证 未能证明违法行为 | 驳回（南京秦淮区人民法院 2015 秦红民初字第 112 号） | 二〇一五年五月八日 |
| 6 | 刘清 Vs. 招商银行，苏宁云商集团股份有限公司侵权责任纠纷 | 谁主张，谁举证 无法证明因果关系 | 驳回（福州晋安区人民法院 2015 晋民初第 2511 号） | 二〇一五年九月二日 |

续表

| 序号 | 案件 | 归责原则 | 判决结果 | 判决书时间 |
|---|---|---|---|---|
| 7 | 田正红 Vs. 京东买卖合同纠纷 | 谁主张,谁举证 未能证明过错 | 驳回(北京朝阳区人民法院 2015 朝民(商)初字第 29673 号) | 二〇一五年十月九日 |
| 8 | 马春艳与被上诉人中国南方航空股份有限公司网络侵权责任纠纷 | 一二审:谁主张,谁举证 | 败诉:(2016)苏 01 民终 3947 号 | 二〇一六年六月二十日 |
| 9 | 高云周 Vs. 淘宝网络有限公司网络侵权责任纠纷 | 谁主张,谁举证未能证明违法行为和二审未尽注意义务也由主张者承担 | 一审驳回,二审维持(北京二中院 2016 京 02 民终 5486 号) | 二〇一六年八月二十九日 |
| 10 | 季海红 Vs. 苏宁易购电子商务有限公司隐私权纠纷 | 谁主张,谁举证 未能证明因果关系 | 驳回(南京市玄武区人民法院 2016 苏 0102 民初 1120 号) | 二〇一六年八月三十一日 |
| 11 | 王军 Vs. 苏宁 | 谁主张,谁举证 无法证明侵害事实之外的其他构成要件 | 驳回(2016 苏 0102 民初 1119 号) | 二〇一六年八月三十一日 |
| 12 | 林念平诉四川航空 | 一审:谁主张,谁举证。未证明因果关系。二审:基本事实证明;公平原则;安全保障义务作为视为过错。满足侵权归责要件,判定四川航空侵权。 | 胜诉 (2015)成民终字第 1634 号 | 二〇一六年九月二日 |
| 13 | 黄广伟 Vs. 中国东方航空股份有限公司航空旅客运输合同纠纷一案 | 谁主张,谁举证 未能证明违法行为 | 维持原判(败诉,2016 沪 01 民终 5263 号) | 二〇一六年十一月二日 |

续表

| 序号 | 案件 | 归责原则 | 判决结果 | 判决书时间 |
|---|---|---|---|---|
| 14 | 程某某与微软（中国）有限公司网络侵权责任纠纷案 | 谁主张，谁举证 未证明损害后果和因果关系 并且法院无权在人民法院亦无权在法律之外，将举证责任分配给被上诉人 | 败诉 （2016）粤 03 民终 15313 号 | 二〇一六年十一月十六日 |
| 15 | 谢翔 Vs. 苏宁易购网络侵权责任纠纷 | 谁主张，谁举证 未能证明未履行安全保障义务 | 驳回（阳江市江城区人民法院 2016 粤 1702 民初 1098 号） | 二〇一六年十二月五日 |
| 16 | 王宣 Vs. 京东等买卖合同纠纷 | 谁主张，谁举证 未能证明过错 | 驳回（北京市大兴区人民法院 2016 京 0115 民初 14395 号） | 二〇一七年二月二十八日 |
| 17 | 庞理鹏诉趣拿网、东方航空 | 一审：谁主张，谁举证。"违法行为，因果关系"无法证明，败诉。 二审：属于个人信息保护范畴；公平原则，庞理鹏已尽力举证；东航、趣拿网具有泄露的高度盖然性；东航、趣拿网尽安全保障义务，有过错（多次报道而不改正）。 | 一审：败诉； 二审：胜诉； （2017）京 01 民终 509 号 | 二〇一七年三月二十七日 |
| 18 | 申某诉上海携程、支付宝一案 | 以高度盖然性标准；安全保障义务的举证责任；反证 | 胜诉 2018 京 0105 民初 36658 号 | 二〇一八年十二月二十九日 |

第三部分 **03**

# 个人信息保护：
# 责任规范评估

我国现行立法基本上已经建立了个人信息保护的民事责任、行政责任和刑事责任体系，但是由于欠缺行为模式内容的规范，所以导致我国的法律责任落实存在困难，也导致直接以法律后果替代行为模式保护个人信息，进而出现"只有责任，没有实施"的现象。本部分对违反法律规范的后果即法律责任，进行系统梳理、分析和评估。

# 一、侵害个人信息的民事责任规范

## （一）现行法对侵害个人信息的民事责任规定

《民法总则》宣示了个人信息受法律保护，意味着侵害个人信息的，构成对民事权益的侵害，应当承担侵权责任。这也就是说，侵害个人信息可以作为侵害法益，依据《侵权责任法》提起停止侵害、赔偿损失诉讼，要求加害人承担相应的民事责任。我们不能以法律没有明文规定个人信息权或侵害个人信息的责任，而认为民法没有规定侵害个人信息的民事责任。

在现行有关个人信息的法律中，《消保法》很清晰地规定了民事责任。该法第五十条规定："经营者侵害消费者的人格尊严、侵犯消费者人身自由或者侵害消费者个人信息依法得到保护的权利的，应当停止侵害、恢复名誉、消除影响、赔礼道歉，并赔偿损失。"该条并非专门针对消费者个人信息的规定，而是在消费情形下，对消费者人身权益受侵害的民事责任规定。由于民法至今也未明确个人信息保护的法律地位，因此，《消保法》用了一个模糊的"消费者个人信息依法得到保护的权利"。这里虽然用了"权利"，但在法律未明确为一种具体人格权的情形下，只能理解为一种法益或消费者权益保护。

依据《消保法》，消费者主张经营者侵害其个人信息保护权益的关键是证明经营者存在违反《消保法》规定，给自己造成损害。问题是，《消保法》对于个人信息使用的主要规范是征得消费者的同意，经营者往往很容易地让消费者作概括式的同意，放弃一切权利。这意味着大多数情形下，消费者很难起诉经营者违反法律规定。至于经营者超越必要性收集信息，泄露、出售或者非法向他人提供个人信息等违法行为，对于消费者而言存在证明上的困难。个人信息获取、存储和利用的环节众多，线下和线上传播具有隐蔽性和复杂性，追本溯源成本很高，发现、查处难度大。因此，目前消费者因经营者侵害个人信息权益而主张民事损害赔偿的案件，还不多。后面将选取两个典型案例进行分析。

### （二）司法解释的解读

2014 年 6 月，由最高人民法院审判委员会第 1621 次会议通过的《最高人民法院关于审理利用信息网络侵害人身权益民事纠纷案件适用法律若干问题的规定》（下称《规定》）首次明确个人信息保护范围和公开他人信息的民事责任。

根据《规定》第十二条，受保护的个人信息包括"自然人基因信息、病历资料、健康检查资料、犯罪记录、家庭住址、私人活动等个人隐私和其他个人信息"。显然，"其他信息"表明列举并非穷尽，而呈开放式，受保护的个人信息并不限于这些，凡属于个人信息范围的信息，都在法律保护之列，如个人的电话号码、身份证号码、账户信息以及其他信息等。人民法院还可以根据具体情况判断：具体的信息是否应当给予保护。这样的规定有利于对个人信息进行全面保护。

根据第十二条，网络用户或者网络服务提供者利用网络公开上述个人信息，造成他人损害的，应当承担侵权责任，人民法院支持被侵害人的诉讼请求。司法解释中的侵害行为仅包括"公开"，即将上述受保护的个人信息提供或披露给他人，或者向不特定人公开。显然这里强调的擅自公开他人个人信息，是将个人信息作为"隐私"来对待。一经公开即构成对个人信息的侵害。

公开和使用他人信息是许多社会活动开展不可缺少的要素，严格地禁止公开可能不利于正常的社会活动的开展，尤其是不以侵害他人权益的开展。因此，《规定》规定了例外情形："（一）经自然人书面同意且在约定范围内公开；（二）为促进社会公共利益且在必要范围内；（三）学校、科研机构等基于公共利益为学术研究或者统计的目的，经自然人书面同意，且公开的方式不足以识别特定自然人；（四）自然人自行在网络上公开的信息或者其他已合法公开的个人信息；（五）以合法渠道获取的个人信息；（六）法律或者行政法规另有规定。"在这些情形下，公开他人信息并不构成侵权。

上述六种情形必须区别对待。第一种情形豁免侵权责任的理由是基于契约或权利人的同意。如果利用经个人书面同意且在约定范围内公开的信息，使用人的个人信息使用就因缺少违法性而不构成侵权；超出了授权使用范围，同样构成侵权。

第二种和第三种情形免于承担侵权责任的理由总体上是因为公共利益。但是，两种情形之间也存在差异。"为促进社会公共利益且在必要范围内"显然是一个笼统规定，需要法院根据具体的情形界定是否符合公共利益，且需要确定是否在必要范围内。如果超出必要范围，即使有公共利益的目的，也构成侵权。第三种情形是公共利益的一种具体情形，它的适用需要同时满足三个条件，一是主体是学校、科研机构等教学和研究机构；二是这些机构的研究是为了公共利益，比如学术研究或者统计的目的；三是经相关信息主体的书面同意。显然，这些机构为了商业目的，没有经过相关信息主体同意而公开个人信息，均可能构成侵权。至于"公共利益目的""学术研究""统计""书面同意"等含义均有待司法实践加以解释。

第四种和第五种情形针对的是，个人已经公开的信息和以合法渠道获取的个人信息的再利用。对个人自行在网络上公开的信息或其他已合法公开的个人信息进行利用，及通过合法渠道获取的个人信息，一般不认为是侵权行为。但是，这样的例外可能太宽泛，因为人们为接受许多网络服务或缔结交易必须公开自己的信息，一旦公开就可以被别人再次公开，如果再次公开人不侵权显然不利于个人信息的保护。对此《规定》采取"例外之例外"方式，认为"网络用户或者网络服务提供者以违反社会公共利益、社会公德的方式公开前款第四项、第五项规定的个人信息，或者公开该信息侵害权利人值得保护的重大利益，权利人请求网络用户或者网络服务提供者承担侵权责任的，人民法院应予支持"。也就是说，在第四种和第五种情形下，并非所有的公开不承担责任，而是要看公开的方式是否违反社会公共利益、社会公德。如果公开方式不妥当，即违反社会公共利益和社会公德，仍要承担民事赔偿责任。

另外，根据《规定》，"国家机关行使职权公开个人信息的，不适用本条规定"。依笔者理解，本款规定并不意味着国家机关可以随意公开和利用个人信息，而仅仅意味着国家机关的公开受特殊法调整，比如《政府信息公开法》等，本规定暂不涉及国家机关有关个人信息利用行为的调整。原则上，国家机关也不能随意公开个人信息，只有法律明确规定可以公开或者履行法定职责的情形下，才可以依职权公开，而不承担侵权责任。也就是说，只有合法的行为才能豁免。

### （三）侵害个人信息民事责任规范存在的问题

目前，我国基本法律对个人信息保护的定位和特别立法对个人信息保护规则存在着一定的冲突，司法解释对于侵害个人信息的定位也与隐私存在混淆；因此，整体上我国对于侵害个人信息的民事责任规则是不清晰的。

第一，按照《民法总则》，侵害个人信息应当作为侵害法益加以保护，按照侵害法益的责任规则处理；但是，按照《网络安全法》等法律规定，未经同意收集和使用个人信息即构成侵权，似乎又是绝对权或具体人格权保护方式。由于没有明确的绝对权支撑，因而尽管法律明确规定未经同意即构成对个人信息权益的侵害，但是尚未有实际司法案例来支持这一法律规则。因此，亟待法律明确个人信息保护规则，统一侵害个人信息权益的构成要件。

第二，由于个人信息保护与个人隐私保护既存在交叉，也存在区别，显然，公开或泄露个人信息不能涵盖所有侵害个人信息权益的行为，因此，司法解释将公开作为侵害个人信息的行为存在偏颇。而要解决这一问题，需要立法完善个人信息的保护规则，为侵害个人信息权益的行为提供法律依据。凡是违反法律规定导致个人受到损害的行为即构成侵权行为。

第三，现行的个人信息保护规则下，信息主体知情权无法得到保障，在个人信息收集、使用过程中信息主体无参与权，进而导致被侵权人举证难，在争议解决中无法维护自身的权益。对此，未来个人信息保护立法不仅要规范信息收集者、使用者的行为，同时还要明确信息主体的知情权、参与权等，并制定相应的实施规则来保障知情权与参与权的实现。

### （四）案例评析

下面，我们以"朱烨诉百度案"和"庞理鹏诉趣拿、东航案"为例来集中剖析我国个人信息民事侵权救济存在的问题。

1. 朱烨诉百度案

【基本案情】

原告朱烨诉称，2013年她在家中和单位上网浏览相关网站过程中，发现利用"百度搜索引擎"搜索相关关键词后，会在特定网站上出现与关键词相关的广告。其后，朱烨通过南京市钟山公证处对这一过程进行了公证并出具了公证书，证明朱烨在通过百度网站搜索"减肥""人工流产""隆胸"关键字后，再进入"4816"网站和"500看影视"网站时，就会分别出现有关减肥、流产和隆胸的广告。

朱烨认为，百度公司未经其知情和选择，利用网络技术记录和跟踪朱烨所搜索的关键词，将其兴趣爱好、生活学习工作特点等显露在相关网站上，并利用记录的关键词，对其浏览的网页进行广告投放，侵害了其隐私权，使其感到恐惧，精神高度紧张，影响了正常的工作和生活。于是，朱烨于2013年5月6日向南京市鼓楼区人民法院起诉百度公司，请求判令立即停止侵害，赔偿精神损害抚慰金10000元，承担公证费1000元。

【裁决结果】

2014年10月13日，南京市鼓楼区人民法院对本案作出判决，认定百度公司利用Cookie技术收集朱烨信息，并在朱烨不知情和不愿意的情形下进行商业利用，侵犯了朱烨的隐私权，对朱烨要求百度公司停止侵权的诉讼请求予以支持；由于朱烨未能证明严重后果，法院对其要求赔偿精神抚慰金的诉讼请求不予支持。

百度公司不服一审判决，向南京市中级人民法院提起上诉。2015年5月6日，南京市中级人民法院最终判定百度公司的个性化推荐行为不构成侵犯朱烨的隐私权，其主要理由有以下几个。首先，百度公司收集、利用的是未能与网络用户个人身份对应识别的数据信息，该数据信息的匿名化特征不符合"个人信息"的可识别性要求。百度个性化推荐服务收集和推送的信息终端是浏览器，没有定向识别该浏览器的网络用户身份。其次，百度公司并未直接将数据向第三方或向公众展示，没有任何的公开行为。百度利用Cookie等网络技术向朱烨使用的浏览器提供个性化推荐服务不属于《最高人民法院关于审理利用信息网络侵害人身权益民事纠纷案件使用法律若干规定》第十二条规定的侵权行为。同时，个性化推荐服务客观上存在帮助网络用户过滤海量信息的便捷功能，网络用户在免费享受该服务便利性的同时，应对该服务的不便性持有一定的宽容度。再次，针对原审法院认为百度公司没有尽到显著提醒说明义务的问题，二审法院认为，Cookie技术是当前互联网领域普遍采用的一种信息技术，基于此而产生的个性化推荐服务仅涉及匿名信息的收集、利用，网络服务提供者对此依法明示告知即可。百度在《使用百度前必读》中已经予以说明并为用户提供了退出机制，在此情况下，朱烨仍然使用百度搜索引擎服务，应视默认许可。

【分析】

本案是一起非常典型的个人信息民事损害赔偿案件，本案的核心问题是利用 Cookie 技术收集用户的浏览记录，分析潜在个性需求的行为是否侵犯用户的隐私权。二审法院最终判定百度公司的个性化推荐行为不构成侵犯朱烨的隐私权。虽然笔者认同这样的结论，但是本案揭示出我国法律对个人信息民事保护存在的许多认识问题需要澄清。

其一，Cookie 技术收集的用户信息是否属于个人信息？

对于利用 Cookie 技术收集的用户信息是否属于个人信息，一审和二审法院认识截然相反。一审法院认为 cookie 搜集特定用户的信息属于个人信息的逻辑在于：用户（原告）使用固定的 IP 地址；Cookie 收集信息（搜索词汇）对应特定 IP 地址；该信息可以归属到特定的用户（用户）。而二审法院则认为，百度公司在提供个性化推荐服务中运用网络技术收集、利用的信息只与特定用户或 IP 地址相对应，而并不直接识别特定个人身份（即具有匿名性），因而不符合"个人信息"的可识别性要求。显然，一审法院和二审法院对 cookies 信息法律性质认定差异的关键在于，个人信息的"可识别性"是否包括间接识别。在笔者看来，如果一项信息可识别到特定 IP 地址，特定 IP 地址对应特定的用户，而用户身份又是可识别的；那么，该信息显然属于可间接地识别特定个人的信息。我国目前的规范性文件对个人信息的界定仍然比较粗放，多采取开放式列举，并没有特别指出包含间接识别的信息。但是，单纯从这些法律文件的定义条款字面理解，似乎也应当包括间接识别。司法界的不同认知说明，我国法律界还需要在个人信息的范畴上进一步达成共识。

第二，利用 Cookie 技术收集的用户信息是否属于隐私？

对于被告利用 Cookie 技术收集用户的浏览记录，分析潜在个性需求的行为是否侵犯原告的隐私权，一审和二审法院得出了两个完全不同结论。一审法院认为除个人身份证信息、住址、电话号码等，公民的个人隐私还包括私人活动和私有领域，而且原告使用固定的 IP 地址形成的有特点的词汇搜索，这些信息的掌控权应归原告所有，而百度通过 Cookie 技术收集并利用这些信息时未经原告同意，因此客观上侵害了对方的权益。由此得出结论，百度公司利用 Cookie 技术收集原告信息，并在原告不知情和不情愿的情形下进行商业利用，侵犯了原告的隐私权。

二审法院虽然认为，Cookie 技术收集的用户信息并不能直接识别到特定用户，不属于个人信息范畴，但是却认为网络用户通过使用搜索引擎形成的检索关键词记录，"反映了网络用户的网络活动轨迹及上网偏好，具有隐私属性"。二审法院一方面承认其"具有隐私属性"，但另一方面又认为"无法确定具体的信息归属主体，因此不再属于个人信息范畴"，出现逻辑上的矛盾。

笔者认为，用户网络活动记录，反映一个人的偏好、喜好、倾向，如果涉及不愿让不特定人知晓的特殊偏好时，属于隐私范畴。隐私信息具有更强的识别个体的属性，当然属于个人信息范畴。只是反过来并不成立，因为并不是所有的个人信息都不可告人或不能公开，或者公开后会导致名誉或人格尊严受损害。事实上，隐私保护主要防止隐私信息的公开，而个人信息保护主要防止个人信息被滥用或不法使用，但由于隐私信息包含于个人信息中，因而个人信息保护法中也内含隐私保护规则。而我国多将隐私保护和个人信息保护等同，导致个人信息保护和隐私保护之间关系认识不统一，甚至出现认为属于隐私的信息不属于个人信息的观点。亟待立法澄清个人信息保护与隐私保护之间的关系。

第三，利用 Cookie 技术收集用户信息对用户进行分析是否需要用户同意？

如果 Cookie 收集的信息属于个人信息，那么，百度收集和分析用户的行为是否需要经过原告的同意呢？

在这方面，一审法院认定，个人信息的掌控权应归原告所有；百度通过 Cookie 技术收集并利用这些信息时未经原告同意，因而构成侵权。二审法院认为，利用用户的匿名信息，不需要用户事先表示同意，只要"依法明示告知即可"。百度在使用百度前必读的《百度隐私权保护声明》中已经告知用户，其可能使用 Cookie 收集和使用用户信息，并为用户提供了退出机制。在此情况下，原告仍然使用百度搜索引擎服务，应视默认许可。

笔者认为二审法院的判断是正确的，符合网络实践。搜索引擎服务是开放式服务且为免费服务。在用户不需要注册即可接受服务的情形下，用户与网络服务提供商之间的权利义务关系只能通过服务提供商制定的用户规则（用户协议或用户政策等形式）来确定。在这种情形下，要求服务提供商事先征得用户同意（又称为选进规则）会影响网络使用效率和用户体验。因此，网络环境最适宜采取事后拒绝模式（选出规则）。事后如果不拒绝，那么也构成一种同意，是一种追认（在判决中被称为默示同意）。适用何种同意方式，是网络环境下效率价值与公正价值之间权衡的结果。

但是，二审法院这样认定不符合我国的现行立法。因为在我国，任何个人信息的收集和使用必须征得个人的同意。而在法律未明确包含"默示"同意或选出规则的条件下，这里的同意不宜理解为有效同意。虽然二审法院在这里的创新性适用法律应予肯定，但是，为求法律适用的一致性，其仍然需要立法明确：在哪些情形下，收集和使用个人信息需要采用选出规则。

第四，利用 Cookie 信息为合作伙伴投放广告行为是否侵犯用户的个人信息保护权益？

假如 Cookie 信息属于个人信息，那么百度公司将该信息提供给第三方用于广告投放的行为是否构成侵权呢？我国现行法律规定，对合法收集的个人信息应当依法或依约进行使用，不得非法出售或者非法向他人提供个人信息。那么，本案为第三方投放广告行为是否属于向他人提供个人信息呢？关于这个问题，一审和二审均予以回避。显然，如果这里属于向他人提供信息，未经同意即构成不法行为（提供），当然就构成侵权行为。笔者认为，"向他人提供"特指个人信息移转或让他人控制了个人信息。笔者认为，百度公司并没有将用户（包括原告）的信息提供给广告主（第三方），让其自行投放广告，而是接受广告主的委托，为其投放。在这种情形下，用户的个人信息实质上没有提供给第三方，并没有导致用户的个人信息为广告主所掌握。在严格意义上，这不属于向第三方提供行为。但是，由于我国法律对于何为向第三人提供并没有规定，也没有权威的解释，笔者这里的解释是否为将来法律所认可或者成为司法判断规则，还需要进一步讨论和明确。

假如这不属于向第三方提供个人信息行为，那么为他人投放广告，会产生个人信息的分享问题。百度公司在百度隐私权保护声明中宣称："百度可能会与合作伙伴共同向您提供您所要求的服务或者共同向您展示您可能感兴趣的内容。

在信息为该项产品/服务所必须的情况下，您同意百度可与其分享必要的信息。并且，百度会要求其确保数据安全并且禁止用于任何其他用途。"这种分享信息的行为会存在个人信息的泄露或再利用的风险。如果合作伙伴在分享到该信息之后，再次将信息商业性利用，那么其效果就与提供给第三方效果相同。因此，这种隐私信息的分享行为仍然需要法律予以特别关注。是否需先征得同意，第三方带来的个人信息滥用行为的责任如何分配等都需要法律明确。

其五，向用户推送广告是否侵犯隐私？

如果私人空间和活动不受侵扰应当受到保护，那么通过 Cookie 获得的用户搜索关键词的信息，经过处理后将相关的特定广告投送到输入搜索关键词的特定浏览器上，是否构成对私人空间和活动的侵扰？

对于这个问题的讨论，必须考虑到 Cookie 在互联网的应用背景。Cookie 是伴随网络通信出现的，体现了网络通信特征的技术，该技术在一定程度上支撑了私主体运营具有公共性的互联网基础设施的网络商业模式。用户使用 Cookie 技术会留下自己的使用信息，Cookie 可以根据这些信息默认用户习惯的上网途径而使得以后的使用更加便捷快速；这些使用信息一般不能直接识别用户身份，但网络服务提供商可以利用这些信息，通过大数据分析，用于各种商业活动，包括投放精准广告，以取得合理回报。这被称为免费网络服务的一种商业模式：用户免费享用网络服务，而网络服务提供商利用用户的浏览记录（或数字脚印）获得商业利益。

有一种主张，根据用户浏览习惯或信息向用户的浏览器发送信息的行为给该用户上网活动造成了干扰，而用户上网浏览网页属于私人活动，具有受法律保护其不受外来干扰的权利（生活安宁权）。笔者认为，用户具有访问网页的自主权，且具有免受干扰的法律保护利益。但是，问题在于用户对其访问的空间、浏览的网站本身并没有控制权，他使用的浏览器只是一个工具，其能够获得什么信息则是由网络服务提供商控制的。基于互联网通信的即时互动通信技术，互联网服务提供者根据用户习惯、需求即时发送信息，属于提供商改进或提升互联网信息服务品质的组成部分。至于在这个过程中，投放广告等让用户感觉多余、累赘、侵扰的，只要为用户提供选择退出按钮，就不存在侵扰。毕竟用户并不控制其浏览的网络空间，而服务提供商才是控制者。在用户不能控制其浏览内容的情形下，用户就不能对提供商提供的信息事先提出要求（拒绝发送），而只能要求其不再发送。因此，当用户不需要服务提供商发送哪些内容（尤其是商业广告）时，可以拒绝再发送。因此，从法律的角度，不宜赋予用户排除网络服务提供商发送信息的权利，而只宜赋予拒绝权。

这也就是说，对于 Cookie 技术的应用应当采用行为规范模式，重点是规范服务提供商对 Cookie 的应用限定在合理的范畴，不至于侵害到网络用户的隐私。笔者认为，主要有以下几点规范：不得对外公开特定网络用户的网络活动轨迹及上网偏好，不得擅自向第三人提供该信息；不得强制网络用户接受某项个性化推荐服务，应当为用户提供退出机制。① 如果网络服务提供商违反这些义务，网络用户可以以网络服务提供商违法行为导致自己隐私或生活安宁受到侵害为由，寻求司法救济。笔者认为，这些规则也亟待立法予以明确。

二审判决充分注意到对免费网络服务权利和义务的影响。认为"网络用户在免费享受该服务便利性的同时，亦应对个性化推荐服务的不便性持有一定的宽容度"。并在判决书中指出，"判断百度公司是否侵犯隐私权，应严格遵循网络侵权责任的构成要件，正确把握互联网技术的特征，妥善处理好民事权益保护与信息自由利用之间的关系，既规范互联网秩序又保障互联网发展"。可见，二审法院在判决时充分运用了公共政策考量，但这只是在法律规则缺失或不明确情形下的一种补救，而不应当成为法院裁决的常态。

2. 庞理鹏诉趣拿、东航案

【基本案情】

2014 年 10 月 11 日，原告庞理鹏委托鲁超通过被告趣拿公司的去哪儿网平台（www. qunar. com）订购了 2014 年 10 月 14 日 MU5492 泸州至北京的东航机票 1 张，所选机票代理商为长沙星旅票务代理公司（以下简称"星旅公司"）。基于购票需要，鲁超登记了原告的姓名及身份证号，联系人信息、报销信息为

---

① 2015 年修订后的《中华人民共和国广告法》（下称《广告法》）第四十四条第一款也明确"利用互联网从事广告活动，适用本法的各项规定"。广告作为一种向公众传播商业信息的方式，并不需要事先取得受众的同意或许可。但是，定点投放的广告则例外。在方面，《广告法》区分了向住宅、交通工具等投放广告和向网络用户投放的广告。对于前者采取的是同意规则，而对于后者采取的是拒绝（选出）规则。

鲁超及其尾号 1858 的手机号。

2014 年 10 月 13 日，原告尾号 9949 手机号收到号码为 0085255160529 的发件人发来短信称其预订的 2014 年 10 月 14 日 16：10 起飞、19：10 抵达的 MU5492 次航班（泸州—北京）由于机械故障已取消。随后，鲁超与东航确认，客服人员确认该次航班正常，并提示原告收到的短信应属诈骗短信。2014 年 10 月 14 日，东航客服多次向原告号码发送航班时刻调整短信通知；当日晚，鲁超与东航确认航班时刻，被告知航班因故障已取消。由此，原告认为被告趣拿公司和被告东航泄露其个人信息，侵犯了其隐私权。

【裁决结果】

一审法院认为原告委托鲁超通过去哪儿网购买机票时未留存原告本人尾号 9949 手机号，本案机票的代理商星旅公司未获得原告手机号，星旅公司向东航购买机票时亦未留存原告号码，故无法确认趣拿公司及东航在本案机票购买过程中可接触到原告手机号。即便原告此前收到过趣拿公司或东航发送的通知短信，但现无证据显示二被告将原告过往信息与本案机票信息关联，且趣拿公司未向原告号码发送过本案机票信息，东航在鲁超致电客服确认原告手机号前，亦未向原告号码发送过本案机票信息，故无法确认二被告将原告过往留存的手机号与本案机票信息匹配，更无法推论二被告存在泄露上述信息的行为。涉案航班最终因飞机故障多次延误直至取消，该情形虽与诈骗短信所称"由于机械故障取消"的内容雷同，但不排除"因故障取消"系此类诈骗短信的惯用说辞，故仅凭航班状态与诈骗理由的巧合无法认定东航与诈骗短信存在关联。因此，二被告在本案机票订购时未获取原告号码，现无证据证明二被告将原告过往留存的手机号与本案机票信息匹配予以泄露，且二被告并非掌握原告个人信息的唯一介体，法院无法确认二被告存在泄露原告隐私信息的侵权行为，故原告的诉讼请求缺乏事实依据，一审法院不予支持。

二审法院将本案争议的焦点归纳为四点：一是本案涉及的姓名、电话号码及行程安排是否可以通过隐私权纠纷而寻求救济；二是根据现有证据能否认定涉案隐私信息是由东航和趣拿公司泄露的；三是在东航和趣拿公司有泄露庞理鹏隐私信息的高度可能之下，其是否应当承担责任；四是中航信更有可能泄露庞理鹏信息的责任抗辩事由是否有效成立。

对于争议焦点一，法院认为，姓名、电话号码及行程安排等事项首先属于个人信息。在现代信息社会，个人信息的不当扩散与不当利用已经越来越成为危害公民民事权利的一个社会性问题，因此，对于个人信息的保护已经成为全球共识。我国《全国人民代表大会常务委员会关于加强网络信息保护的决定》也明确提出要对个人信息进行保护。本案中，庞理鹏被泄露的信息包括姓名、尾号 9949 手机号、行程安排（包括起落时间、地点、航班信息）等。根据《最高人民法院关于审理利用信息网络侵害人身权益民事纠纷案件适用法律若干问题的规定》第十二条的界定，自然人基因信息、病历资料、健康检查资料、犯罪记录、家庭住址、私人活动等是属于隐私信息的。据此，庞理鹏被泄露的上述诸信息中，其行程安排无疑属于私人活动信息，从而应该属于隐私信息，可以通过本案的隐私权纠纷主张救济。

对于争议焦点二，法院认为基于人类科学技术和认识手段的限制，现实中的客观事实经常不能通过事后的证明被完全还原。因此，诉讼中的证明活动，往往是一种受限制的认识活动，而并非无止境的绝对求真过程。基于这一认识，法律设计了证明标准规则，即对待证事实的证明达到何种程度即可确认该事实存在的规则。根据《最高人民法院关于适用〈中华人民共和国民事诉讼法〉的解释》第一百零八条之规定，对负有举证证明责任的当事人提供的证据，人民法院经审查并结合相关事实，确信待证事实的存在具有高度可能性的，应当认定该事实存在。对一方当事人为反驳负有举证证明责任的当事人所主张事实而提供的证据，人民法院经审查并结合相关事实，认为待证事实真伪不明的，应当认定该事实不存在。

在本案中，法院确定庞理鹏自己、鲁超、趣拿公司、东航、中航信都是掌握庞理鹏姓名、手机号及涉案行程信息的主体。根据现有证据，二审法院首先排除了庞理鹏自己及鲁超泄露个人信息的可能。其次，法院认为，从收集证据的资金、技术等成本上看，作为普通人的庞理鹏根本不具备对东航、趣拿公司内部数据信息管理是否存在漏洞等情况进行举证证明的能力。因此，客观上，法律不能也不应要求庞理鹏确凿地证明必定是东航或趣拿公司泄露了其隐私信息。而从庞理鹏已经提交的现有证据看，庞理鹏已经证明自己是通过去哪儿网在东航官网（由中航信进行系统维护和管理）购买机票，并且东航和去哪儿网都存有庞理鹏的手机号。因此，东航和趣拿公司以及中航信都有能力和条件将庞理鹏的姓名、手机号和行程信息匹配在一起。虽然，从逻辑上讲，任何第三人在已经获知庞理鹏姓名和手机号的情况下，如果又查询到了庞理鹏的行程信息，也可以将这些信息匹配在一起，但这种可能性非常低。因为根据东航出具的说明，如需查询旅客航班信息，需提供订单号、旅客姓名、身份证号信息后才能逐个查询。而第三人即便已经获知庞理鹏姓名和手机号，也很难将庞理鹏的订单号、身份证号都掌握在手，从而很难查询到庞理鹏的航班信息。而与普通的第三人相比，趣拿公司、东航、中航信恰恰已经把上述信息掌握在手。此外，一个非常重要的背景因素是，在本案所涉事件发生前后的一段时间，东航、趣拿公司和中航信被多家媒体质疑存在泄露乘客信息的情况。这一特殊背景因素在很大程度上强化了东航、趣拿公司和中航信泄露庞理鹏隐私信息的可能。进而，法院认定东航、趣拿公司存在泄露庞理鹏隐私信息的高度可能。

对于争议焦点三，法院认为需要考察被告是否具有过错。就本案而言，法院认为东航和趣拿公司在被媒体多次报道涉嫌泄露乘客隐私后，应知晓其在信息安全管理方面存在漏洞，但是，该两家公司并未举证证明其在媒体报道后迅速采取了专门的、有针对性的有效措施，以加强其信息安全保护。而本案泄露事件的发生，正是其疏于防范导致的结果，因而可以认定趣拿公司和东航具有过错，理应承担侵权责任。

对于争议焦点四，法院认为中航信存在信息泄露的可能，但原告有权选择起诉侵权人，中航信并非本案被告，可以认为系原告行使了选择权。

【分析】

本案中，原告收到不明主体发送的信息后，怀疑自己的个人信息被他人非法泄露。但原告起诉后，无法证明趣拿公司或东航存在泄露个人信息的行为，一审没能得到法院的支持，二审法院认定东航和趣拿构成侵权。

本案反映出，在现行个人信息保护规则下，个人维护自身权益面临一些权利实现的困境；在司法救济中，举证标准的认定和举证责任的分配成为个人信息侵权案件的关键。

从本案之事实可知，公民在消费过程中基于服务的需求提供有关个人信息后，对该个人信息的使用和存管情况并不知情。虽然《消保法》规定了经营者在收集个人信息时应向消费者告知个人信息的使用目的等信息，但消费者无法确保自己所获取的信息是否真实，更无法得知经营者未来是否会将其个人信息用于其他目的，或向他人提供。简言之，现行的法律制度虽然规定了知情权，但无配套制度保障知情权的实现，个人信息领域中的消费者知情权只具有形式作用。

此外，相对于经营者而言，消费者处于相对弱势。法律若不赋予消费者相关参与权，消费者根本无法再接触被企业收集的个人数据，获悉企业有关个人信息的使用情况。一旦发生争议，消费者更无法从企业获得相关证据，以维护自己的权益。因此，个人信息保护制度必须赋予个人一定的参与权利，如访问权，以保证信息主体在必要时可以查验自己的个人信息是否存在正确、完整，企业个人信息使用是否符合法律和约定的条件。基于参与的权利，个人则具有了解企业的可能，也在一定程度上可以获取相关证据。该规则不仅有利于保障个人权利实现，还会对个人信息的收集、使用者形成制约，避免其非法收集、使用个人数据。

就举证责任而言，从现行的法律赋予消费者的权利及具体落实情况而言，消费者作为弱势一方存在着严重的举证难的问题。按照现行的举证责任规则，侵犯公民个人信息的案件并不能适用举证责任倒置的规则。从另一角度来说，适用举证责任倒置规则也并不具有绝对的合理性。在庞理鹏诉趣拿、东航一案中，如要求趣拿和东航证明其自身并未泄露个人信息这一否定性事实，也并不符合基本的法理。因此，在庞理鹏诉趣拿、东航一案中，法院并未否认庞理鹏负有举证责任。但法院根据最高人民法院关于适用〈中华人民共和国民事诉讼法〉的解释》第一百零八条之规定，结合原被告提供的证据，认为庞理鹏提供的证明表明东航和趣拿公司存在泄漏庞理鹏个人隐私信息的高度可能，且东航和趣拿的反证并不能推翻庞理鹏证明的高度可能。进而，法院认为庞理鹏完成了自己的举证责任。

这一判决对未来涉及个人信息的侵权案件举证认定具有一定的参考价值。从庞理鹏诉趣拿、东航一案可以看出，法院并不要求被侵权人证明个人信息泄露的绝对性，只要具有高度可能即可。

除此之外，还有不少案例可用来剖析我国个人信息民事侵权救济存在的问题。笔者将列表如下（见表3-1、表3-2和表3-3）。

表3-1 侵害个人信息及其相关权益案件列表

| 序号 | 案由 | 案件名称 | 案号 | 基本案情 | 争议焦点 | 法院观点 |
|---|---|---|---|---|---|---|
| 1 | 隐私权纠纷 | 阮璟、北京汇法正信科技有限公司隐私权纠纷案 | （2016）鄂01民终7257号 | 原告于起诉前在百度搜索引擎输入关键词"武汉阮景"获得与其有关的裁判文书链接（汇法网），进入汇法网后可查看裁判文书部分内容，判决文书未显示原告性别、出生年月、工作单位、电话、家庭住址、身份证号等个人身份信息。截至2016年8月22日，百度、搜狗搜索引擎已经无法检索到涉案裁判文书，但汇法网上依旧可以检索到 | 1.汇法网公开裁判文书是否侵犯原告隐私权？ 2.汇法网发布、出售裁判文书的行为是否违反法律的禁止性规定 | 未支持 1.没有任何证据证明汇法网发布的判决书违法违规公布了阮景环境的个人信息及隐私（工作单位、电话、家庭住址、身份证号等）； 2.汇法网是依法注册登记从事互联网信息服务的企业，其活动依法受法律保护，现有证据证明汇法网的经营环境没有违反法律禁止性营业行为规定 |
| 2 | 网络侵权责任纠纷 | 徐航程、北京法易律商科技有限公司网络侵权责任纠纷案 | （2016）浙01民终7399号 | 2015年11月27日，原告发现奇虎公司旗下的搜易、360网页快照服务网站和法易公司的法易网收录了与其有关的裁判文书，裁判文书中披露了原告的家庭住址、身份证号等信息 | 公开的裁判文书包含家庭住址、身份证号信息是否侵犯隐私？原告是否有权要求删除，并请求赔偿 | 《全国人大常委会关于加强网络信息保护的决定》第八条规定："公民发现泄露个人身份、散布个人隐私等侵害其合法权益的网络信息，或者受到商业性电子信息侵扰的，有权要求网络服务提供者删除有关信息或者采取其他必要措施予以制止。"原告有权要求相应的身份信息删除相应的损失赔偿 |

续表

| 序号 | 案由 | 案件名称 | 案号 | 基本案情 | 争议焦点 | 法院观点 |
|---|---|---|---|---|---|---|
| 3 | 隐私权纠纷 | 舒宇与靖安县嘉园物业管理服务有限公司隐私权纠纷案 | （2017）赣0925民初657号 | 原告等住户与被告物业公司因物业管理费纠纷发生诉讼，被告收到诉状副本及应诉材料后，于2016年12月15日将诉状副本三个公告栏内。诉状中涉及的原告等人的身份证信息、家庭地址均没有删除或隐去。原告报警后，与小区其他业主撕下了这些材料。2016年12月20日，被告在三个公告栏再次张贴了与诉状副本内容相同的材料 | 公开原告的姓名、出生年月、家庭住址、身份证号等真实的个人信息是否侵犯隐私权 | 自然人依法享有隐私权，对于个人与公共活动和私人领域享有支配权。根据《中华人民共和国民法总则》第一百一十一条规定：自然人的个人信息受法律保护。任何组织和个人不得非法提供或者公开他人信息。本案中，被告公开泄露原告未经原告许可，公开泄露原告的姓名、出生年月、家庭地址、身份证号等真实的个人信息，侵犯了原告的隐私权 |
| 4 | 隐私权纠纷 | 丁芝玲与汪锡奎隐私权纠纷案 | （2017）川0603民初4743号 | 原、被告因名誉权纠纷通过绵阳区人民法院、德阳市中级人民法院进行了开庭审理，判决本送达后，被告在不隐去关于原告隐私信息的情况下，将民事判决书张贴于南滨佳苑小区范围内，并在大德阳、德阳在线、德阳城市新媒等网络平台上予以公布 | 将法院裁判文书在告示栏张贴、微信群传播是否侵犯个人隐私 | 1. 人民法院的民事判决书是人民法院审理民事案件作出的对事实的认定及裁判结果，包含当事人的基本信息，不得在公共场所随意张贴或在电子互联网络媒体上发布，即便为宣传和教育目的，也需需去个人信息后发布 2. 自然人个人信息主要是指难以识别特定自然人身份的任何生物性、物理性的数据、文件、档案等资料，其范围不仅包括自然人的身份信息、户籍信息、家庭信息、职业信息、社会交 |

续表

| 序号 | 案由 | 案件名称 | 案号 | 基本案情 | 争议焦点 | 法院观点 |
|---|---|---|---|---|---|---|
| | | | | | | 任、电子数据等物理性数据。任何与特定自然人相关的、可以据此将该自然人特定化的信息均属个人信息。自然人的身份和地址，具有人身属性，属于自然人信息范畴。公民个人享有自然人信息权，依法受法律保护<br>3. 一般情况下属于自然人个人身份信息，不属于严格意义上的个人隐私。其界限和区别是：①不超过一个"一般人"的"社会容忍度"；②不涉及敏感的信息；③已经公开的个人信息。只要具备这三个特征之一，即不再具有个人隐私的特点，不属于个人隐私。但若未经本人同意而利用其人身份信息进行非法活动，则构成对公民个人信息权而非隐私权的侵犯<br>4. 本案属于侵犯个人信息权而非隐私权 |

续表

网上购票 购物后信息泄露相关

| 序号 | 案由 | 案件名称 | 案号 | 基本案情 | 争议焦点 | 法院观点 |
|---|---|---|---|---|---|---|
| 5 | 侵权责任纠纷 | 林念平与四川航空股份有限公司侵权责任纠纷案 | （2015）成民终字第1634号 | 2013年11月5日，林念平通过拨打028-888XXXX8，为林念平住昆明的机票订了一张由成都飞往昆明的机票。订票同时，林念平的公司工作人员告知四川航空公司，并于当日收到出票及航班信息。同年同月9日，林念平的手机收到153XXXX9650号码发送的信息，载明了林念平的姓名及详细的订购的航班信息，并提示林念平所订购的航班因故将取消，要求其通过拨打400XXXX020办理退票或改签手续。后林念平另行订购了一张云南祥鹏航空公司成都飞往昆明的机票，并支付469元。后经证实，林念平于2013年11月5日订购的航班并未取消 | 航空公司是否应就乘客个人信息的泄露承担责任 | 1. 原告的证据能够证明其个人信息是从售票渠道泄露出去的基本事实。2. 原告不具备进一步举证证明的能力。3. 航空公司未尽到保障个人信息安全等法定义务。4. 航空公司既没有举证证明信息系第三方泄露的，也未对其采取了确保客户信息安全采取的技术措施和其他必要技术措施进行举证和说明。5. 综上，原告证据虽不能证明其个人信息被泄露的具体环节，但已能证明其个人信息是通过航空公司的售票系统有关环节被泄露，且航空公司未尽到保障消费者个人信息安全的相关义务，因此航空公司应当承担侵权责任 |

续表

| 序号 | 案由 | 案件名称 | 案号 | 基本案情 | 争议焦点 | 法院观点 |
|---|---|---|---|---|---|---|
| 6. | 网络侵权责任纠纷 | 马春艳与中国南方航空股份有限公司网络侵权责任纠纷案 | （2016）苏01民终3947号 | 2015年8月2日，原告通过手机登录去哪儿网并经过网站链接至南方航空公司网站购买机票一张；8月5日，原告收到发件号码为0085256155879发送的信息（诈骗短信）。原告收到该短信后，拨打短信中所载热线4008360118进行联系，对方告知需要重新订购一张机票，原告遂通过支付宝向6212602XXXXXXX2050账户（户名谭某光）转账8662元用于"重新订购机票" | 1. 马春艳的订票信息泄露是否是南方航空公司网站安全措施不到位导致？ 2. 南方航空公司是否应当对马春艳所遭受的损失8662元承担赔偿责任 | 未支持 首先，马春艳提供的证据不足以证明信息泄露环节的唯一性。马春艳自认其从"去哪儿网"登陆并链接至南方航空公司网站，因此，"去哪儿网"、南方航空公司网站、马春艳网络终端等环节都可能被泄露不法分子侵入。在公安机关案件尚未侦破前，法院无法确认马春艳的信息是从哪一个环节发生了泄露，更不能确认马春艳的信息是从南方航空公司网站上泄露。其次，南方航空公司通过手机短信告知到了必要的提醒和告知义务，南方航空公司网站也进行了必要的安全维护，对信息安全进行了必要的安全措施尚无证据证明南方航空公司网站存在安全措施不到位的情形。再次，马春艳自身存在较为重大的过失 |

续表

| 序号 | 案由 | 案件名称 | 案号 | 基本案情 | 争议焦点 | 法院观点 |
|---|---|---|---|---|---|---|
| 7 | 航空旅客运输合同纠纷 | 赵俊艳、中国南方航空股份有限公司航空旅客运输合同纠纷案 | （2017）粤71民终11号 | 2015年7月27日，原告在南航营业部为其女儿陪伴购买机票，并成功申请无成人陪伴机票。2015年8月12日下午，原告收到署名南航的短信声称其飞机故障请尽快办理改签或退票等业务，于是其依照发来的电话回拨过去，对方准确说出其孩子的航班、姓名、电话及身份证号。赵俊艳出于信任，便按照对方的指示汇款。此后经核实，赵俊艳不存在航班取消的情况，遂向公安机关报警。另查明，南方航空公司在航空运输电子客票行程单上注明的服务热线为95539 | 南方航空公司是否泄露原告的购票信息和身份信息 | 在经营过程中，经营者及其工作人员对收集到的消费者的个人信息必须严格保密，不得泄露、出售或者应当采取技术措施和其他必要措施，确保信息安全，防止消费者个人信息泄露。本案中，原告主张该信息是从南方航空公司，南航营业部泄露，其应当就该主张承担举证证明责任。首先，原告提供的证据不足以证明信息是南方航空公司，南航营业部泄露信息的唯一性。南方航空公司，南航营业部认为从南航营业部购票、南方航空公司的网站、机场的购票、网络终端等都有可能被不法分子侵入。据南方航空公司业务部就南方航空公司，南航营业部有可能被不法分子侵入的个人信息，都存在信息泄露的可能性。在公安机关尚未侦破前，该院无法确认赵俊艳的信息是在哪一个环节发生了泄露，更不能确认，该信息是南方航空公司，南航营业部泄露 |

续表

| 序号 | 案由 | 案件名称 | 案号 | 基本案情 | 争议焦点 | 法院观点 |
| --- | --- | --- | --- | --- | --- | --- |
| | | | | | | 的。其次，南方航空公司、南航营业部在航空运输电子客票行程单上提示有明确的南航网站网址、微信号以及热线号码，南方航空公司、南航营业部已尽到必要的提醒告知义务。原告没有证据证明南方航空公司、南航营业部对赵俊艳的信息保护存在保护不力或过失的证据。再次，赵俊艳对自身存在严重的过失 |
| 8 | 网络侵权责任纠纷 | 谢翔与江苏苏宁易购电子商务有限公司网络侵权责任纠纷案 | （2016）粤1702民初1098号 | 2015年7月9日，原告在被告经营的购物网站"苏宁易购"购买一个小米电源插座。原告于2015年7月20日确认收到订购的货物。2015年8月23日，原告先后接到声称是"苏宁客服"和"银行客服"分别打来的电话，在对方准确说出原告姓名、订单编号、购买商品名称、购买时间、付款金额、收货人姓名及收货地址等订单详细信息，取得原告谢翔的信任后，通过ATM转账方式骗走原告持有的银行卡存款14826元，同时，原告为此支付手续费15元 | 苏宁易购是否泄露原告个人信息和个人身份信息 | 原告谢翔主张被告苏宁易购公司侵犯其个人信息属侵权，应当适用《中华人民共和国侵权责任法》第六条第一款规定的侵权归责原则，即过错责任原则；该条第二款规定的过错推定原则，在本案中不适用。虽然原告主张被告网络平台证明该存在漏洞，但无有效证据证明该事实。被告提供的证据"南京市信息安全保护测评结果通知书"载明"苏宁易购主站系统，三级，基本符合"，该通知书盖有"南京市公安局信息安全 |

| 序号 | 案由 | 案件名称 | 案号 | 基本案情 | 争议焦点 | 法院观点 |
|------|------|----------|------|----------|----------|----------|
|  |  |  |  |  |  | 等级保护专用章"印章,三级属于国内商业网站常用的安全等级标准。退一步来说,但使被告网络平台存在漏洞,即诈骗犯罪人是否通过上述漏洞而获得原告的个人信息,尚不能确定,而上述个人信息也有可能通过被告之外的其他途径获得,被告并不是唯一可能泄露原告个人信息的途径。综上,原告提供的证据不足以证明被告有侵害原告隐私权的行为,原告应承担举证不能的不利后果。因此,被告谢翔不应承担侵权责任,原告谢翔的诉讼请求,法院不予支持 |

续表

| 序号 | 案由 | 案件名称 | 案号 | 基本案情 | 争议焦点 | 法院观点 |
|---|---|---|---|---|---|---|
| 9 | 隐私权纠纷 | 王金龙与汉庭星空（上海）酒店管理有限公司隐私权纠纷案 | （2014）浦民一（民）初字第501号 | 2012年，原告多次入住汉庭酒店。2013年，乌某某在其网页上发布标题为"如家等酒店开房记录被第三方存储并因漏洞导致泄漏"的文件中发现了自己的身份信息，且在"找开房网"上检索到自己入住汉庭酒店的信息。2014年2月12日，乌某某发布"乌云声明"，指出的"如家等酒店客户开房记录被第三方存储并因漏洞导致泄漏、漏洞报告中所提及的'汉庭'测，乌某某经查实，系交者核实后，2013年10月9日在官网该报告标题以及正文中去除了'汉庭'相关内容。特此发布声明再次予以澄清。" | 1.互联网上流传的"2000万开房信息"中涉及的原告信息是否在被告处的原告入住信息？2.被告是否泄漏了原告的入住信息，是否构成对原告隐私权的侵害？ | 1.将互联网上流传的"2000万开房信息"中信息与被告酒店管理系统及个人会员信息进行比对可以发现，两者所涉及的原告信息在"姓名、身份证号、性别、生日"几方面具有一致性，而其他信息，包括住址、手机号码以及开房（入住）时间却不一致。原告虽然发现上述信息属被告控制，存在更改的可能，但其并无佐证更改上述信息的相关证据。虽然两者所显示的原告姓名、性别、身份证号、生日等信息作为原告的基本信息，其使用频率和范围有限广，并非为被告所单独掌握，其扩散渠道也并不具有单一性和唯一性，故亦难以仅凭互联网上流传信息的一致性而判断被告系统中留存的原告的原始信息 |

续表

| 序号 | 案由 | 案件名称 | 案号 | 基本案情 | 争议焦点 | 法院观点 |
|---|---|---|---|---|---|---|
|  |  |  |  |  |  | 2. 由于原告最初系基于慧某网络公司的无线门户系统存在漏洞,且被告系慧某网络公司无线门户系统的合作客户,故其入住被告的信息被泄露。而从本案查明的事实看,被告否认双方在无线门户系统方面存在合作关系,且最初发布系统漏洞的与慧某在官网上对此予以了澄清,原告在审理中亦以其入住被告的信息与慧某网络公司无关为由撤回了对慧某网络公司的起诉。因此,在难以确认网上流传的"2000万开房信息"中所涉及的原告信息与被告系统中留存的入住信息等具有关联性的情况下,再加之原告对其他酒店据以证明被告泄露了其入住酒店的信息,因此对于原告主张被告泄露其入住酒店信息的事实,法院尚不予采信 |

与晨犯名誉权相关

续表

| 序号 | 案由 | 案件名称 | 案号 | 基本案情 | 争议焦点 | 法院观点 |
|---|---|---|---|---|---|---|
| 10 | 名誉权纠纷 | 深圳市腾讯计算机系统有限公司与王屎花、韩永军等名誉权纠纷案 | （2018）晋05民终153号 | 王屎花与韩永军系夫妻关系，于2016年开始下载腾讯公司开发的全民K歌App。韩永军在该驾校培训时与韩花兰相识并发生感情纠葛。2017年5月，韩永军、王屎花因此争吵斗殴，在晋城市公安局城区分局北石店所派出所处理时，双方达成治安调解协议。后来，王屎花与韩永军登陆全民K歌App时发现，韩花兰从2017年5月4日开始，将王屎花的照片作为头像，并以各种侮辱性的照片用户名在腾讯公司开发的全民K歌平台使用，还把韩永军的头像和照片作为全民K歌其个人的照片墙。对于上述侵权行为，王屎花多次找韩花兰，要求其删除并不再使用，但置之不理。同时，王屎花也曾向全民K歌后台进行投诉，但腾讯公司全民K歌后台对此也没有回复 | 1.未经个人同意使用其照片，并采用侮辱性用户名是否侵犯名誉权？2.平台是否应当担责任 | 1.韩花兰因为和韩永军的感情纠葛与韩永军、王屎花产生矛盾，便将王屎花的照片作为头像，并以各种侮辱性的全民K歌平台用户名在腾讯公司开发的全民K歌平台使用，还把韩永军的头像和照片作为全民K歌其个人的照片墙。上述行为侵害了韩永军和王屎花的名誉权、肖像权，应当承担侵权责任。2.网络运营者应当加强对其用户发布的信息的管理，发现法律、行政法规禁止发布或者传输的信息，应当立即停止传输该信息，采取消除等措施，防止信息扩散，保存有关记录，并向有关主管部门报告。腾讯公司对开发的全民K歌App平台上以他人名义使用户韩花兰，用户名韩永军没有尽到合理的管理职责，致使他人名誉权被侵犯，应当承担民事责任 |

续表

| 序号 | 案由 | 案件名称 | 案号 | 基本案情 | 争议焦点 | 法院观点 |
|---|---|---|---|---|---|---|
| 11 | 一般人格权纠纷【名誉权（反诉）】 | 巫蓝霞、周容北一般人格权纠纷案 | （2018）粤04民终541号 | 周容北等经济联合社的成员对经济联合社的经营合作和签订《土地经营管理权移交协议》等情况进行咨询时与作为群兴经济联合社的董事和负责人的巫蓝霞发生冲突，后经派出所调解。次日，周容北再次前往经济联合社指责联合社微信群上发表行为。事后，巫蓝霞在微信群上一段附上"周容北曾是旅游城集团公司属下的农业公司的经理，属退休干部……周容北也是党员，从未为白藤湖前前领导，却通过不法手段要求联社不用开股东大会就去盖章签订没有注明是前期管理者或移交方负责清场赔偿的管理权协议。配他不配做共产党员，知法犯法。"配发了周容北的照片并注明"右边白发老人就是周容北"等 | 未经个人同意，公开他人照片等个人信息并配文贬低性言论是否侵犯名誉权 | 依照《中华人民共和国民法总则》第一百一十一条"自然人的个人信息受法律保护。任何组织和个人需要获取他人个人信息的，应当依法取得并确保信息安全，不得非法收集、使用、加工、传输他人个人信息，不得非法买卖、提供或者公开他人个人信息"和《最高人民法院关于审理名誉权案件若干问题的解答》第七条"对未经他人同意，擅自公布他人的隐私材料或者以书面、口头形式宣扬他人隐私，致他人名誉受到损害的，按照侵害他人名誉权处理"的规定，巫蓝霞的行为已构成对周容北名誉权的侵害 |

续表

| 序号 | 案由 | 案件名称 | 案号 | 基本案情 | 争议焦点 | 法院观点 |
|---|---|---|---|---|---|---|
| 12 | 名誉权纠纷 | 原告路厚盛与被告天津信一科技有限公司名誉权纠纷案 | （2017）苏0111民初705号 | 被告系域名www.8264.com的注册所有人，2014年6月6日，www.8264.com网页上出现了侵犯原告名誉权的文章，此侵权行为已被生效判决所认定。被告并非直接侵权人，直接侵权人是网名为"爬墙等红否"的会员 | 发现他人在网络平台发文侵权时，能否要求网络经营者（平台经营者）提供实际侵权人的个人信息？ | 根据《最高人民法院关于审理利用信息网络侵害人身权益民事纠纷案件适用法律若干问题的规定》第一条第一款的规定，被告提供"爬墙等红否"的姓名（名称）、联系方式、网络地址等信息符合规定，法院予以支持。但原告要求被告提供（平台经营者）提供"爬墙等红否"电子邮件请求不符合最高人民法院司法解释中说列举的信息范围。同时，电子邮件是被告与其网络用户任何交流的信息传递，与原告无任何关系，原告要求其提供不合法也不合理 |
| 13 | 人格权纠纷 | 赵忠超与泰来县凤产养殖专业合作社一般人格权纠纷案 | （2018）黑0224民初595号 | 2017年12月13日，被告泰来县凤春水产养殖专业合作社，公司性质为股份合作制企业。由于未经原告赵忠超同意，被告用他身份证复印件办理工商股票身份证任复印件为知情人在任未担的被告用份以前的被告身份监督。借用原告未在注册登记中的股份未注册加了公司注册登记，原告本在任股东处签字，同时原告未人从未知晓此事。2017年本人在核实本单位员工情况时，认定原告在本单位经商行为，从而给原告有的名誉造成了严重的影响。 | 未经同意，用他人身份信息进行工商注册登记，导致原告在本单位的名誉造成影响，是否侵犯名誉权？ | 自然人的个人信息受法律保护。任何组织和个人需要获取他人个人信息的，应当依法取得并确保信息安全，不得非法收集、使用、加工、传输他人个人信息，不得非法买卖、提供或者公开他人个人信息。结合被告提供的相关证据，本法院确认原告被告自认侵害他人个人事实，以及原告提供的相关证据，本院认定被告侵害的事实成立 |

续表

| 序号 | 案由 | 案件名称 | 案号 | 基本案情 | 争议焦点 | 法院观点 |
|---|---|---|---|---|---|---|
| 14 | 名誉权纠纷 | 陈晓雷与童青松名誉权纠纷案 | (2017)苏0509民初11299号 | 2017年9月2日至9月20日，被告童青松连续六次在"寒山闻钟"论坛发表题为《举报吴江绿地晶萃销售经理诈骗及涉湖派出所作为》的帖子，内容主要意思为：本人于2016年5月在吴江绿地晶萃买房被开发商销售经理诈骗75万元，于今年8月17日在开发商售楼处打110报警诈骗。吴江滨湖新城派出所不作为，连笔录也不做就定性为纠纷，不立案也不出具不立案通知书，公然挑战法律公正，请政府部门监督。原告认为被告通过网络捏造散播谣言污蔑原告诈骗，使不少业主和同行对原告产生了重大的误解，在业界造成极坏影响，严重侵害了原告的名誉权 | 在网上披露售房中心的不当行为是否构成名誉权侵权 | 被告发布的网帖并未写明当事人姓名，无法使社会公众因案涉网帖联想至原告本人，从而也不足以使社会公众因被告发帖的行为降低对原告的评价，原告也未提供充分证据证明因名誉受损的事实。此外，被告在"寒山闻钟"论坛上发帖后，网站管理人员及时回帖澄清事实，在一定程度上也消除了涉案网帖可能带来的不良社会影响。原告主张被告侵犯其名誉权事实依据不足，不予支持 |

| 序号 | 案由 | 案件名称 | 案号 | 基本案情 | 争议焦点 | 法院观点 |
|---|---|---|---|---|---|---|
| 15 | 名誉权纠纷 | 冯大辉与北京智者天下科技有限公司名誉权纠纷案 | （2017）京01民终2061号 | 2016年9月8日，登录互联网，在网页浏览器地址栏输入http://bbs.saraba1st.com/2b/thread-1323051-1-1.html，显示该论坛标题为"微博＆知乎名人fenng冯大辉的贴文被前员工扒得底朝天惹"的贴文，发帖人吾人吾名曾伽，发表于2016年8月23日，其中转载了知乎冯大辉的三个贴文，并附有知乎上涉案的三个链接地址。对于该三个贴文，冯大辉主张知乎上原发的三个链接内容侵犯其名誉权，并主张智者天下公司就此承担相侵权责任 | 未实施实名注册的平台（实名政策实施前）是否有向被侵犯人提供被侵犯人的手机号、身份证等身份信息义务 | 1. 平台并非涉案贴文的发布者，为便于侵权人向相关用户主张权利，平台在一审程序中，已就其后台数据库中保存着的相关用户信息以书面形式披露。其中包括用户ID、注册时间、注册邮箱、注册IP、用户主页、微信Open ID、微信名等。其数据库中并无侵权人的手机号、身份证等身份信息。<br>2. 平台提供的是信息存储空间服务，对相关用户发布的帖子并不具有事先的审查义务，涉案贴文在起诉前就已删除，并无过错 |

| 序号 | 案由 | 案件名称 | 案号 | 基本案情 | 争议焦点 | 法院观点 |
|------|------|----------|------|----------|----------|----------|
| 16 | 名誉权纠纷 | 刘锋与昆山市运策企业形象设计有限公司、严礼红名誉权纠纷案 | (2015)泰靖园民初字第165号 | 原告在"看靖江"网站注册了名为"jJ"的用户帐户,在该网站聚焦环方案版块中的"实验学校搬迁北一靖江版块中的"实验学校搬迁意见,2015年2月12日22点12分,22点15分,被告严礼红以"北漂一生"的网名针对原告发帖进行谩骂、诽谤,帖子中所写名的"刘锋"与原告真实姓名读音相同、字形相近,而且是@jJ"的形式 | 本案原告和被告是否为适格主体,网络平台有无义务提供侵权人的相关真实身份信息 | 关于"北漂一生"的真实身份,原告主张"北漂一生"是严礼红,应当承担举证责任。现仅有原告陈述而无其他证据证实此主张,对此主张本院不予采信。原告已经请求运营公司提供"北漂一生"的身份信息,其可待主张侵权责任后,另行主张请运营公司提供有关信息。侵权人是网站的超级版主,网络平台应当掌握侵权人的身份信息,另提供了网络地址,尚未充分履行告知义务,依法应当判令其限期提供 |

续表

| 序号 | 案由 | 案件名称 | 案号 | 基本案情 | 争议焦点 | 法院观点 |
|---|---|---|---|---|---|---|
| | | | | 其他 | | |
| 17 | 电信服务合同纠纷 | 杨京璇与通化市东昌区百信通通讯器材销售中心电信服务合同纠纷案 | (2018)吉0502民初221号 | 2017年11月27日,原告到被告处办理宽带业务,被告在未向原告充分说明的情况下,将原告身份证、银行卡通过手机信息绑定在"联璧金融"App上。在交付原告的工单上体现"存200一次入账,79套餐,1000分钟全国语音,100G本地流量,1G全国流量,来显送,送宽带;存350含400一次入账次月到账的套餐业务。原告交纳了200元话费卡。原告交纳350元,被告为原告办理了宽带业务。现原告银行卡已自行解绑,另400元也已提取 | 办理宽带业务,未明确告知原告将其身份证、银行卡通过手机信息绑定在"联璧金融"App上,是否可以要求解除身份信息绑定 | 《中华人民共和国消费者权益保护法》第二十九条第一款:"经营者收集、使用消费者个人信息,应当遵循合法、正当、必要的原则,明示收集、使用信息的目的、方式和范围,并经消费者同意。经营者收集、使用其收集、使用的个人信息,应当公开其收集、使用规则,不得违反法律、法规规定和双方的约定收集、使用信息。第五十条:"经营者侵害消费者的人格尊严,侵犯消费者人身自由或者侵害消费者个人信息依法得到保护的权利的,应当停止侵害、恢复名誉、消除影响、赔礼道歉,并赔偿损失。"原告要求被告解除绑定在"联璧金融"信息,因银行卡原告已自行解除,本院无需处理,关于请求本院就该行为向原告赔礼道歉的诉讼请求,本院不予支持,并应由被告就该行为向原告赔礼道歉 |

续表

| 序号 | 案由 | 案件名称 | 案号 | 基本案情 | 争议焦点 | 法院观点 |
|---|---|---|---|---|---|---|
| 18 | 姓名权纠纷 | 张发兰与青海福财商贸有限公司、马国福等姓名权纠纷案 | (2017)青0102民初3268号 | 2017年3月份原告张发兰在西宁市城西区国家税务局采集信息过程中得知自己的身份信息被被告青海福财商贸有限公司冒用,在税务机关实名办税平台显示原告一直在青海福财商贸有限公司担任办税员一职。2017年6月19日原告张发兰到青海福商税务查询信息时被告知青海福国未经信息已列入非正常户,原告亦列入高风险人群,要求原告多方和被告马国福到税局机关办理变更马国福信息事宜,但被告马国福一直拖延办理 | 冒用他人姓名作为公司负责人,是否侵犯姓名权 | 姓名权是自然人对其姓名享有的设定、变更和使用的权利,任何组织和个人不得干涉、盗用、假冒,禁止他人干涉、盗用、假冒。《中华人民共和国民法总则》第一百一十一条规定:"自然人的个人信息受法律保护。任何组织和个人需要获取他人信息的,应当依法取得并确保信息安全,不得非法收集、使用、加工、传输他人个人信息,不得非法买卖、提供或者公开他人个人信息。"被告青海福财商贸有限公司,被告马国福未经原告授权同意,非法使用原告姓名作为公司财务负责人及办税人员,该行为侵犯了原告的姓名权。由于被告青海福财商贸有限公司被列为高风险企业,原告级评价贬损,等致张发兰连带发生高风险,造成精神痛苦及侵犯对原告名誉权的侵犯 |

续表

| 序号 | 案由 | 案件名称 | 案号 | 基本案情 | 争议焦点 | 法院观点 |
|---|---|---|---|---|---|---|
| 19 | 姓名权纠纷 | 陈建清与中国电信股份有限公司乐山分公司姓名权纠纷案 | （2014）乐民终字第488号 | 本案中，以陈建清名义登记的原号码为153XXXX5532的手机使用其姓名办理了手机登记业务，并且使用了该号码手机的人，未经陈建清同意 | 冒用他人身份办理手机卡，电信公司是否构成侵权 | 《全国人大常委会关于加强网络信息保护的决定》第六条规定："网络服务接入服务提供者为用户办理网站接入服务，办理固定电话、移动电话等入网手续，或者为用户提供信息发布服务，应当在与用户签订协议或者提供服务时，要求用户提供真实身份信息。"网络服务提供者提供业务时对用户的真实身份在办理业务时未尽审权义务，电信乐山分公司在办理该业务时未尽审核义务，致使他人冒用被侵权人名义办理手机号业务行为存在过错，应当承担相应的侵权责任 |

续表

| 序号 | 案由 | 案件名称 | 案号 | 基本案情 | 争议焦点 | 法院观点 |
|---|---|---|---|---|---|---|
| 20 | 计算机软件著作权许可使用合同纠纷 | 周盛春与阿里巴巴(中国)有限公司计算机软件著作权属纠纷、计算机软件著作权许可使用合同纠纷案 | (2015)杭西知民初字第667号 | 原告起诉要求确认原、被告间签订的《手机淘宝——软件许可使用协议》第七条第一款、第六条第五款无效;阿里巴巴公司无权使用并销毁原告因使用淘宝软件在阿里巴巴公司处形成的数据。涉案条款内容为:六、5.本协议终止后,阿里巴巴有权继续保留您的信息,但阿里巴巴没有义务以任何形式向您提供该等信息。七、特别授权。您完全合理解并不可撤销地授予阿里巴巴及其关联公司下列权利:1.对于使用许可软件时提供的资料及数据信息,您授予阿里巴巴及其关联公司独家的、全球通用的、永久的、免费的许可使用权利(并有权在多个层面对该权利进行再授权)。此外,阿里巴巴及其关联公司有权(全部或部分地)使用、复制、修订、改写、发布、翻译、分发、执行和展示您的全部资料数据或执行派生作品,并以现在已知或日后开发的任何形式、媒体或技术,将上述信息纳入其他作品内 | 1. 协议第七条第一款是否无效; 2. 协议第六条第五款是否依原告诉请而予以撤销; 3. 阿里巴巴公司是否有权使用淘宝软件在阿里巴巴公司处形成的数据 | 1. 该第七条第一款不存在侵害原告通信自由、人格权和个人隐私的行为,也不存在损害社会公共利益或违反法律、行政法规的强制性规定而无效的情形。原告与阿里巴巴公司签订《手机淘宝——软件许可使用协议》虽系格式合同,但该协议第七条第一款并无合同法规定的无效情形,也无免除阿里巴巴公司责任、加重原告责任或者排除原告主要权利的无效情形,应为合法有效。 2. 阿里巴巴公司在该协议终止后保留原告的信息并未违反法律、法规的规定和约定,原告要求阿里巴巴公司删除原告在淘宝软件在阿里巴巴公司处形成的数据,无法律依据 |

续表

| 序号 | 案由 | 案件名称 | 案号 | 基本案情 | 争议焦点 | 法院观点 |
|---|---|---|---|---|---|---|
| 21 | 网络侵权责任纠纷 | 周新营与上诉人中国保险监督管理委员会、北京中科汇联科技股份有限公司网络侵权责任纠纷案 | (2016)琼02民终375号 | 因申请信息公开在证监会网站上提交了身份证号、地址和电话等个人信息,事后发现通过百度检索自己姓名即可获得该个人信息 | 通过百度能够检索到并提交至证监会网站的个人信息,是否构成侵权 | 证监会的系统经公安部信息安全等级保护评估中心测评为合格,这可证明网站符合相应的安全标准,具有安全运行的资格。在当今互联网技术不断迅猛发展的时代,网络安全没有绝对的安全。因此,用户信息被获取,就意味着系统存在缺陷。证监会网站因网络漏洞泄露了周新营的个人注册信息,系违法行为,构成侵权 |
| 22 | 侵权责任纠纷 | 陈斌、中国移动通信集团江西有限公司九江分公司侵权责任纠纷案 | (2018)赣04民终78号 | 被告伪造原告的身份证件,在移动营业厅补办原告手机SIM卡,进而盗取原告工商银行账户里的人民币共计七万余元 | 移动营业厅是否有保障手机用户信息安全的义务 | 保障手机用户信息安全是运营商的法定义务及合同义务。办理手机SIM卡时营业厅应尽到合理的审查义务。补办手机SIM卡业务给用户带来的经济损失,移动公司带为授权人应当承担相应赔偿责任 |

续表

| 序号 | 案由 | 案件名称 | 案号 | 基本案情 | 争议焦点 | 法院观点 |
|---|---|---|---|---|---|---|
| 23 | 电信服务合同纠纷 | 丁家文与中国电信股份有限公司南京分公司电信服务合同纠纷案 | (2017)苏01民终10531号 | 丁家文被电信南京分公司限定进行二次验证,才能查询电信费用和话费详单;一审判决的短信息通信的服务记录向丁家文提供短信息接收的服务。电信南京分公司提供的服务内容不当,认定事实错误。电信南京分公司应当按合同约定履行向丁家文提供短信息记录详单的义务 | 1.电信南京分公司在为用户提供电信费用及话费清单时是否应采取二次验证行为? 2.电信南京分公司是否应该提供用户接收短信的相关通讯服务记录 | 1.电信服务提供者有法定义务保障电信用户的个人信息安全,用户查询电信费用话费清单时,电信服务提供者要求用户提供短信验证码进行二次验证,目的是保证用户个人信息安全,该行为仅需要用户花费微量时间即可操作完成,用户对此应负有协助义务。2.用户手机中已能显示其接收短信的发送端,时间及内容,其上诉主张电信南京分公司向其提供接收短信的相关记录,缺乏必要性 |

续表

| 序号 | 案由 | 案件名称 | 案号 | 基本案情 | 争议焦点 | 法院观点 |
|---|---|---|---|---|---|---|
| 24 | 委托合同纠纷 | 广东聚光电子科技有限公司、洛阳干博文化传播有限公司委托合同纠纷案 | (2016)豫03民终3457号 | 洛阳干博公司在庭审中确认广东聚光公司系统中的业主信息是洛阳干博公司直接录入到广东聚光公司系统中的，但洛阳干博公司至一审庭审甚至现上诉阶段，都无法提供其录入到广东聚光公司系统中的业主信息或业主的同意的同意材料。据此，上诉人认为洛阳干博公司提供业主信息是不真实和来源不合法的。洛阳干博公司和业主物业公司未经业主信息并通过搜集中，其行为涉嫌侵犯了相关业主的个人隐私。广东聚光公司不能接受洛阳干博公司通过违法行为完成的履约成果 | 委托合同中提供的业主个人信息的来源是否合法，是否得到业主的同意 | 1. 上诉人认为被上诉人提供的信息真实性及来源合法性，但未提交证明上述观点的证据。 2. 被上诉人提供的信息涉及相关物业公司及业主等诸多案外人，会产生与本问题将会涉及诸多案外人，会产生与本案不同的法律关系，这些问题无法在本案中一并解决 |

续表

| 序号 | 案由 | 案件名称 | 案号 | 基本案情 | 争议焦点 | 法院观点 |
|---|---|---|---|---|---|---|
| 25 | 委托合同纠纷 | 广西南宁鼎信投资有限公司与广东云上城网络科技有限公司委托合同纠纷案 | （2016）粤0305民初1754号 | 原告（乙方）与被告（甲方）签订了一份《"云上城"平台经营代理协议》，该协议约定：为了共同开拓和经营"云上城"平台业务，甲方授予乙方为"云上城"业务广西南宁市的特约代理商。乙方代表甲方发展以及为广西南宁市发居民住宅住宅小区等商家接入甲方的"云上城"平台，发展住宅区内居民通过手机接入"云上城"平台，并利用"云上城"平台开展电子商务经营业务 | 原告采集、录入信息是否经过了业主本人的同意 | 依据《中华人民共和国消费者权益保护法》第二十九条，《电信和互联网用户个人信息保护规定》第九条、《最高人民法院、最高人民检察院、公安部关于依法惩处侵犯公民个人信息犯罪活动的通知》等规定，个人信息的获取、使用在本案中均需经业主本人同意。建立业主信息档案均需经业主同意；其次，原告确认有部分业主信息是其从合作的物业公司获取录入了"云上城"平台，有部分业主信息由物业公司录入"云上城"平台，但原告并未提供证据证明被录入信息的业主对其录入"云上城"平台是同意的；原告亦未提供证据证明其已对是否经业主同意尽到了充分的监督义务，确实知悉物业公司提供的业主信息是经过业主同意的；再次，原告未提交证据证明在将业主信息录入"云上城"平台的过程中，曾设置了须经业主本人同意才能录入成功的操作流程 |

续表

| 序号 | 案由 | 案件名称 | 案号 | 基本案情 | 争议焦点 | 法院观点 |
|---|---|---|---|---|---|---|
| 26 | 服务合同纠纷 | 广州市炬锋广告有限公司与广州市万业房地产开发有限公司、广州市合富投资服务有限公司合同纠纷案 | （2014）穗天法民二初字第2485号 | 万业房地产公司作为甲方与炬锋广告公司作为乙方签订《南沙创鸿汇信息发送服务合同》，约定乙方接受甲方的委托向甲方提供信息发送服务，具体发送内容和发送时间以甲方确认的《短信类业务订单》为准。原告炬锋短信广告发送后，被告公司未约定发送短信广告公司在按约定支付合同价款 | 双方约定的向不特定人发送楼盘广告的服务合同在信息来源不合法时的效力如何 | 当事人订立、履行合同，应当遵守法律，行政法规，尊重社会公德，不得扰乱社会经济秩序，损害社会公共利益。本案中，当事人所发出的《短信类业务订单》所写明的短信内容为楼盘广告信息，当事人自行发送上述广告，双方在对发送的短信内容及发送人群数据的性质无从知晓的情况下，无视手机用户群体是否同意接收商业广告、信息的主观意愿，违反网络信息保护及电子信息发布的相关规定，侵害不特定向不特定公众发送商业广告，强行向不特定公众发送电子信息发布的相关利益，案涉服务合同无效，炬锋广告公司所发的短信可认定为垃圾短信 |

103

续表

| 序号 | 案由 | 案件名称 | 案号 | 基本案情 | 争议焦点 | 法院观点 |
|---|---|---|---|---|---|---|
| 27 | 网络侵权责任纠纷 | 韩孟、中国移动通信集团山东有限公司网络侵权责任纠纷案 | (2016)鲁04民终1563号 | 被告移动公司通过10086向原告韩孟所持移动通讯卡发送推销广告短信一条，原告韩孟认为被告移动公司未经其同意发送该条短信影响了其休息，遂提起诉讼，请求依法判令被告移动公司以书面形式向其赔礼道歉。被告移动公司在接到韩孟投诉后，已停止向其发送类似短信 | 未经用户同意所发送的短信是否属于侵权，是否构成侵权 | 1. 根据《中国移动通信客户入网服务协议》格式合同第四条第十二款的约定：为方便甲方及时准确了解乙方的各类业务信息，甲方同意乙方以电话、短信、电子邮件、商函等方式，向甲方发送乙方的业务信息、账单信息等，包括但不希望接受，可通过乙方营业厅、服务热线、服务网站等方式取消（赋予了上诉人向上诉人发送一条短信介绍其业务的行为为合同约定的行为，该行为不应认定为广告，并无违反法律规定的情形。2. 被告向上诉人介绍其业务后即停止了其发送免费短信的行为，相对于发送多条短信，连续不停地发送短信，投诉后仍不停止发送短信，故意发送短信扰乱客户正常生活的，显然属于情节轻微的情形，不会给上诉人带来很大的困扰，没有对上诉人造成损害后果 |

续表

| 序号 | 案由 | 案件名称 | 案号 | 基本案情 | 争议焦点 | 法院观点 |
|------|------|----------|------|----------|----------|----------|
| 28 | 侵权责任纠纷 | 霍亚慧与中国移动通信集团陕西有限公司榆林分公司侵权责任纠纷案 | （2017）陕08民终622号 | 原告霍亚慧手机号码因欠费被被告移动公司销号，销号6个月后，被告于2015年2月4日将该号码二次放号给客户王美丽，由于工作人员在业务办理操作时不规范，致使该客户资料仍为原告客户资料为霍亚慧，而账户资料却完善。原告发现后，多次交涉未果，后申诉于工业和信息化部电信用户申诉受理中心，原、被告最终未达成一致意见，故原告诉诉至法院 | 用户欠费停号后，移动通信公司二次出卖号给他人，但客户资料仍为原用户，是否构成侵权 | 手机销号后双方之间的服务合同已终止，此后，移动通信公司将该号码提供给另一客户使用，但未修改原客户资料仍成侵权。《中华人民共和国侵权责任法》规定民事权益应当依照本法承担侵权责任。移动电话号码本案所涉电信用户使用，但被上诉人称述因工作人员疏忽，未改动资料，致新客户在使用该号码时有关移动通信仍为原客户，故被上诉人信息存在过错，显然侵犯了上诉人的民事权益，依法应当承担侵权责任 |

续表

| 序号 | 案由 | 案件名称 | 案号 | 基本案情 | 争议焦点 | 法院观点 |
|------|------|----------|------|----------|----------|----------|
| 29 | 服务合同纠纷 | 昆明盛唐恒基科技有限公司、云南沐荣欣成房地产开发有限公司服务合同纠纷案 | （2017）云01民终6408号 | 盛唐恒基公司与沐荣欣成公司于2013年7月24日签订《信息战略合同》约定，盛唐恒基公司（甲方）为沐荣欣成公司（乙方）提供手机信息、彩信投放服务，盛唐恒基公司为沐荣欣成公司投放的手机信息投放对象范围不特定，且盛唐恒基公司未经手机用户面授权，即手机用户亦未对盛唐恒基公司提供的手机用户是否同意接收信息进行审查 | 未取得接收信息的手机用户的同意或书面授权时的短信投放广告的效力 | 根据《全国人民代表大会常务委员会关于加强网络信息保护的决定》第七条："任何组织和个人未经电子信息接收者同意或者请求，或者电子信息接收者明确表示拒绝的，不得向其固定电话、移动电话或者个人电子邮箱发送商业性电子信息"，当事人订立、履行合同，应当遵守法律、行政法规，尊重社会公德，不得扰乱社会经济秩序，损害社会公共利益。根据《信息战略合同》及双方陈述，双方在对所发送的手机短信的性质充分知情的情况下，无视手机用户群体是否同意接收商业广告信息的主观意愿，强行向不特定公众的手机用户发送商业广告信息，侵害了手机用户的权益。另外，本案双方向不特定的手机用户发送信息，发送的手机用户所属群体、手机号码都不以明确，在发送信息的过程中难免会造成手机用户的个人信息泄露，侵害手机用户的个人隐私，故本案双方在《信息战略 |

续表

| 序号 | 案由 | 案件名称 | 案号 | 基本案情 | 争议焦点 | 法院观点 |
|---|---|---|---|---|---|---|
| | | | | | | 合同》中约定的权利义务违反网络信息的保护规定，侵害了不特定公众的利益，该合同应属无效 |
| 30 | 服务合同纠纷 | 李利捷与中国移动通信集团北京有限公司服务合同纠纷案 | （2017）京02民终7737号 | 李利捷称其大约于2005年左右购买了移动的手机号码138XXXXXX，该号码一直未进行实名登记，因涉案手机号码一直未办理实名登记，该号码已于2016年11月20日停机。一审经询问李利捷实名登记的同意下恢复该号码的使用，李利捷情况在接受涉案号码实名登记表示不接受 | 用户是否可以拒绝提供手机号码的实名登记 | 《中华人民共和国反恐怖主义法》第二十一条规定，电信、互联网、金融、住宿、长途客运、机动车租赁等业务经营者，服务提供者，应当对客户身份进行查验。对身份不明或者拒绝提供身份查验的，不得提供服务。本案中，涉案手机号码经多次提示后，仍未按要求进行实名登记，北京移动公司对涉案号码予以停机，北京移动公司的行为并无不当 |

107

续表

| 序号 | 案由 | 案件名称 | 案号 | 基本案情 | 争议焦点 | 法院观点 |
|---|---|---|---|---|---|---|
| 31 | 侵权责任纠纷 | 李枚加与阿里云计算有限公司侵权责任纠纷案 | （2015）乐中民初字第3009号 | 2015年7月25日12时07分、12时10分，原告李枚加所使用手机接收到的短信息共计5条；2015年8月7日，原告李枚加收到该号码内容相同信息1条。10698009518 8这一号码是被告阿里云计算有限公司与电信运营商签订短信业务服务协议后，由电信运营商向被告阿里云计算有限公司提供企业移动短信平台服务号码。被告使用该号码发送短信。2015年8月10日6时35分，原告进入申请注册页面按流程操作再收到相同的短信息1条 | 使用手机号码快速注册账号服务中所接受的短信验证码等消息是否侵害了用户同意接受及隐私权 | 1.被告通过短信服务平台号码发送验证码短信的行为具有被动性和单向性的特点，即只有在其官方页面由人点击"免费注册"，并在接下来几步分别输入手机号码，点击"验证"后，服务平台号码才会向输入的手机号发送验证码。被告在设置该注册登记页面功能中，并不能主动向广大手机终端用户发送短信息。<br>2.从原告收到的验证码短信内容来看，信息并未包含直接或间接的介绍和推销商品或提供服务的内容，不属于商业性短信息。法律规定接受短信息者未取得商业信息接受者同意的情况下以及接受者明确拒绝的不得发送的电子信息明确界定为商业性短信息。<br>3.综上，被告仅仅被动向原告手机终端发送了个别短消息，并非在较长时间内不断向原告发送商业广告类短信，被告对此不具有过错，不足以构成侵害原告隐私权 |

续表

| 序号 | 案由 | 案件名称 | 案号 | 基本案情 | 争议焦点 | 法院观点 |
|------|------|----------|------|----------|----------|----------|
| 32 | 生命权、健康权、身体权纠纷 隐私权纠纷 财产损害赔偿纠纷 | 李枚加与中国电信股份有限公司乐山分公司健康权、隐私权、财产损害赔偿纠纷案 | （2013）乐民终字第1109号 | 2011年8月29日，李枚加到电信乐山分公司办理了尊享e9套餐业务，该套餐含手机号码三个。2013年3月23日至4月15日，电信乐山分公司通过其客服号码10001及10006向李枚加号码为189XXXX0627的手机终端发送短信10条；从2013年5月16日至8月6日，电信乐山分公司向李枚加号码为189XXXX0627的手机终端发送"10659"短信服务平台的手机短信18条；李枚加发送短信内容中发送号码为08332125422、10689、0833215244、10698并非电信乐山分公司客服号码，也非电信乐山分公司的短信服务平台号码 | 电信乐山公司通过其客服号码10001及10006以及通过"10659"短信服务平台向当事人手机终端发送和转发的短信息是否属于商业广告信息，以及是否侵害了当事人的隐私权、财产权、健康权？ | 1. 短信内容包括介绍和推销手机上网流量，推销手机和告知手机卖场开业，都是以短信为媒介直接或间接提供服务，故上述短信息都属于商业广告类信息。<br>2. 法院认为，隐私权是指自然人享有的对其个人信息、私人活动和私有领域进行支配的一种人格权，主要包括个人生活宁静权、个人活动的自由权及个人隐私权，私有领域不受侵犯权。手机用户选择了接受短信服务，短信息的发送不需要用户的许可即可直接传播，其接受短信形式加以提示，用户只能选择浏览或者不浏览，每当用户的手机接收到短信息时，都会影响人的正常工作和生活，并一直显示有新信息，可能告示了个别信息。如果电信公司向手机发送了个别信息，不足以构成法律上的侵权；但电信公司在较长时间内不断向原告加发送商业广告类短信，且在 |

续表

| 序号 | 案由 | 案件名称 | 案号 | 基本案情 | 争议焦点 | 法院观点 |
|---|---|---|---|---|---|---|
| | | | | | | 本案原告起诉后仍未停止。这大量对原告私人通信以外的信息，必然会对原告造成某种程度上的困扰，侵害了原告隐私权中包含的主要内容，即个人生活宁静的自由权，个人活动的自由权，私有领域不受侵犯权 |
| 33 | 侵权责任纠纷 | 刘春泉等侵权责任纠纷案 | （2015）沪一中民六（商）终字第107号 | 2011年6月3日，上诉人刘春泉填写申请表向上诉人中国工商银行上海分行申领畅通卡丹一张。2013年6月起，工行上海分行向刘春泉发送诸如"牡丹卡连手佛倾回馈"等信息。后刘春泉多次向95588的号码发送短信、发送推销短信，但未能得到满意的答复，遂起诉至法院 | 银行发送系争电子信息的行为是否构成侵权 | 一审法院：<br>1. 商业性短信不应被理解为"与信用卡相关的信息"，格式条款的多种理解应采不利于格式条款提供方的理解。<br>2. 手机号码作为个人信息应属于一般人格权的保护范围。<br>3. 银行限制用户退定短信的行为侵犯了用户的个人信息权，构成一般人格权侵权。<br>二审法院：<br>1. 涉案商业信息属于争银行卡的将来商业信息，虽银行方提供的"与信用卡有关的信息"条款含义不尽明确，但不足以否定争议电子信息的法律属性，也不能说明银行方有过错。 |

续表

| 序号 | 案由 | 案件名称 | 案号 | 基本案情 | 争议焦点 | 法院观点 |
|---|---|---|---|---|---|---|
|  |  |  |  |  |  | 2. 用户收到信息后并未立刻提出异议,而是在4个月才提出主张。此种不作为可视为对银行发送信息的默示同意。<br>3. 发送的信息数量较少,16个月中仅有30余条,此种行为虽对用户的隐私权空间及个人信息受保护的权利造成一定影响,但其影响轻微,类似频率低微,类似在于社会生活之中,尤其商业活动中更为多见,如均将权相关行为人承担侵权法律责任,不仅缺乏现实意义,亦将使法的境地,属不当加重于动辄犯法的民事主体限民事主体主动的义务 |

表 3-2　网络安全执法案例汇总①

| 序号 | 时间 | 处罚行为 | 处罚对象 | 处罚措施 | 执法机关 | 处罚依据 |
|---|---|---|---|---|---|---|
| 1 | 2017.8 | 腾讯公司微信公众号平台存在用户传播暴力恐怖、虚假信息、淫秽色情等危害国家安全、公共安全、社会秩序的信息；新浪微博对其用户发布传播"淫秽色情信息、宣扬民族仇恨信息及相关评论信息"未尽到管理义务；百度贴吧对其用户发布传播"淫秽色情信息、暴力恐怖信息贴文及相关评论信息"未尽到管理义务 | 腾讯公司，新浪微博，百度贴吧 | 对腾讯公司，新浪微博作出最高罚款的处罚决定；对百度贴吧作出从重罚款的处罚决定 | 北京市、广东省网信办 | 《网络安全法》第四十条、第六十八条 |
| 2 | 2017.8 | 为未提供真实身份信息的用户提供信息发布服务；未采取有效措施对用户发布的信息进行严格管理，导致违法违规信息扩散 | BOSS直聘 | 责令改正 | 北京市网信办、天津市网信办 | 《网络安全法》第二十四条、六十一条、四十七条、六十八条 |
| 3 | 2017.8 | 提供互联网接入服务的服务器内存在涉及法律、行政法规禁止传输的信息 | 江苏宿迁市华睿科技有限公司 | 警告并责令其改正 | 宿城公安分局 | 《网络安全法》第四十七、第六十八条 |

① 数据来源于"公安三所网路安全法律研究中心"微信公众号。

续表

| 序号 | 时间 | 处罚行为 | 处罚对象 | 处罚措施 | 执法机关 | 处罚依据 |
|---|---|---|---|---|---|---|
| 4 | 2017.8 | 淘宝网部分店铺存在售卖破坏计算机信息系统正常禁管制物品、贩卖非法 VPN 工具、售卖违禁物品、贩卖网络账号；同花顺金融网、配音秀网存在导向不正、低俗恶搞等有害信息；蘑菇街互动网、虾米音乐网存在违法违规账号注册等问题 | 淘宝网、同花顺金融网、配音秀网、蘑菇街互动网、虾米音乐网 | 对淘宝网提出警告并责令其改正；责令配音秀网、同花顺金融网开展专项检查，追究有关人员相关责任；责令蘑菇街互动网、虾米音乐网暂停新用户注册七天 | 浙江省网信办 | 对淘宝网的处罚依据为《网络安全法》第六十八条，第六十八条；对同花顺金融网、配音秀网的处罚依据为《网络安全法》第四十七条，《互联网信息服务管理办法》第十六条；对蘑菇街互动网、虾米音乐网的处罚依据为《网络用户账号名称管理规定》第四至八条，《网络安全法》第二十四条，第六十一条 |
| 5 | 2017.7 | 金某利用微信群转发、传播不实信息和谣言，煽动和组织他人参加非法集会 | 铜陵一网民金某 | 拘留十日 | 铜陵市铜官公安分局 | 《网络安全法》第四十六条、第六十七条 |
| 6 | 2017.8 | 58 同城、赶集网、百度等网站违法违规发布"大棚房"租售信息 | 58 同城、赶集网、百度等网站 | 责令整改 | 北京市网信办、北京市规划国土委 | 《互联网新闻信息服务管理规定》第十六条，第二十五条，《网络安全法》第四十七条，第六十八条 |

续表

| 序号 | 时间 | 处罚行为 | 处罚对象 | 处罚措施 | 执法机关 | 处罚依据 |
|---|---|---|---|---|---|---|
| 7 | 2017.9 | 广州荔支网络技术有限公司发现用户利用其荔枝FM网络平台发布和传播违法有害信息未立即停止传输,防止信息扩散,保存有关记录并向主管部门报告;深圳市三人网络科技有限公司未要求用户提供真实身份信息提供网络电话服务,存在被利用于从事信息通信诈骗活动的安全隐患;广州市动景计算机科技有限公司提供的UC浏览器智能云加速产品服务存在安全缺陷和漏洞风险,未能及时全面检测和修补,已被用于传播违法有害信息,造成不良影响;阿里云计算有限公司为用户提供网络接入服务未落实网络实名身份验证要求,导致用户假冒其他机构名义抢取网站备案主体资格 | 广州荔支网络技术有限公司、深圳市三人网络科技有限公司、广州市动景计算机科技有限公司、阿里云计算有限公司 | 对广州荔支网络技术有限公司责令立即整改,并给予警告,要求该公司切实落实信息服务管理责任;对深圳市三人网络科技有限公司责令立即整改,罚款五万元,并责令停业整顿,关闭网站;对广州市动景计算机科技有限公司责令立即整改,采取补救措施,并要求其开展通信网络安全防护风险评估,建立新业务上线前安全评估核查机制和已上线业务定期核查机制,对已上线网络产品服务进行全面检查,排除安全风险隐患;对阿里云计算有限公司责令立即整改,切实落实网站备案真实性核验要求 | 广东省通信管理局 | 《网络安全法》第二十二条第一款、第二十四条第一款、第四十七条、第六十一条、第六十八条,《互联网信息服务管理办法》第十六条,《电话用户真实身份信息登记规定》第十七条 |

表 3 - 3 网络安全等级保护执法案例汇总①

| 序号 | 时间 | 处罚行为 | 处罚对象 | 处罚措施 | 执法机关 | 处罚依据 |
|---|---|---|---|---|---|---|
| 1 | 2017.6 | 未采取防范计算机病毒和网络攻击、网络侵入等危害网络安全行为的技术措施，存在 SQL 注入漏洞，严重威胁网站信息安全 | 山西忻州市某事业单位网站 | 警告，责令整改 | 山西忻州市、县两级公安机关网安部门 | 《网络安全法》第二十一条、第五十九条第一款 |
| 2 | 2017.7.20 | 三级以上系统未按照规定定期开展网络安全等级测评 | 广东省汕头市某信息科技有限公司 | 警告，责令整改 | 广东省汕头网警支队 | 《信息安全等级保护管理办法》第十四条第二款、《网络安全法》第二十一条、第五十九条第一款 |
| 3 | 2017.7.21 | 未实名认证，未建立安全保护管理制度和安全保护技术措施 | 上海初生网络科技有限公司 | 停业整顿 6 个月 | 上海市公安部门 | 《计算机信息网络国际联网安全保护管理办法》第十条、第二十一条 |

① 何治乐，胡文华. 网络安全等级保护执法案例汇总[EB/OL]. [2018 - 08 - 21]. "公安三所网络安全法律研究中心"微信公众号。

续表

| 序号 | 时间 | 处罚行为 | 处罚对象 | 处罚措施 | 执法机关 | 处罚依据 |
|---|---|---|---|---|---|---|
| 4 | 2017.7.22 | 未进行定级备案、等级测评，存在高危漏洞，造成网站发生被黑客入侵 | 四川省宜宾市翠屏区"教师发展平台"网站 | 对直接负责的主管人员罚款5000元，机构罚款10000元 | 四川省宜宾市网安部门 | 《网络安全法》第二十一条、第五十九条第一款 |
| 5 | 2017.8.01 | 未依法留存用户登录相关网络日志 | 重庆市某科技发展有限公司 | 警告、责令整改 | 重庆市公安局网安总队 | 《网络安全法》第二十一条、第五十九条第一款 |
| 6 | 2017.8.12 | 未进行网络安全等级保护定级备案、等级测评 | 安徽省蚌埠怀远县教师进修学校网站 | 约谈学校法定代表人,怀远县政府分管县长;对学校处以15000元罚款,对负有直接责任的主管人员处5000元罚款 | 安徽省公安厅网络安全保卫总队、安徽省蚌埠市网安支队 | 《网络安全法》第二十一条、第五十六条、第五十九条 |

116

续表

| 序号 | 时间 | 处罚行为 | 处罚对象 | 处罚措施 | 执法机关 | 处罚依据 |
|------|------|----------|----------|----------|----------|----------|
| 7 | 2017.8.30 | 未按照网络安全等级保护制度要求落实网络安全主体责任,存在高危安全漏洞并被黑客攻击入侵,造成严重后果 | 哈尔滨方正县农业技术推广中心的"方正农业社会化服务平台" | 责任整改,并处罚款20000元 | 黑龙江省哈尔滨市公安局网安支队 | 《网络安全法》第二十一条、第五十九条第一款 |
| 8 | 2017.9.28 | 未建立网络安全防护技术措施,网络日志留存少于6个月,未采取数据分类、重要数据备案和加密措施,致使系统存储千名学生身份信息泄露 | 淮南职业技术学院系统 | 警告,责令整改 | 安徽省淮南市公安局网安支队 | 《网络安全法》第二十一条、第五十九条第一款 |
| 9 | 2017.10.17 | 未落实网络安全保护责任,网站被入侵,植入木马病毒 | 合肥高新区一家单位的门户网站 | 警告,责令整改 | 安徽省合肥市高新派出所 | 《网络安全法》第二十一条、第五十九条第一款 |
| 10 | 2017.12.12 | 未进行网络安全等级保护的定级备案、等级测评工作,未落实网络安全等级保护制度,为履行网络安全保护义务 | 浏阳市烟花爆竹总会网站系统 | 警告,责令整改 | 长沙市公安局网技支队、浏阳市公安局网安大队 | 《网络安全法》第二十五条、第二十一条、第五十九条第一款 |

续表

| 序号 | 时间 | 处罚行为 | 处罚对象 | 处罚措施 | 执法机关 | 处罚依据 |
|---|---|---|---|---|---|---|
| 11 | 2017.12.13 | 未落实网络安全等级保护制度,附属医院协同办公系统存在任意文件上传等隐患漏洞等情况 | 湖南省长沙医学院 | 警告,责令改正 | 湖南省长沙市、县(区)两级公安网安部门 | 《网络安全法》第二十一条、第五十九条第一款 |
| 12 | 2018.03.26 | 未落实网络安全等级保护制度,未履行网络安全保护义务 | 湖南中科智谷教育科技有限公司 | 约谈法人代表及网站系统管理员;警告,责令改正 | 湖南省株洲市、区公安网安部门 | 《网络安全法》第二十一条、第二十五条、第五十九条第一款 |
| 13 | 2018.01.12 | 未采取防范计算机病毒和网络攻击、网络侵入等危害网络安全行为的技术措施,致使网站遭到攻击 | 河南省新乡市封丘县图书馆网站 | 对封丘县图书馆给予罚款20000元,对直接责任人处以警告,并罚款5000元 | 封丘县公安局,封丘县文化广电旅游局 | 《网络安全法》第二十一条、第五十九条第一款 |

# 二、侵害个人信息的行政责任规范

## （一）现行法律对行政责任的规定

《决定》在首次确立个人信息保护规则的同时，也建立了相应的救济和责任体系，包括民事责任、行政责任和刑事责任。鉴于《网络安全法》在一定程度上吸收了《决定》的主要内容，成为目前个人信息保护的主要规则（如表3－4），笔者列举了违反《网络安全法》的行为及其可能的行政责任。

表3－4 违反网安法的行政责任

| | 违法行为 | 行政责任 |
|---|---|---|
| 违法收集 | 违反必要性原则，收集与服务无关的信息 | 由有关主管部门责令改正，可以根据情节单处或者并处警告、没收违法所得、处违法所得一倍以上十倍以下罚款，没有违法所得的，处一百万元以下罚款，对直接负责的主管人员和其他直接责任人员处一万元以上十万元以下罚款；情节严重的，可以责令其暂停相关业务、停业整顿、关闭网站、吊销相关业务许可证或者吊销营业执照 |
| 违法收集 | 未公开收集规则、目的等 | |
| 违法收集 | 未经同意收集 | |
| 安全 | 违反保密义务，数据泄露、公开 | |
| 安全 | 篡改、毁损、丢失 | |
| 违法使用 | 未按照法律规定或约定目的或用途处理或使用个人信息 | |
| 履行法定义务 | 未立即采取补救措施或及时告知用户并向有关主管部门报告 | |
| 履行法定义务 | 未按照用户请求删除个人信息 | |
| 履行法定义务 | 未应用户请求更正错误信息 | |
| 非法使用 | 出售和非法向他人提供 | 尚不构成犯罪的，由公安机关没收违法所得，并处违法所得一倍以上十倍以下罚款，没有违法所得的，处一百万元以下罚款 |
| 非法使用 | 窃取或者以其他非法方式获取个人信息 | |
| 监管 | 监管人员在履行职责时，泄露、出售或非法向他人提供其得悉的个人信息、隐私和商业秘密 | 无相应责任规定 |

　　另一部对个人信息作出行政处罚规定是《消保法》。依据《消保法》第五十六条，经营者侵害消费者个人信息依法得到保护的权利的情形（十种情形之一）的行政责任为"除承担相应的民事责任外，其他有关法律、法规对处罚机关和处罚方式有规定的，依照法律、法规的规定执行；法律、法规未作规定的，由工商行政管理部门或者其他有关行政部门责令改正，可以根据情节单处或者并处警告、没收违法所得、处以违法所得一倍以上十倍以下的罚款，没有违法所得的，处以五十万元以下的罚款；情节严重的，责令停业整顿、吊销营业执照"。这就意味着，对于违反个人信息保护义务的经营者，行政机关可以给予责令改正、警告、没收违法所得、罚款、停业整顿、吊销营业执照等行政处罚。

　　2018 年出台的《电子商务法》对电子商务企业违反个人信息保护义务和不法利用个人信息的行政责任作出了全面的规定。根据《电子商务法》第七十六条，如果电子商务企业"未明示用户信息查询、更正、删除以及用户注销的方式、程序，或者对用户信息查询、更正、删除以及用户注销设置不合理条件的"，市场监督管理部门责令限期改正，可以处一万元以下的罚款，对其中的电子商务平台经营者，可以处二万元以上十万元以下的罚款；情节严重的，处十万元以上五十万元以下的罚款；如果电子商务平台经营者对违反前款规定的平台内经营者未采取必要措施的，由市场监督管理部门责令限期改正，可以处二万元以上十万元以下的罚款。对于平台企业来讲，法律设置多重的罚款，旨在为用户信息的查询、更正提供保护。

　　在个人信息利用方面，《电子商务法》第七十七条规定，电子商务经营者违反本法第十八条第一款关于搜索结果展示规定，即电子商务经营者根据消费者的兴趣爱好、消费习惯等特征向其提供商品或者服务的搜索结果的，没有同时向该消费者提供不针对个人特征的选项由市场监督管理部门责令限期改正，没收违法所得，可以并处五万元以上二十万元以下的罚款；情节严重的，并处二十万元以上五十万元以下的罚款。

　　《电子商务法》对违法者的查处方面，注意与其他法律的衔接。根据第七十九条规定，电子商务经营者违反法律、行政法规有关个人信息保护的规定，或者不履行本法第三十条和有关法律、行政法规规定的网络安全保障义务的，依照《中华人民共和国网络安全法》等法律、行政法规的规定处罚。这样就将电子商务企业在个人信息保护执法衔接到《网络安全法》。同样，若电子商务平台经营者违反本法第四十条规定，对竞价排名的商品或者服务未显著标明"广告"的，依照《中华人民共和国广告法》的规定处罚。

### （二）网络安全法监督实施典型案例

1. 支付宝年度账单事件

2018年新年伊始，支付宝就推出年度账单回顾，人们纷纷打开支付宝查看年度账单，并在朋友圈晒出自己的支付宝账单和年度关键词，然而没过多久，人们就发现，支付宝在年度账单的首页左下方利用小字体、接近背景色和默认勾选同意，让相当多的用户在不知情的情况下"被同意"接受芝麻信用。芝麻信用服务核心是收集用户各种消费、支付、购物等信息，为每个用户提供信用评价服务。签署这份极易被用户忽略的《芝麻服务协议》，意味着芝麻信用可以向第三方提供用户的个人信息。芝麻信用还可以对用户的全部信息进行分析并将分析结果推送给合作机构。

芝麻信用于1月3日晚间发布关于查看支付宝年度账单时"被同意《芝麻服务协议》"的情况说明，并表示此前没有开通芝麻信用的客户，这次在年度账单中不管是默认勾选还是主动同意，都不会因此成为芝麻信用的用户。支付宝当日已调整页面，取消默认勾选，并向公众致歉。

1月6日，国家互联网信息办公室网络安全协调局约谈了支付宝（中国）网络技术有限公司、芝麻信用管理有限公司的有关负责人。认为支付宝、芝麻信用收集、使用个人信息的方式，不符合刚刚发布的《个人信息安全规范》国家标准的精神，违背了其前不久签署的《个人信息保护倡议》的承诺；应严格按照《网络安全法》的要求，加强对支付宝平台的全面排查，进行专项整顿，切实采取有效措施，防止类似事件再次发生。

支付宝在向用户推送个性账单本来是为用户提供的一项服务，而在服务中以较为隐蔽的方式且默认勾选，只要用户滑动页面就意味着同意，使用户在不知情情况下做出了选择。这实际上是让用户在不知情的情况下"被同意"接受芝麻信用的服务，反映了我国个人信息收集使用中漠视个人权利，不尊重个人权利的普遍做法。由此引发网信办介入督促整改。这个事件对所有收集和使用个人信息的主体都是一个警示。

从个人信息收集、使用、流通合法性的角度看，知情同意是我国现行法律认可且为实务普遍采用的一种合法性基础。但如何确定知情同意的有效性值得进一步研究。从支付宝账单事件中可以看出，未尽到提示义务的情况下默认将同意进行勾选的模式显然不能满足《网络安全法》所规定的知情同意之要求，因而其不能构成有效的知情同意。

### （三）行政责任规范存在的问题

现行法已经开始将个人信息的利用行为纳入行政管理范畴，对违反法律收集和使用个人信息的行为给予行政处罚，以保护个人权益。但是，因为目前没有统一个人信息保护法，更没有单一的行政管理机关，目前所有行政保护是依据各个领域的特别立法建立起来的，这导致个人信息的行政保护存在着一些问题。以上述分析的《网络安全法》、《消保法》为基础，这些问题主要表现为以下几个方面。

其一，分散多部门管理问题。

个人信息的行政保护受到行政机构职责和管辖权的限制，因而每个行政机关的管辖范围均受到其职权范围的限制。消费者个人信息保护归工商机关管理，工商机关只能基于保护消费者的职权，维护消费者在消费过程中个人信息受到的侵害。同样的原理也适用于其他行政管理部门，每个行政管理部门可以基于各自的管理权限承担保护个人信息的职责。这必然导致个人信息保护分散多头，相同的事项多头管理，在没有统一执法标准的情形下，必然导致执法标准不一，保护水平参差不齐。

对于网络安全保护和监管管理职责，《网络安全法》规定了以国家网信部门统筹协调，由电信、公安等部门分工协作的管理体制。由于个人信息安全也成为网络安全的重要组成部分，因而个人信息保护也是分散于不同行政部门，相同管理事项也是分散，也同样会产生多头管理的弊端。

其二，个人信息行政保护执法不具有可操作性。

个人信息的行政保护是通过对违反法律规定的个人信息利用行为进行行政

处罚来实现的。行政执法必须有明确的法律依据，而且要确保具有可操作性。但目前我国有关法律对个人信息规范粗糙，使行政机关难以执法以实施具体的行政处罚。这里我们以已经实施的《消保法》为例，以2014年之后一些地方公布的消费者保护典型案例中涉个人信息保护案件（见表3-5），来说明消费者个人信息行政处执法存在的问题。

表3-5　消费者领域个人信息行政保护典型案例

| 年度 | 查处机构 | 事实 | 违法性 | 处罚 |
|---|---|---|---|---|
| 2014 | 上海市工商管理局 | 某广告公司利用网络技术收集网络用户的Cookie，并通过这些Cookie来收集分析用户的个人信息，筛选出符合客户（广告主）要求的目标消费群体，向消费者主动投放网络广告 | 未告知网络用户其收集用户的Cookie等个人信息，未明示收集、使用这些个人信息的目的、方式和范围，亦未公开相关收集、使用规则 | 责令改正违法行为、没收违法所得及罚款 |
| | 上海市工商管理局 | 某金融信息服务公司通过QQ网络平台购买或者通过向房产、金融、保险、汽车4S店等相关从业人员等途径违法收集个人信息，并进行电话推销P2P理财产品 | 违法收集个人信息；另涉及虚假宣传 | 罚款（55万元，包括虚假宣传） |
| | 杭州市工商管理局 | 公司业务员从市场圈内朋友处收集了已销售某楼盘部分业主名单，名单内容包括业主姓名、所买楼层号码、联系电话等，且当事人所得业主名单信息均未经业主同意或授权 | 未经被收集人同意或授权 | 罚款（1.5万元） |

续表

| 年度 | 查处机构 | 事实 | 违法性 | 处罚 |
|---|---|---|---|---|
| 2014 | 成都市郫县消费者协会 | 某品牌旗舰店未经当事人李先生同意，使用其形象和语言发布商业广告 | 自然人的姓名权、肖像权保护；未经个人同意使用个人信息 | 调解达成协议，登报致歉 |
| | 杭州市上城区市场监督管理局 | 某公司向他人购买记载了小区名、购房者姓名和电话号码的名单（9个小区、14289名购房者，共支付19045元），使用这些名单进行电话联系以获得业务 | 以购买方式收集消费者个人信息，并予以使用 | 责令该分公司改正，处罚款（20万元） |
| | 自贡市贡井区工商局 | 某通讯公司营业厅工作人员使用廖先生的身份证为他人办理了手机卡 | 擅自使用用户的身份证为他人开户 | 调解停止侵害、赔偿误工费、差旅费等共计2000元。立案查处，给予行政罚款的处罚 |
| | 江西省鄱阳县工商局 | 某橱柜经营者未经消费者同意，通过赠予物业公司人员香烟、礼品等方式，收集了多家小区购房户的个人信息，通过电话、短信等方式推销商品，并提供给他人共享 | 未经消费者同意收集消费者个人信息并提供给他人使用；未经消费者同意或请求发送商业性信息 | 罚款（12万元） |
| | 江苏省泰州姜堰消协 | 某家居广场内经营者擅自将100多名消费者的个人信息予以张贴公布，扩大其销售的某品牌建材的影响 | 违反保密义务和安全保障义务 | 消协工作人员将此案件移交工商部门并立案查处 |

| 年度 | 查处机构 | 事实 | 违法性 | 处罚 |
|---|---|---|---|---|
| 2015 | 四川省德阳市工商局 | 某传媒有限公司向其德阳分公司提供以下信息：（1）39 个小区楼盘购房消费者的姓名、联系电话、住址和身份证号码等消费者个人信息；（2）自行收集的消费者姓名、电话、住址等消费者个人信息 | 当事人向德阳分公司提供的消费者个人信息并未经过消费者本人同意，也没有明示收集、使用信息的目的、方式和范围 | 1. 责令改正违法行为；2. 处以罚款 |
| | 宁波市市场监管局 | 某培训公司购买上万条载有学生姓名、学校年级、家长姓名、联系电话、家庭住址等详细内容的个人信息，并使用这些信息进行电话推销 | 未征得学生及家长同意 | 责令当事人改正并处以 25 万元罚款 |
| | 上海市工商局检查总队 | 某公司在日常经营活动中，为拓展业务、发展客户，由理财部大区经理通过购买等途径收集大量消费者个人信息，并按照公司层级依次派发给团队经理、理财经理（业务员），以电话方式联系消费者，推销公司的 P2P 理财产品 | 未经消费者同意，擅自收集和使用个人信息的行为违反了《消费者权益保护法》第二十九条第一款之规定；另涉及虚假宣传 | 责令当事人停止违法行为，对非法收集、使用消费者个人信息行为处罚款 40 万元；虚假宣传处罚 10 万元 |

从这些典型案例来看，工商行政机关查处的侵犯个人信息行为主要是未经消费者同意收集和使用个人信息，个别案件涉及到泄露个人信息或擅自使用个人形象发布商业广告。通过梳理这些案件和处罚结果，我们发现存在以下问题。

第一，不知哪些个人信息可以不经消费者同意收集使用。在所处罚的大多数案件中，违法收集的个人信息大多是包含姓名、联系电话、住址等可直接识别到消费者的个人信息，且大多数伴有直接电话推销或信息推送行为。但也有个别涉及到收集用户网络行为记录（Cookie 等个人信息）信息，进行用户画像，进行精准营销的行为。用户 Cookie 信息收集使用是否当然地侵犯消费者权益存在可讨论的空间，因而是否应当与直接识别的身份信息区别对待，尚待讨论。如果将未经用户同意收集用户 Cookie 信息进行画像的行为纳入行政处罚的范畴，是否会对进入大数据时代的企业的精准营销和个性化定制或服务造成不利影响，尚需要进一步研究。

第二，不确定哪些属于非法向第三人提供。首先，第三人是否包含分公司，分公司分享总公司的客户资源似乎属于普遍的现象，而在实践中出现某传媒有限公司向其德阳分公司提供个人信息受处罚的案例，是否合法尚需要探讨。其次，在向第三人提供的情形下，是否由出售或提供人征得个人的同意即可，还是接受个人信息（或购买个人信息）的主体也需要征得信息主体的同意。在大量的行政处罚案件中，均模糊地认定非经原信息主体的同意，而未明确这里的同意是针对何种行为。

第三，行政处罚的责任形式主要是责令改正（相当于停止侵权）和罚款，其中罚款从 1 万元到 40 万元不等，存在较大的差异。

第四，在处罚理由方面，我们发现，大多数均提到未经同意而使用，尤其是打电话或信息推送等较为直接的营销方式。由于《消保法》在网络广告和商业信息推送方面采取的是事先同意（选进规则）或事后拒绝（选出规则），发送商业信息是否都需要经消费者同意就成为一个问题。

在缺少个人信息保护基本制度的前提下，《消保法》仅仅对个人信息保护作出粗略的规定，其规范的可操作性就低，因而执法人员的理解和自由裁量的空间就大，出现上述不一致和执法中的问题也就不足为奇了。

## 三、侵犯个人信息刑事责任规范评述

从域外个人信息保护法起源来看，个人信息保护法起源于个人信息处理的电子化。20 世纪 60 年代计算机刚刚开始使用，尤其是在公共事务部门中使用，带来了人们对政府滥用个人信息的担忧。因为个人提供给政府（甚至企业）的个人信息可以长期保存、随意继续使用，人们对这种使用可能产生对个人不利的后果表示担忧。为了防范个人信息滥用的可能性，法律有必要赋予个人对个人信息的控制权，欧美发达国家几乎一致地将这种控制权归于个人自治或个人自由范畴，因而个人信息保护主要是为了维护个人尊严、自由和平等，防范个人信息的滥用。

我国个人信息保护问题在进入网络时代开始凸显。进入 20 世纪 90 年代之后，我国面临两大问题。第一，电信诈骗、绑架勒索等犯罪活动。一些犯罪分子通过电话、网络和短信方式，编造虚假信息，设计骗局，甚至冒充电信局、公安局等机构的工作人员对受害人实施远程、非接触式诈骗，诱使受害人给犯罪分子汇款或转账，或者盗取钱财。电信诈骗得以精准有效地实施就在于犯罪分子掌握了大量的个人信息，不仅是联系方式，而且是行踪轨迹、财产状况、家庭和社会关系等信息。因此，个人信息的不法利用给个人人身和财产安全带来了威胁，成为个人信息保护首要问题。第二，个人信息买卖灰色产业猖獗，给个人和社会带来安全风险，也成为我国迫切解决的社会问题。个人信息的需求很旺，除不法分子外，更多的还是商业需求。因为获取个人信息，发展潜在消费者是市场开拓的基本手段，再加上大数据给人们带来的商业诱惑，迅速获取足够量的数据就成为许多企业的追求。链接需求和供给的便是个人信息买卖灰黑色产业：以非法获取公民个人信息为上游，以买卖公民个人信息为中游，以利用公民个人信息实施网络诈骗等违法犯罪行为，或利用不法获取的个人信息从事商业经营行为为下游灰黑色产业链条创建一个大数据企业，也可以为企业开拓市场服务。在需求拉动下，合法获取和控制的个人信息和不法盗取和侵入系统获取的数据，不断进入流通渠道。

上述两个方面问题已经不再是对个人尊严或自由的威胁，而且是给个人乃至整个社会带来不安全风险的问题，而且显然这不是赋予个人控制权就能够解决的问题。于是在我国对个人信息保护尚未有任何规范的情形下，刑法率先确立刑事责任，扼制和打击个人信息非法获取和买卖。

### （一）侵犯个人信息犯罪规定

#### 1. 侵犯个人信息罪的确立过程

2009 年，《刑法修正案（七）》（下称《刑修（七）》）针对个人信息侵害行为，引入个人信息刑事保护制度，以惩治"出卖和非法提供个人信息行为""盗取和以其他方法非法获取个人信息行为"。

2015 年，《刑法修正案（九）》（下称《刑修（九）》）再次对刑法第二百五十三条作出修改，将罪名统一为"侵犯公民个人信息罪"。该罪控制两种行为，其一是"违反国家有关规定，向他人出售或者提供公民个人信息"的行为；其二是"窃取或者以其他方法非法获取公民个人信息"的行为。

并不是所有这些行为均承担刑事责任，而是分两档：其一，"情节严重的，处三年以下有期徒刑或者拘役，并处或者单处罚金"；其二，"情节特别严重的，处三年以上七年以下有期徒刑，并处罚金"。

另外，还规定职务范畴从重处罚；单位犯罪对单位判处罚金，并对直接负责的主管人员和其他责任人员处罚。职务范畴包括一切职务，不限于公职人员。

2017 年 5 月 9 日，最高人民法院、最高人民检察院发布《最高人民法院、最高人民检察院关于办理侵犯公民个人信息刑事案件适用法律若干问题的解释》（法释〔2017〕10 号，下称《刑法释 2017》）对刑法规定及其适用作出详细解释。

#### 2. 从"非法获取公民个人信息罪"，到侵犯个人信息罪

2009 年，《刑修（七）》对第二百五十三条第一款修订内容如下：

在刑法第二百五十三条后增加一条，作为第二百五十三条之一："国家机关或者金融、电信、交通、教育、医疗等单位的工作人员，违反国家规定，将本单位在履行职责或者提供服务过程中获得的公民个人信息，出售或者非法提供给他人，情节严重的，处三年以下有期徒刑或者拘役，并处或者单处罚金。

窃取或者以其他方法非法获取上述信息，情节严重的，依照前款的规定处罚。

单位犯前两款罪的，对单位判处罚金，并对其直接负责的主管人员和其他直接责任人员，依照各该款的规定处罚。"

《刑法修正案（七）》仅规定了非法出售或者提供个人信息罪，并且要求犯

罪主体是特殊主体（国家机关和公共事业单位工作人员），限制了该条文的适用范围。2009 年 10 月 16 日，最高人民法院、最高人民检察院《关于执行〈中华人民共和国刑法〉确定罪名的补充规定（四）》将刑法第二百五十三条第一款"窃取或者以其他方法非法获取上述信息，情节严重的，依照前款的规定处罚"解释为"非法获取公民个人信息罪"并适用于一切主体。

2013 年 4 月 23 日，最高人民法院、最高人民检察院、公安部联合发布了《关于依法惩处侵害公民个人信息犯罪活动的通知》（公通字〔2013〕12 号），非法获取公民个人信息罪的各种行为被合称为侵害公民个人信息罪。该通知有以下新规：

第一，扩大了犯罪主体。"出售、非法提供公民个人信息罪的犯罪主体，除国家机关或金融、电信、交通、教育、医疗单位的工作人员之外，还包括在履行职责或者提供服务过程中获得公民个人信息的商业、房地产业等服务业中其他企事业单位的工作人员。"这扩大了出售、非法提供公民个人信息罪的犯罪主体范围。

第二，明确了个人信息的范围。"公民个人信息包括公民的姓名、年龄、有效证件号码、婚姻状况、工作单位、学历、履历、家庭住址、电话号码等能够识别公民个人身份或者涉及公民个人隐私的信息、数据资料。"

第三，扩大了侵害个人信息犯罪的类型。该通知明确："对于在履行职责或者提供服务过程中，将获得的公民个人信息出售或者非法提供给他人，被他人用以实施犯罪，造成受害人人身伤害或者死亡，或者造成重大经济损失、恶劣社会影响的，或者出售、非法提供公民个人信息数量较大，或者违法所得数额较大的，均应当依法以出售、非法提供公民个人信息罪追究刑事责任。"

第四，加大惩罚力度。"对于窃取或者以购买等方法非法获取公民个人信息数量较大，或者违法所得数额较大，或者造成其他严重后果的，应当依法予以并罚。单位实施侵害公民个人信息犯罪的，应当追究直接负责的主管人员和其他直接责任人员的刑事责任。要依法加大对财产的适用力度，剥夺犯罪分子非法获利和再次犯罪的资本。"

2015 年 8 月 29 日，全国人大常委会通过的《刑修（九）》将刑法第二百五十三条之一作了进一步修改。内容为：

"违反国家有关规定，向他人出售或者提供公民个人信息，情节严重的，处三年以下有期徒刑或者拘役，并处或者单处罚金；情节特别严重的，处三年以上七年以下有期徒刑，并处罚金。

违反国家有关规定，将在履行职责或者提供服务过程中获得的公民个人信息，出售或者提供给他人的，依照前款的规定从重处罚。

窃取或者以其他方法非法获取公民个人信息的，依照第一款的规定处罚。

单位犯前三款罪的，对单位判处罚金，并对其直接负责的主管人员和其他直接责任人员，依照各该款的规定处罚。"

《刑修（九）》对刑法第二百五十三条之一修改的主要内容为：一是扩大犯罪主体的范围，规定任何单位和个人违反国家有关规定，获取、出售或者提供公民个人信息，情节严重的，都构成犯罪；二是明确规定将在履行职责或者提供服务过程中获得的公民个人信息，出售或者提供给他人的，从重处罚；三是加重法定刑，增加规定"情节特别严重的，处三年以上七年以下有期徒刑，并处罚金"。

《刑法释 2017》）对刑法规定及其适用作出详细解释。

**（二）《刑法释 2017》评述**

2015《刑法修正案（九)》施行以来，各级公检法机关依据修改后的刑法规定，严肃惩处侵犯公民个人信息犯罪，案件数量显著增长。但是，侵犯公民个人信息罪的定罪量刑标准较为原则，不易把握，法律适用存在认识分歧，影响了案件办理。为保障法律正确、统一适用，依法严厉惩治、有效防范侵犯公民个人信息犯罪，最高人民法院会同最高人民检察院草拟并发布了《刑法释 2017》。

《刑法释 2017》共十三条，关于侵犯公民个人信息罪的适用主要涉及以下五方面内容。

1. 从危害的角度界定"公民个人信息"的范围和类型

《刑法释 2017》第一条规定：刑法第二百五十三条之一规定的"公民个人信息"，是指以电子或者其他方式记录的能够单独或者与其他信息结合识别特定自然人身份或者反映特定自然人活动情况的各种信息，包括姓名、身份证件号码、通信通讯联系方式、住址、账号密码、财产状况、行踪轨迹等。

《刑法释 2017》首次从社会危害的角度对刑法调整的个人信息作出界定。《公通字〔2013〕12 号》对刑法保护的个人信息仍然沿用《决定》对个人信息的定义，将刑法上公民个人信息限定在公民个人身份的信息、个人隐私的信息两大类上。经过几年的司法实践，《刑法释 2017》在定义条款中明确了那些对个人人身和财产具有危害的个人信息，比如财产状况、行踪轨迹等。

结合对侵犯公民个人信息罪的情节的规定，《刑法释 2017》实际上从危害性的角度，将个人信息大致可以分为四类，如表 3 - 6 所示。

表 3 - 6　个人信息刑事风险分类

| 危害系数 | 个人信息类型 | 备注 |
| --- | --- | --- |
| 极高危害 | 行踪轨迹信息、通信内容、征信信息、财产信息 | 封闭列举 |
| 高危害 | 住宿信息、通信记录、健康生理信息、交易信息等 | 开放性列举，法官可以自主判断增补 |
| 一般危害 | 上述之外的普通个人信息 | 不可列举 |
| 无危害 | 经过处理无法识别特定个人且不能复原的"信息" | |

当然，这样的分类是否合理科学，还有待司法实践检验和校正，也许有些类型信息不具有较高危害性，就可能调整其危害等级或放入一般危害性个人信息中。

2. 明确了非法"提供公民个人信息"的认定标准

根据《刑法修正案（九）》规定，"违反国家有关规定，向他人出售或者提供公民个人信息"，是侵犯公民个人信息罪的客观行为方式之一。"出售"是意图通过交易方式向他人提供个人信息谋利的方式，实践中比较容易界定，而"提供"则不太容易把握。从语义上，"提供"是将自己掌握、控制的个人数据提供给他人使用，使他人接触、获取和使用了个人信息。《刑法释 2017》第三条对非法"提供公民个人信息"的认定作了进一步明确。

其一，"提供"既包括向特定人提供，也包括向不特定人提供，即公开。"通过信息网络或者其他途径发布公民个人信息"的行为也被认定为刑法中"提供公民个人信息"。例如，在"人肉搜索"案件中，行为人未经权利人同意即将其身份、照片、姓名、生活细节等个人信息公布于众，就属于这里未经同意发布公民个人信息的行为。

其二，明确"未经被收集者同意，将合法收集的公民个人信息向他人提供"也属于"非法提供"。按照现行法，经被收集人同意，即可以合法收集个人信息。但是，对合法收集的个人信息一般限于自己使用，不能自行提供给他人使用，提供给他人使用还应当征得原被收集人同意。司法解释显然明确，同意只是收集合法的条件，而不能延伸至向他人提供。在收集时，提示被收集人其同意包括了向第三方（主体不确定）提供，此时是否为有效的同意，需要法律进一步明确。

3. 明确了"非法获取公民个人信息"的认定标准

窃取或者以其他方法非法获取公民个人信息，是侵犯公民个人信息罪的客观行为方式之一。"窃取"指未经允许、采取不正当手段获取他人无形财产，包括文件、数据、商业秘密等。窃取可以是说针对无形财产的"盗窃"，窃取个人信息本身就是一种为法律禁止的不法行为，是"非法获取"个人信息中的一种非常典型行为。实践中，对于窃取个人信息的行为比较容易把握，但是对于"以其他方法非法获取"则有不同的理解。

《刑法释2017》第四条明确：违反国家有关规定，通过购买、收受、交换等方式获取公民个人信息，或者在履行职责、提供服务过程中收集公民个人信息的，属于"以其他方法非法获取公民个人信息"。据此，司法解释明确两种情形属于"以其他方法非法获取公民个人信息"。

其一，"违反国家有关规定，通过购买、收受、交换等方式获取公民个人信息"。

刑法直接宣布"购买、收受、交换"等获取个人信息方式非法，有利于打击个人信息黑产中的买卖交易，但给整个数据为基础的经济带来了法律上的风险。"购买、收受、交换等方式获取公民个人信息"是现实中企业利用数据的普遍需求和现象，在其违反法律规定时即有可能构成"非法"，在情节严重时可能受到刑事处罚。问题在于，我国法律并没有任何法律正面地规定哪些场景下个人信息可以购买、收受和交换，因而这条司法解释意味着，企业和个人在经营活动中，购买、收受和交换取得个人信息也属于非法，情节严重的，也可入刑。

其二，"违反国家有关规定，在履行职责、提供服务过程中收集公民个人信息"的，属于"非法获取公民个人信息"。

在履行职责、提供服务过程中收集公民个人信息也是政务、商务活动开展的必要行为，在多数情形下具有正当性、合理性。因此，该条不宜理解为企业、政府机关或社会组织的业务或业务执行人，为组织的目的（企业经营目的、政府管理等）而收集公民个人信息，它应当是指职工利用职务便利获取个人信息，用于职务（组织目的）之外的事业（比如，提供给他人）。从多年的司法实践来看，个人信息泄露或对外提供多来自于内部人员，内部人员利用职务便利，收集大量个人信息出售或提供给他人牟利。该条旨在针对内部人员非为组织目的的个人信息获取行为。

4. 明确了侵犯公民个人信息罪的定罪量刑标准

侵犯公民个人信息罪的入罪要件为"情节严重"。《刑法释2017》分两条对"情节严重"作规范：第五条规范的是获取、出售或者提供公民个人信息情节严重的情形，将情节严重分为五种类型；第六条规定的是合法经营活动中非法购买、收受公民个人信息情节严重的情形。具体情形如下表3－7。

表3－7　侵犯公民个人信息罪的定罪刑因素

| 考量因素 | 具体 | 行为 | 标准 | 履职或提供服务过程中 | 合法经营（限于购买和收受） |
|---|---|---|---|---|---|
| 信息类型 | 行踪轨迹信息、通信内容、征信信息、财产信息 | 获取、出售或者提供 | 50 条 | 25 条 | |
| | 住宿信息、通信记录、健康生理信息、交易信息等可能影响人身、财产安全的公民个人信息 | 获取、出售或者提供 | 500 条 | 250 条 | |
| | 其他个人信息 | 获取、出售或者提供 | 5000 条 | 2500 条 | |
| | 注：上述三类，每一项数量未达标，但是按相应比例合计达到有关数量标准 | | | | |

续表

| 考量因素 | 具体 | 行为 | 标准 | 履职或提供服务过程中 | 合法经营（限于购买和收受） |
|---|---|---|---|---|---|
| 信息用途 | 行踪轨迹被他人用于犯罪 | 出售和提供 | 结果（不问主观） | | |
| | 利用个人信息实施犯罪 | 出售和提供 | 知道或应当知道 | | |
| 违法所得 | 任何类型 | 获取、出售和提供 | 5000 元 | 2500 元 | 5 万元 |
| 主观恶性 | 任何类型 | 获取、出售或者提供 | 曾因侵犯公民个人信息受过刑事处罚或者两年内受过行政处罚 | | 相同 |

第一，信息类型。《刑法释2017》从危害性的角度将公民个人信息分为三类，一类是行踪轨迹信息、通信内容、征信信息、财产信息，获取、出售或者提供该类公民个人信息达50条即可构成犯罪；二类是住宿信息、通信记录、健康生理信息、交易信息等可能影响人身、财产安全的公民个人信息，获取、出售或者提供该类信息达500条即可构成犯罪；三类是其他信息，则须达5000条。显然，前两类信息被非法获取、出售或者提供后极易引发绑架、诈骗、敲诈勒索等关联犯罪，具有潜在的社会危害性。因而根据危害程度，分别设置了"50条以上""500条以上""5000条以上"的入罪标准，以体现罪责刑相适应。

第二，违法所得数额。获取、出售或者非法提供公民个人信息往往是为了牟利，基于此，《刑法释2017》将违法所得5000元以上的规定为"情节严重"。这意味着不管何种信息，只要出售或非法提供公民个人信息获利达5000元，即可入刑。

第三，信息用途。公民个人信息被用于何种用途或目的，对公民权利的侵害会存在较大的差别，尤其是个人信息被用于其他犯罪行为时，会给个人人身和财产带来严重危害。《刑法释2017》区分为两种情形，其一是"行踪轨迹"，只被他人用于犯罪行为，那么非法获取、出售或者提供行踪轨迹信息的行为即构成侵犯公民个人信息罪；其二是其他个人信息，在知道或者应当知道他人利用公民个人信息实施犯罪，仍然向其出售或者提供的，即构成侵犯公民个人信息罪。

第四，主观恶意。根据《刑法释2017》，曾因侵犯公民个人信息罪受过刑事处罚或者两年内受过行政处罚，又非法获取、出售或者提供公民个人信息的，行为人屡教不改、主观恶性大，构成"情节严重"，即可入罪。

第五，行为人身份。2009年《刑修七》所规定的侵犯公民个人信息罪是针对特定行业履行职责或者提供服务过程中获得的公民个人信息，出售或者非法提供给他人。后来不再有行业的限制，但履职或提供服务作为了从重处罚的考量因素。《刑法释2017》仍然坚持这一原则，凡是利用职务便利获取、出售或提供公民个人信息的，在计算信息数据或获利数额时，则数量、数额标准减半作为入刑（情节严重）的标准。显然是通过降低标准，来加重对"内鬼"的惩罚。

在此基础上，《刑法释2017》第五条第二款对侵犯公民个人信息罪的"情节特别严重"的认定标准，即"处三年以上七年以下有期徒刑"量刑档次的适用标准作了明确，主要涉及两个方面。一是数量数额标准。根据信息类型不同，非法获取、出售或者提供公民个人信息"500条以上""5000条以上""50000条以上"，或者违法所得5万元以上的，即属"情节特别严重"。二是严重后果。《刑法释2017》将"造成被害人死亡、重伤、精神失常或者被绑架等严重后果""造成重大经济损失或者恶劣社会影响"规定为"情节特别严重"。

《刑法释2017》第六条特别规定了在合法经营活动中个人信息的非法利用行为的认定。其中，核心的规定是，为合法经营活动而非法购买、收受普通个人信息，利用非法购买、收受的公民个人信息获利5万元以上的，即构成情节严重。假如将购买、收受的公民个人信息非法出售或者提供的，则适用第五条的规定。

## 5. 明确了侵犯公民个人信息犯罪的罚金刑适用规则

侵犯公民个人信息犯罪具有明显的牟利性，刑法除了对行为人可以并处罚金外，还有单位犯罪的罚金刑。因此，罚金刑适用显得非常重要。《刑法释2017》第十二条规定："对于侵犯公民个人信息犯罪，应当综合考虑犯罪的危害程度、犯罪的违法所得数额以及被告人的前科情况、认罪悔罪态度等，依法判处罚金。罚金数额一般在违法所得的一倍以上五倍以下。"

### （三）我国刑法个人信息保护犯罪规定及其适用存在的问题

在个人信息民事和行政保护体系还未建立背景下，2009 年，《刑修七》率先确立了侵犯公民个人信息罪，着重打击非法提供（包括出售）和非法获取个人信息（包括窃取）行为，对扼制日益猖獗的数据黑产，打击利用个人信息的各种犯罪行为，保护个人基本权利，维护正当个人信息利用秩序具有非常重要的意义。最高人民法院、最高人民检察院发布的《刑法释2017》进一步对侵犯个人信息犯罪行为和量刑作出更具体明确的规定，有利于厘清是否入刑的边界，正确适用刑法。但是，在现实应用场景中，许多个人信息利用行为合法与非法、罪与非罪边界仍然不清，企业个人信息使用仍然面临法律上的不确定性。

### 1. 刑法对个人信息的保护评价：从行为规范的角度

刑法的核心内容是规定犯罪行为和后果。犯罪行为是具有社会危害性，依据刑法应予以惩罚的行为（具有刑罚当罚性）。刑法对社会的调整机制在于规定哪些行为构成刑法规定的犯罪行为及其相应刑事责任，通过追究行为人的刑事责任（刑事制裁）实现对人们行为的规范和调整。作为一种行为规范，刑法是一种惩罚法，从反面告诫人们不得实施危害社会的犯罪行为，因而基本上属于禁止性规范。从对行为规范的角度，刑法一般不设定义务性规范，规定主体应当或必须做出一定积极行为；为人们设定义务规范主要是由其他法律完成，如民商事法律、经济法、行政法等。也就是说，刑法与其他法律存在着衔接，违反现行法律的义务规范或强制性规范的后果，可以是刑事责任，具体的刑事责任构成要件则由刑法规定，而不是设定义务的法律来规定。于是形成刑法与其他法律分工与协作，刑法对接其他法律有关义务规范的刑事责任规范。

以上原理同样也适用于个人信息保护法律规范。现行的《决定》《消保法》

《网络安全法》《民法总则》等均承担着个人信息保护规范职责，而《刑法》则承担着违反个人信息保护规范的刑事责任功能。目前我国法律对个人信息规范大致可以归纳为：应当遵循合法、正当、必要的原则，明示收集、使用信息的目的、方式和范围，并经被收集人同意；应当公开其收集、使用规则，不得违反法律、法规的规定和双方的约定收集、使用信息；应当保护个人信息安全，防止毁损和丢失，且不得泄露、出售或者非法向他人提供。那么，按照上述逻辑，刑法对于个人信息保护应当是违反这些法律规定导致的严重危害后果的责任。但是，我们审查现行刑法规定，尤其是《刑法释2017》，刑法调整的行为已经大大突破和超出了现行法律规范。例如，解释将违反国家有关规定的"购买、收受、交换"等方式明确为"以其他方法非法获取"公民个人信息，而我国现行法对于合法的购买、收受、交换等行为并没有明确的规范。在没有明确规则，指引行为人如何购买、收受、交换的情形下，或者没有明确哪些行为是合法的情形下，刑法宣布"情节严重"的就要承担刑事责任。刑法细化的结果是刑法直接担当义务规范的设定角色，而不是义务违反的刑事责任的角色；出现刑法规范的越位，一种行为是否违法由刑法规范或者在是否违法尚不确定的状态下，由刑法宣布可以入刑。这使得个人信息利用行为缺失规则，且直面刑法拷问，面临巨大的法律不确定性。

由于刑法本身只是违法行为的刑事后果的规定，所以其本身不能为个人信息利用设定合法规则。虽然刑法"侵犯公民个人信息罪"规定也被视为个人信息的保护方式，但是，这种保护是通过惩治严重违法行为（犯罪）来实现的，其本身不能替代个人信息的行为规范。一旦出现个人信息利用的行为规范不清晰或者没有规范，而刑法又直接规定违法行为的刑事责任，那么刑法就充当了为社会设定义务规范的角色。许多不一定具有社会危害性的行为纳入刑法调整，许多可以通过民事责任和行政责任保护的，而在民事责任或行政责任缺失的情形下，直接代之以刑事责任。实际上，由于没有违法和合法的行为边界，刑法的介入就给所有信息利用蒙上了刑责的阴影，不利于数据的正当、合法利用。

2. 侵犯个人信息罪的"违法性"判断问题

违法行为是指一切违反国家法律、行政法规和行政规章的行为，其核心是从事的行为不符合法律规定，未履行或未正确履行法律规定义务或作出不应当为的法律行为，其外延相当广泛。犯罪行为也是一种违法行为，是违反刑法规定的违法行为。之所以要将犯罪行为与一般违法行为区分开来，是因为犯罪是严重危害社会的行为，该行为对社会的危害性，必须给予最严厉的惩罚，即刑罚处罚。因此，通常将犯罪概括为具有社会危害性、触犯刑律和应受刑罚处罚三个特征，这三个特征决定了犯罪行为与一般违法行为的不同。应当说，很多违法行为都具有社会危害性，但是，危害社会的行为必须同时是触犯《刑法》规定和应受刑罚处罚的行为，而情节轻微、危害不大的行为，不认为是犯罪。违法并非犯罪，犯罪行为必然是违法。因此，就有通过行为的情节和对社会危害的程度来确定一些违法行为是否入刑（入罪）标准。简言之，犯罪行为是违法性达到必须用刑罚处罚的行为。

因此，犯罪行为的违法性的判断就不仅仅"违反法律规定"这么简单。因为违反法律规定是指行为违反法秩序或法规范，是所有违法行为的共同要件，违反法律规定的后果包括了民事责任、行政责任和刑事责任。"违反国家有关规定"只是行为进入刑法调整的门槛，而不等于具备刑法上的违法性。刑法上的违法性必须具有社会危害性，即反社会的或者非社会的行为，具有刑法苛责性，因而刑法明确犯罪行为并给予相应刑事责任。具有社会危害性是违反法律规定的行为构成犯罪（刑事违法行为）的关键因素。因此，我们不能得出违反法律规定的"出售和提供个人信息行为""盗取和以其他方法非法获取个人信息行为"均具有刑事违法性，还需使标准达到"情节严重"才具有刑事违法性，才构成侵犯公民个人信息罪。

由于侵犯公民个人信息罪是属于侵害个体性利益的犯罪，因而该违法行为同时也是民事违法行为。侵犯个体性权益的犯罪行为对民事违法的判断结论应具有依赖的关系，刑事违法性的判断应以民事行为违法（应当承担民事责任）为前提条件或必要条件。如果一种行为不具有民事违法性，是否承担民事责任具有不确定性，直接以刑事责任惩治，就导致出现法律关系调整的刑法化。《刑法释2017》对于侵犯公民个人信息罪的构成要件作了非常详细的规定，旨在通过"情节严重"来界定入刑（具有刑事违法性）标准，但是，这些严重的情节是否具有民事违法性，是否承担民事责任在我国现行法下找不到依据。

按照《民法总则》对个人信息采法益保护定位，即侵害个人信息民事责任的构成要件是行为人个人信息利用行为违反法律规定导致他人合法利益受到损害。其中行为违法性的判断则需要现行法律对个人信息保护作出明确的规范。我国现行法对个人信息保护仍然很粗糙，"合法、正当、必要的原则"和"知情同意"是主要规范。要证明商家违反这些规范，同时自己遭受损失，要求商家承担损害赔偿具有相当的难度。即使按照最高人民法院的司法解释，将侵害个人信息行为仅定位于"公开"，将个人信息作为隐私保护，而依据公开个人信息自己遭受损害而提起民事诉讼的也寥寥无几。因此，目前个人信息保护定位不清晰，保护规则不系统不全面，导致个人信息民事保护根本没有建立起来。在这种情形下，刑事保护就丧失了法律基础。

3. 刑事责任与民事、行政责任的衔接

违法行为与犯罪行为之间的联系与区别，决定了刑法与许多法律存在衔接，刑责成为许多违法行为最严重的后果。这尤其体现了刑法对公民财产权、人身权、民主权利等个体权益保护方面，侵害这些权利的行为首先是民事责任，其次是行政责任，只有具有社会危害性时，才承担刑事责任。一般性违法，对应的应当是民事责任或行政责任，而只有行为严重违法导致个人权益受到严重损失时才适宜刑事责任。比如，拾得他人之物拒不返还既有民事责任，也有刑事责任。拾得人侵占遗失物构成侵权，权利人可以请求返还和赔偿损失，但依据《刑法》第二百七十条"如果侵占遗忘物数额较大拒不交还的，构成侵占罪"，二者差别主要在于数额大小。侵害商业秘密的法律责任有民事责任（依据《民法通则》《反不正当竞争法》）、行政责任①和刑事责任（《刑法》第二百一十九条）。侵犯商业秘密罪强调不正当手段获取（以盗窃、利诱、胁迫等）或不正当使用（包括披露允许他人使用）给他人造成权利人重大损失的。显然手段非法性和危害后果（重大损失）一般违法行为（侵权行为）上升为刑事责任的重要因素。

目前，我国侵害个人信息的民事责任和行政责任严重缺失，直接以刑事责任规范，背离了民事权益保护的"顺位"关系，违背刑法的谦抑性原则。谦抑

---

① 《反不正当竞争法》第二十五条 违反本法第十条规定侵犯商业秘密的，监督检查部门应当责令停止违法行为，可以根据情节处以一万元以上二十万元以下的罚款。

性原则又称必要性原则，指立法机关只有在该规范确属必不可少——没有可以代替刑罚的其他适当方法存在的条件下，才能将某种违反法律秩序的行为设定成犯罪行为。

4. 刑法的目的

《刑法》的根本目的是"惩罚犯罪，保护人民"。从保护人民的角度，刑法旨在"保护公民私人所有的财产，保护公民的人身权利、民主权利和其他权利"。具体到个人信息保护，就是保护个人信息上个人权益。

2009 年确立该犯罪时，无论宪法还是民法或其他法律对如何保护个人信息并没有明确的规定。2017 年的《民法总则》未明确宣布个人信息是一种具体人格权，而只是受法律保护。因此，个人信息保护的真正含义是保护个人信息上的个人权益，也就是法益保护。如果按照法益保护定位来审视刑法，那么刑法应当打击利用个人信息严重侵犯个人权益的行为。

侵犯公民个人信息罪只有在对公民个人信息的侵害达到某种严重程度时才构成犯罪，按照刑法的规定，"违反国家有关规定"情节严重的公民个人信息的提供和获取行为即构成犯罪。2009 年《刑修七》之所以将出售、非法提供、非法获取公民个人信息的行为认定为犯罪，主要是为了打击利用公民个人信息实施违法犯罪行为。根据公安部 2013 年的统计，利用公民个人信息实施的犯罪主要有四类：（1）电信诈骗、网络诈骗等新型、非接触式犯罪；（2）抢劫、敲诈勒索等严重暴力犯罪；（3）非法商业竞争；（4）非法调查婚姻、滋扰民众。①显然，在这些违法犯罪活动中，公民个人信息是犯罪工具，而个人信息的非法获取、买卖和提供为这些犯罪实施提供了便利，成为危害之源。于是将出售、非法提供、非法获取公民个人信息的行为认定为犯罪。起初只是特殊行业的职务行为，到后来扩张为任何主体；起初只打击出售、非法提供、非法获取，到现在"购买、收受、交换等方式"和"在履行职责、提供服务过程中收集"均纳入刑法范畴。但这种扩张导致刑法介入到民事保护还没有非常明确规则的领域，背离了刑法调整目的和定位。

---

① 张艳玲. 公民个人信息通过 2 种方式被出售 被用于进行四类犯罪［EB/OL］. 中国网（2013 – 03 – 14）［2017 – 6 – 22］.

实际上，从个人信息收集和使用给个人带来危害的角度，进入刑法调整的应当是严重危害个人权益的行为。在笔者看来，主要有以下三种情况。

其一，脱离应用场景获取个人信息并销售个人信息。因为这种个人信息的利用行为是将个人信息作为一种商品进行买卖获利了，严重侵害了个人的尊严，无视个人信息的人身属性。

其二，泄露、披露或公开敏感性个人信息（包括直接识别或联系个人的身份信息）。公民个人信息泄漏不仅严重影响了公民的个人利益，还在一定程度上破坏了社会的公共秩序，引发各种犯罪行为的现象。因为擅自泄露、披露或公开敏感性个人信息，不仅可能侵害个人隐私利益，而且还有可能被"不法分子"利用，以实施各种犯罪，具有社会危害性。

其三，盗取和非法获取个人信息用于实施各种犯罪行为，包括诈骗、抢劫、敲诈勒索等新型非接触式犯罪。在这里，公民个人信息成为犯罪的工具，获取公民个人信息的非法性由其实施的犯罪行为所决定，其法律后果往往被所实施的犯罪行为吸收。在我国，将盗取和以其他方式非法获取个人信息构成独立罪名的情形下，往往采取数罪并罚的方式处理。

因此，刑法对于侵犯个人信息权益的犯罪行为的规定，一定要以严重危害个人权益为前提。正如来自司法实务部门的研究者指出："法律保护个人信息的目的在于防止信息泄露所带来的进一步侵害。如果行为人利用获取的个人信息实施其他犯罪活动，使公民的人身、财产安全等陷入高风险状态或已经造成实质危害结果的，确实应当以刑法加以规制，但行为人仅将信息供自己使用或进行商业推销的则只是一定程度上对公民的生活安宁造成了影响，其后果的严重程度和社会危害性较小，以行政处罚等即可加以规制，并不需要启动刑法将其作为犯罪处理。因此，对于行为人将信息供自己使用或进行商业推销的不应当认定为情节严重的情形。"①

刑法惩治的违法行为必须具有社会危害性，因此，"危害结果"是侵害个人信息犯罪的主要门槛。前面所列的三种行为的危害性有的是因为行为本身具有

---

① 上海法院. 侵犯公民个人信息罪定罪标准研究［EB/OL］. 上海法院网［2017 - 06 - 23］.

危害性（脱离应用场景获取个人信息并销售个人信息），有的是因为行为结果（泄露具有潜在的危害），有的是因为行为目的（目的是为实施犯罪行为）。不考虑具体的危害性，单纯以数量、获利来界定出售和购买、提供和收受、交换等个人信息的流通使用行为构成犯罪，可能殃及个人信息的正当流通使用。

　　信息的价值在于使用——不仅仅在于自己使用，更在于向社会开放，提供给他人使用。信息的开放和提供自然导致信息的流通，流通是信息的天性。打击个人信息的非法利用有利于保护公民基本权利与促进信息流动，但掘取大数据红利同样重要。因此，我们仍然建议侵犯个人信息犯罪的适用在经过一段时间后，需要重新定位和解释。

# 04
第四部分

## 个人信息安全：
## 推荐国标评析

按照国家标准化管理委员会 2017 年第 32 号中国国家标准公告，全国信息安全标准化技术委员会组织制定和归口管理的国家标准 GB/T 35273－2017《信息安全技术 个人信息安全规范》（下称《个人信息安全规范》）于 2017 年 12 月 29 日正式发布，于 2018 年 5 月 1 日实施。尽管它是国家推荐性标准，但毕竟作为我国首个个人信息的国家标准，将对我国各行各业产生巨大的影响。该标准实施不到一年，国家标准化管理委员会即启动修订工作①。本部分的评析仍然依据修订之前的本版。

---

① 2018 年 5 月 1 日，《信息安全技术 个人信息安全规范》正式实施；2019 年 2 月 1 日，全国信息安全标准化技术委员会发布，向全社会公开征求《信息安全技术 个人信息安全规范（草案）》，对该标准进行首次修改。

# 一、《个人信息安全规范》基本内容

## （一）《个人信息安全规范》制定背景

2016 年 8 月 22 日，中央网络安全和信息化领导小组办公室、国家质量监督检验检疫总局、国家标准化管理委员会联合发布了《关于加强国家网络安全标准化工作的若干意见》（简称《网安标准化意见》），其第二部分"加强标准体系建设"中提出"推进急需重点标准制定"，并明确将制定"个人信息保护"方面的标准列为近期工作重点之一。在我国个人信息不完善、不健全的背景下，我国个人信息泄露事件频发，给公民个人人身和财产安全带来巨大威胁，而技术安全在维护信息安全中起着非常基础性的作用。正如《网安标准化意见》指出，"网络安全标准化是网络安全保障体系建设的重要组成部分，在构建安全的网络空间、推动网络治理体系变革方面发挥着基础性、规范性、引领性作用"。因此，国家信息安全标准化技术委员会决定立项，制定个人信息安全的国家标准。

## （二）个人信息及其类型

《规范》对个人信息作了明确的定义并分类列举了个人信息的内容，同时将个人信息区分为个人信息和个人敏感信息两类，在收集、保存、使用和披露等各个环节对个人敏感信息作出了特别规范。

《规范》将个人信息定义为"以电子或者其他方式记录的能够单独或者与其他信息结合识别特定自然人身份或者反映特定自然人活动情况的各种信息"。个人信息包括姓名、出生日期、身份证件号码、个人生物识别信息、住址、通信通讯联系方式、通信记录和内容、账号密码、财产信息、征信信息、行踪轨迹、住宿信息、健康生理信息、交易信息等。

按照附录 A，判定某项信息是否属于个人信息，应考虑以下两条路径：一是识别，即从信息到个人，由信息本身的特殊性识别出特定自然人，个人信息应有助于识别出特定个人；二是关联，即从个人到信息，如已知特定自然人，则由该特定自然人在其活动中产生的信息（如个人位置信息、个人通话记录、个人浏览记录等）即为个人信息。符合上述两种情形之一的信息，均应判定为个人信息。

《规范》在个人信息中又特别区分出了"个人敏感信息"。个人敏感信息是指"一旦泄露、非法提供或滥用可能危害人身和财产安全，极易导致个人名誉、身心健康受到损害或歧视性待遇等的个人信息"。个人敏感信息包括身份证件号码、个人生物识别信息、银行账号、通信记录和内容、财产信息、征信信息、行踪轨迹、住宿信息、健康生理信息、交易信息、14 岁以下（含）儿童的个人信息等。

我们可从以下角度判定是否属于个人敏感信息。

泄露：个人信息一旦泄露，将导致个人信息主体及收集、使用个人信息的组织和机构丧失对个人信息的控制能力，造成个人信息扩散范围和用途的不可控。某些个人信息在泄漏后，被以违背个人信息主体意愿的方式直接使用或与其他信息进行关联分析，可能对个人信息主体权益带来重大风险，应判定为个人敏感信息。例如，个人信息主体的身份证复印件被他人用于手机号卡实名登记、银行账户开户办卡等。

非法提供：某些个人信息仅因在个人信息主体授权同意范围外扩散，即可对个人信息主体权益带来重大风险，应判定为个人敏感信息。例如，性取向、存款信息、传染病史等。

滥用：某些个人信息在被超出授权合理界限时使用（如变更处理目的、扩大处理范围等），可能对个人信息主体权益带来重大风险，应判定为个人敏感信息。例如，在未取得个人信息主体授权时，将健康信息用于保险公司营销和确定个体保费高低。

为了更加直观地把握个人信息含义和范围，《规范》以举例方式对个人信息和个人敏感信息以列表方式进行了举例，分别见附录 A.1 和附录 B.1 两个表格（本书将两个表合成为一个，见表 4-1）该《规范》虽然采取列举方式，对个人信息列举也相当全面，其中个人身份信息、个人生物识别信息、网络身份标识信息、个人健康生理信息、个人财产信息五类为个人敏感信息。同时，敏感信息还包括其他信息："个人电话号码、性取向、婚史、宗教信仰、未公开的违法犯罪记录、通信记录和内容、行踪轨迹、网页浏览记录、住宿信息、精准定位信息等"，而这些信息分散于不同的个人信息类型中。这样的举例方式使敏感信息仍然呈现开放性，具体的个人信息是否为敏感，仍然需要在具体的场景中加以判断，而不能抽象地判断。这体现了个人信息保护的复杂性。

表 4-1　个人信息分类表

| 类型 | 个人信息 |
|---|---|
| 个人基本资料 | 个人姓名、生日、性别、民族、国籍、家庭关系、住址、个人电话号码、电子邮箱等 |
| 个人身份信息（敏感） | 身份证、军官证、护照、驾驶证、工作证、出入证、社保卡、居住证等 |
| 个人生物识别信息（敏感） | 个人基因、指纹、声纹、掌纹、耳廓、虹膜、面部特征等 |
| 网络身份标识信息（敏感） | 系统账号、IP 地址、邮箱地址及与前述有关的密码、口令、口令保护答案、用户个人数字证书等 |
| 个人健康生理信息（敏感） | 个人因生病医治等产生的相关记录，如病症、住院志、医嘱单、检验报告、手术及麻醉记录、护理记录、用药记录、药物食物过敏信息、生育信息、以往病史、诊治情况、家族病史、现病史、传染病史等，以及与个人身体健康状况产生的相关信息，及体重、身高、肺活量等 |
| 个人教育工作信息 | 个人职业、职位、工作单位、学历、学位、教育经历、工作经历、培训记录、成绩单等 |
| 个人财产信息（敏感） | 银行账号、鉴别信息（口令）、存款信息（包括资金数量、支付收款记录等）、房产信息、信贷记录、征信信息、交易和消费记录、流水记录等，以及虚拟货币、虚拟交易、游戏类兑换码等虚拟财产信息 |

| 类型 | 个人信息 |
|---|---|
| 个人通信信息 | 通信记录和内容、短信、彩信、电子邮件,以及描述个人通信的数据(通常称为元数据)等 |
| 联系人信息 | 通讯录、好友列表、群列表、电子邮件地址列表等 |
| 个人上网记录 | 指通过日志储存的用户操作记录,包括网站浏览记录、软件使用记录、点击记录等 |
| 个人常用设备信息 | 指包括硬件序列号、设备 MAC 地址、软件列表、唯一设备识别码(如 IMEI/android ID/IDFA/OPENUDID/GUID、SIM 卡 IMSI 信息等)等在内的描述个人常用设备基本情况的信息 |
| 个人位置信息 | 包括行踪轨迹、精准定位信息、住宿信息、经纬度等 |
| 其他信息 | 婚史、宗教信仰、性取向、未公开的违法犯罪记录等 |

《规范》在个人信息中区分出敏感个人信息并加以特别规范是正确的,也符合国际社会的通行做法。但是,"定义 + 不完全举例"实际上难以穷尽个人敏感信息,再加上个人敏感信息因人和应用场景存在差异,所以静态地区分个人敏感信息存在一定的难度。因此,个人敏感信息的范畴着实属于个人信息控制者在实践自我判断的事情,而不可能指望《规范》代之。换言之,《规范》对个人敏感信息列举是指引性质的,而非穷尽所有,个人信息控制人仍然需要根据各自的实践自行把握个人敏感信息,并按照作敏感信息加以管理规范。

### (三)《规范》的基本思路和框架

《规范》是提供行业参照执行的推荐性规范,而非强制性国家标准,更不是法律规范。作为区别于国家法律的技术标准,《规范》基本上以指导规范个人信息的收集和使用行为为主要内容,调整的主体是个人信息控制者。

《规范》定义了两个主体:个人信息主体和个人信息控制者。个人信息主体是"个人信息所标识的自然人";而个人信息控制者指"有权决定个人信息处理目的、方式等的组织或个人"。《规范》虽然定义简洁,但基本上援用了国际社会通行的术语，将个人信息的法律关系界定为个人信息主体和个人信息控制者之间的关系。在这两个词的英文表述上，个人信息主体对应的是"personal data subject"，个人信息控制者对应的是"personal data controller"，而这两个词又可以翻译为个人数据主体和个人数据控制者。规范个人信息时用的是"personal information"，而在主体术语方面采纳的是"personal data"。也许这样的混用意在忽略二者使用上差异，避免个人信息与个人数据之间差异纠缠，减少在国际交流中的语言障碍。

《规范》对个人信息保护规范的基本思路和内容是以"基本原则 + 个人信息控制者的义务规范"为主体，个人权益保护体现在个人信息安全的基本原则中，而并没有突出或明示个人信息主体享有何种权利（这也是由规范的法律性质决定的，它不适格创设任何权利）。因此，《规范》基本上采取行为规范思路，以个人信息控制者利用个人信息的各种行为调整对象，将个人信息安全规范贯彻到个人信息生命周期之中，形成特有的规范框架。

在个人信息利用行为方面，《规范》并没有采取欧洲"个人数据处理"这样的抽象概括性术语，而是区分了个人信息利用过程各种行为，区分利用行为加以规范。这样规范不仅对接个人信息的应用现实，而且针对不同的利用行为进行规范具有可强的可操作性。

《规范》区分了四类个人信息利用行为，分别是收集、保存、使用和对外提供（委托处理、共享、转让、公开披露），分四章加以规范。另外，还规定了"个人信息安全事件处置"和"组织的管理要求"。应当说，该《规范》基本满足了一个组织个人信息合规管理，确保了个人信息安全的基本面，使组织合理合法安全地处理个人信息。

## 二、个人信息安全基本原则

如前所述，《规范》不涉及个人信息主体权利，而是确立个人信息安全利用的基本原则，并按照这些原则来规范个人信息的收集、保存、使用和披露等。因此，个人信息安全基本原则是《规范》的核心内容。

《规范》第四条共规定了7项原则，即个人信息控制者开展个人信息处理活动，应遵循以下基本原则。

### （一）权责一致原则

权责一致原则——对其个人信息处理活动对个人信息主体合法权益造成的损害承担责任。

"权责一致原则"是独创性的原则，理论上来源于私法中自己对自己行为负责提出的原理。从渊源上，该原则糅和了经济合作与发展组织提出的《隐私指南》的"责任原则"和《亚太经合组织隐私框架》的"防止损害原则"。该原则旨在提醒个人信息控制人，个人信息上存在他人的合法权益，个人信息的利用必须尊重和保护个人信息上的合法权益，如造成损害应当依法承担责任。

### （二）目的明确原则

目的明确原则——具有合法、正当、必要、明确的个人信息处理目的。

目的明确原则是一个独创性原则。经济合作与发展组织在 OECD 的《隐私指南》、《欧盟数据保护通用条例》GDPR 等众多个人信息保护原则中，大多数表述为"目的特定"或"目的限制"原则。目的特定原则或目的限制原则强调的是，收集时明确使用目的之后限定在该目的范围内使用，而"目的明确"则强调收集和使用个人信息的目的或用途要确定、明示，并没有强调目的特定或限定。这为收集个人信息的再利用提供了一定空间。因此，目的明确原则具有一定的弹性，能够适应大数据时代对个人信息再利用趋势，具有一定先进性。

在内容上，目的明确原则还要求个人信息处理具有合法、正当、必要目的。合法和正当目的强调个人信息利用目的的合法性、正当性，这限定了个人信息使用的范围，用于欺诈等违法犯罪行为属于个人信息的非法使用，实际上就不是安全问题，而是违法问题。因此，合法和正当目的是个人信息利用默认前提，非法不正当目的应当由其他法律来调整。至于"必要"目的，在有"最少够用原则"的情形下，也显得多余。

### （三）选择同意原则

选择同意原则——向个人信息主体明示个人信息处理目的、方式、范围、规则等，征求其授权同意。

选择同意是个人信息收集和使用普遍实践做法，但是否作为普遍原则存在不同的做法。在 OECD 的《隐私指南》中在收集限制原则中含糊地表述为"情形允许时应经数据主体知晓或同意"；在欧盟 GDPR 中，同意规定在"合法性基础"中（征得数据主体的同意作为个人数据处理的合法基础之一），而不是基本原则中。因此，在 OECD《隐私指南》和欧盟 GDPR 中，选择同意并非作为独立的原则存在的。在《亚太经合组织隐私框架》有"选择原则"，同时在两份行业性规范《普遍接受的隐私原则》和《ISO 29100 隐私框架》中则存在选择同意或同意选择原则。

在法律上，笔者更倾向于不将选择同意作为个人信息利用的基本原则，而将它作为个人信息利用的合法性基础之一。因为将选择同意作为一项基本原则具有将同意作为个人信息使用的一般规则的效果，尽管《规范》有例外规定，但是对于实践操作来讲，可能更愿意用同意，导致同意被滥用。实际上，在大数据时代，如果在个人决定或授权意义上使用同意，就应当限定同意的范围并使同意起到应有的控制效果。比如，将同意限定私密信息或敏感信息，并建立非经同意使用即构成侵权或构成违法（承担行政或刑事责任），而不是把同意适用泛化，导致未同意或未有效地同意的现象普遍存在，而追究法律责任很困难的状况。

### （四）最少够用原则

最少够用原则——除与个人信息主体另有约定外，只处理满足个人信息主体授权同意的目的所需的最少的个人信息类型和数量。目的达成后，应及时根据约定删除个人信息。

最少够用原则是个人信息基本原则中的"必要"原则的体现，是国际社会有关个人信息利用的基本原则，只是并非所有的法律文件将其独立为一项原则或表述为"最少够用"。将之表述为一项原则出自欧盟个人数据保护立法。在1995 年欧盟《个人数据保护指令》中，有一项类似的原则为"与收集时和/或随后的个人数据的处理目的充分相关且不过量"；在 2016 年 GDPR 中明确表述最小范围原则，即"数据应是充足的、相关的并且限于数据处理目的的最小必要范围"。另外，《ISO 29100 隐私框架》也有"数据最小化原则"。

总体上，最少够用原则是国际社会个人信息保护法较普遍接受的原则，但它反映的也是大数据时代之前个人信息保护和利用的基本理念，它是建立在收集个人信息收集时目的确定且限定于该目的的使用前提上。在大数据时代，数据收集时目的很难确定，即使可以确定将数据使用仅限定在收集时明确的目的，那么会限制大数据技术的应用。尤其《规范》明确"目的达成后，应及时根据约定删除个人信息"，这实际上相当于宣布个人信息一次使用或仅能用于特定目的的使用。

### （五）公开透明原则

公开透明原则——以明确、易懂和合理的方式公开处理个人信息的范围、目的、规则等，并接受外部监督。

在 OECD 的《隐私指南》、欧盟 GDPR、《普遍接受的隐私原则》、《ISO 29100 隐私框架》等文件中均存在公开透明原则。可以说，公开透明原则几乎是国际社会在个人信息保护方面共同一致的原则，只是有些使用的是透明原则，有些体现在告知原则中。

公开透明原则之所以普遍和重要，是因为个人信息关涉个人权益，在他人收集和使用个人信息时要让信息主体知晓或了解，这是对个人的尊重。个人信息与个人有关，虽然不能完全为个人控制，但也不能随意地被收集使用，导致对个人不利的分析或评价。因此，个人信息控制者在收集和使用个人信息时一定要明确告知其收集范围、目的和使用规则，以使个人信息主体心中有数。

《规范》所规定的公开透明原则不仅规定了告知内容，而且规定了两项内容，一是告知的方式；二是接受外部监督。它首先要求"以明确、易懂和合理的方式公开"，也就是说，它强调透明的方式是公开，而不是告知，且要求以"明确、易懂和合理的方式"公开。因此，在透明方式上就存在公开方式，公开个人信息收集和使用政策（隐私政策），另一种方式是通知、告知方式。显然后者包括一对一的通告，也包括公开发布政策或规则的方式。因此，是用公开透明原则还是告知原告，还是存在差别的。《规范》选择的是公开方式，同时在收集规范中特别规定"隐私政策的内容和发布"（第5.6条）。

## （六）确保安全原则

确保安全原则——具备与所面临的安全风险相匹配的安全能力，并采取足够的管理措施和技术手段，保护个人信息的保密性、完整性、可用性。

个人信息的控制人在收集和使用个人信息时应当确保个人信息的安全，安全是利用个人信息的前提条件。因此，几乎所有的有关个人信息的国际性法律文件和国内立法都将安全作为基本原则。比如 OECD《隐私指南》规定安全保护原则为："个人数据应当得到合理的安全保护，防止丢失或未经授权的访问、毁坏、使用、修改或泄露。"GDPR 的安全原则被称为"完整性和保密性"原则，其内容为："数据处理应当以确保个人数据的适当安全性的方式进行，包括采取适当的技术或组织措施以保护数据免遭未经授权或非法的处理以及意外的丢失、销毁或破坏。"显然，GDPR 规定的安全是狭义的信息安全，而未强调"泄露"。但这并不意味着它不重视安全，其"数据控制者和处理者"一章专节规定了个人数据的安全，其规范更加全面。

虽然确保安全原则是一项普遍原则，但是在各个法律文件中表述却不尽相同。《规范》所规定的安全是保护个人信息的"保密性、完整性、可用性"。这"三性"是狭义上的信息安全。其实，从保护个人信息权利人的角度，个人信息安全不是要保持其完整性、可用性（这对于个人信息控制者利用个人信息是重要的），甚至保密性也是不必要的或者做不到的一件事情。在笔者看来，个人信息安全最重要的是保护个人信息免受未经授权的访问，防止个人信息泄露。也就是说，个人信息控制者的安全保障义务是确保所收集的个人信息为其所控制，不为外人访问、获取，更应当防范信息泄露事件发生。

## （七）主体参与原则

主体参与原则——向个人信息主体提供能够访问、更正、删除其个人信息，以及撤回同意、注销账户等方法。

主体参与原则也是国际社会普遍接受和采纳的个人信息保护原则。其基本理念是，个人信息关系个人尊严和自由，控制者收集和使用特定个人的信息应当让信息主体知晓并能够监督、控制其个人信息。显然，主体参与原则是建立在法律对个人赋权基础上，只有在法律明确赋予个人某种控制权的情形下，信息主体才能够参与到数据控制者个人信息处理流程中。《网络安全法》赋予个人两个基本权利：一是违法或违约收集和使用个人信息的，个人有请求删除个人信息的权利；二是收集和存储的个人信息有错误的，个人有权要求更正。因此，规范要求向信息主体提供更正、删除机会。除此之外，《规范》还规定了访问、撤回同意、注销账户等。这些虽然在当前法律中没有明确的依据，但是对于维护个人权利又非常必要，因而给予明确。

# 三、个人信息的收集

《规范》对收集个人信息的合法性、收集个人信息的最小化要求、收集个人信息时的授权同意、征得授权同意的例外、收集个人敏感信息时的明示同意和隐私政策的内容和发布作了规范。

## （一）个人信息收集的合法性和最小化要求

根据《规范》5.1，收集个人信息的合法性要求包括：

（a）不得欺诈、诱骗、强迫个人信息主体提供其个人信息；

（b）不得隐瞒产品或服务所具有的收集个人信息的功能；

（c）不得从非法渠道获取个人信息；

（d）不得收集法律法规明令禁止收集的个人信息。

这里的合法性要求是对现行法律收集和使用个人信息"应当遵循合法、正当、必要的原则"中"合法"的解释。它侧重于个人信息收集行为的规范，而不是个人信息收集合法性或合法基础的判断。因此，它不同于域外法律的"合法性原则"。

从规定内容来看，前两项具有实质上行为规范意义，而后两项仍然得求助于我国现行法律来判断何为"非法渠道"，何为"法律法规明令禁止收集的个人信息"。

依据《规范》5.2，收集个人信息的最小化要求包括：（a）收集的个人信息的类型应与实现产品或服务的业务功能有直接关联。直接关联是指没有该信息的参与，产品或服务的功能无法实现；（b）自动采集个人信息的频率应是实现产品或服务的业务功能所必需的最低频率；（c）间接获取个人信息的数量应是实现产品或服务的业务功能所必需的最少数量。

这一条可以理解为是落实我国法律中的个人信息收集中的"必要"原则，必要也可以理解为最少化、最小化，以收集目的为限；同时也落实《规范》的"最少够用原则"的具体规范。在如果个人信息保护规则坚持目的限定原则，那么在收集时就必须贯彻最小化的收集个人信息，否则目的就无法限定或者限定的目的就没有用处。

**（二）个人信息收集的同意规范**

《规范》5.3 至 5.5 条是关于收集个人信息时的同意规范。从 5.3 "收集个人信息时的授权同意"的名称来讲，《规范》显然将同意理解为个人授权的意思表示，具有授予数据控制者使在特定目的和范围内使用数据，且阻却其违法性。一旦有有效的同意，那么数据控制者对数据的使用即是合法的。

《规范》对个人信息控制者的收集个人信息的同意的基本要求包括："收集个人信息前，应向个人信息主体明确告知所提供产品或服务的不同业务功能分别收集的个人信息类型，以及收集、使用个人信息的规则（例如收集和使用个人信息的目的、收集方式和频率、存放地域、存储期限、自身的数据安全能力、对外共享、转让、公开披露的有关情况等），并获得个人信息主体的授权同意。"

显然，《规范》对同意的基本要求是：在收集前取得同意，且必须告知必要的内容。

《规范》较为进步的是规定间接获取个人信息不需要征得信息主体的同意，除非其所进行的个人信息处理活动超出原（前数据控制者）授权同意范围。"如本组织开展业务需进行的个人信息处理活动超出该授权同意范围，应在获取个人信息后的合理期限内或处理个人信息前，征得个人信息主体的明示同意"。

间接获取个人信息时，数据控制者的两项义务是：（1）应要求个人信息提供方说明个人信息来源，并对其个人信息来源的合法性进行确认；（2）应了解个人信息提供方已获得的个人信息处理的授权同意范围，包括使用目的，个人信息主体是否授权同意转让、共享、公开披露等。施加个人信息获取方两项义务旨在确保个人信息流通利用（或再利用）的合法性。首先要确保先控制者（个人信息提供者）的个人信息来源合法；其次，要确保向外提供个人信息行为是否获得个人信息主体的同意；最后，个人信息接受者（收集者）应当在前述的目的范围内使用。显然，间接获取个人信息的合法性仍然是建立在个人信息主体的同意提供（转让、共享、公开披露等）基础上，即同意在相同目的范围内允许次控制者获取并使用其个人信息。

### （三）同意之例外情形

《规范》5.4条规定了征得授权同意的例外。依据规定，以下情形中，个人信息控制者收集、使用个人信息无需征得个人信息主体的授权同意：

（a）与国家安全、国防安全直接相关的；

（b）与公共安全、公共卫生、重大公共利益直接相关的；

（c）与犯罪侦查、起诉、审判和判决执行等直接相关的；

（d）出于维护个人信息主体或其他个人的生命、财产等重大合法权益但又很难得到本人同意的；

（e）所收集的个人信息是个人信息主体自行向社会公众公开的；

（f）从合法公开披露的信息中收集个人信息的，如合法的新闻报道、政府信息公开等渠道；

（g）根据个人信息主体要求签订和履行合同所必需的；

（h）用于维护所提供的产品或服务的安全稳定运行所必需的，例如发现、处置产品或服务的故障；

（i）个人信息控制者为新闻单位且其在开展合法的新闻报道所必需的；

（j）个人信息控制者为学术研究机构，出于公共利益开展统计或学术研究所必要，且其对外提供学术研究或描述的结果时，对结果中所包含的个人信息进行去标识化处理的；

（k）法律法规规定的其他情形。

相对现行法律来讲，《规范》进步之处在于明确同意之例外，为社会合法利用个人信息提供了明确的通道。在所列举的9项中，前三项（a、b、c）是为了公共利益目的而收集和使用个人信息；第四项（d）是为信息主体本身利益的特别规定；第五、六项是从公开渠道（包括自愿公开和被动但合法公开）获取个人信息的情形；第六项是企业为履行服务或其他交易合同所必需的收集使用；第七至九项，基本上是从个人信息控制者的角度规定了三种不需要征得同意的情形：一是为安全所需，二是为新闻报告所需，三是为科学研究和统计目的且去身份处理的个人信息提供行为。除这九种情形外，还留下了一个开放性规定，"法律法规规定的其他情形"。

从所列举的九种情形来看，未经同意而收集使用个人信息基本上可以满足社会运行对个人信息的需要，尤其从合法公开渠道、在与个人客户开展交易过程（限于所需）、开展公益性活动所必需等均不需要征得个人同意；需要同意的情形主要是企业超越交易目的以外的个人信息使用和纯粹为了开拓市场目的的非基于交易关系收集和使用个人信息，用于开展市场预测、调研和营销活动。问题在于，个人信息的收集主要产生于网络交易和服务过程中，而"签订和履行合同所必需"又是一个高度弹性的东西，而现在通行的概括式或一揽子同意，又可以使同意无所不包且经该同意还可以提供给他人（间接获取）。于是，《规范》的例外性规定实际上为同意的适用留下了狭小的空间。这意味着，只有专门收集个人信息的收集行为，才需要同意。这样的规范有利于个人信息的社会化利用，是大数据时代个人信息利用的福音。

### （四）收集个人敏感信息时的同意要求

《规范》对在个人信息中区分出个人敏感信息，并对个人敏感信息的收集、保存、使用等环节作出特别规定。其中，收集个人敏感信息时，要征得信息主体的"明示同意"（第5.5条），旨在提高对个人敏感信息的保护力度。

所谓的"明示同意"是指"应确保个人信息的明示同意是其在完全知情的基础上自愿给出的、具体的、清晰明确的愿望表示"。所定义的明示同意强调"完全知情""自愿给出"和"具体的、清晰明确"的意思表示。显然，《规范》所定义的明示同意，并不仅仅是同意内容的表达是明确清晰具体，而且强调其实质性要件，"完全知情"和"自愿给出"。

为确保"完全知情"和"自愿给出"，《规范》规定，在收集个人敏感信息前告知"收集的个人敏感信息，并明确告知拒绝提供或拒绝同意将带来的影响"，并允许个人信息主体选择是否提供或同意自动采集。如果产品或服务如提供其他附加功能，需要收集个人敏感信息时，收集前应向个人信息主体逐一说明个人敏感信息为完成何种附加功能所必需，并允许个人信息主体逐项选择是否提供或同意自动采集个人敏感信息。当个人信息主体拒绝时，可不提供相应的附加功能，但不应以此为理由停止提供核心业务功能，并应保障相应的服务质量（《规范》附录 C 给出了可参考的实现方法）。

除非有相应的激励措施，现实中要使人们在完全知情前提下自愿给予明确的同意，是很难实现的。在个人接受服务或交易的过程中，人们往往是不得不同意；而在专门收集个人信息的情形，假如被收集人完全知情，那么同意收集的可能性可能很小。

对于未成年人个人信息的收集，《规范》以 14 周岁为界，规定"收集年满 14 的未成年人的个人信息前，应征得未成年人或其监护人的明示同意"，"不满 14 周岁的，应征得其监护人的明示同意"。也就是说，年满 14 周岁的未成年人，可以自主地表示同意，他（她）本人可以同意视为有效的同意，而对于未满 14 周岁的人，则必须征得其监护人的同意。

### （五）隐私政策

隐私政策即个人信息控制者关于收集和使用个人信息基本规则，广泛使用于各种政府机构、企业、社会组织及个人网站服务、网络产品等中，是个人信息控制者对个人的承诺，落入个人信息收集和使用协议范畴。通常，隐私政策是个人信息被收集前，要求个人必须阅读知晓的内容，而一旦个人表示同意，不仅表示同意收集，而且表示"同意"隐私政策的内容。因此，隐私政策是确保信息主体知情的重要手段。

在现行法律中，并没有关于隐私政策的要求和规定。《规范》第 5.6 条明确了"个人信息控制者应制定隐私政策"，并规定了内容和具体要求。这既为企业在保护个人隐私前提下利用个人信息提出了要求，同时也提供了指引，起到推荐标准要达到的目标。

1. 隐私政策的内容

（a）依据《规范》5.6（a）个人信息控制者的隐私政策应包括但不限于以下内容：

（1）个人信息控制者的基本情况，包括注册名称、注册地址、常用办公地点和相关负责人的联系方式等；

（2）收集、使用个人信息的目的，以及目的所涵盖的各个业务功能，例如将个人信息用于推送商业广告，将个人信息用于形成直接用户画像及其用途等；

（3）各业务功能分别收集的个人信息，以及收集方式和频率、存放地域、存储期限等个人信息处理规则和实际收集的个人信息范围；

（4）对外共享、转让、公开披露个人信息的目的、涉及的个人信息类型、接收个人信息的第三方类型，以及所承担的相应法律责任；

（5）遵循的个人信息安全基本原则，具备的数据安全能力，以及采取的个人信息安全保护措施；

（6）个人信息主体的权利和实现机制，如访问方法、更正方法、删除方法、注销账户的方法、撤回同意的方法、获取个人信息副本的方法、约束信息系统自动决策的方法等；

（7）提供个人信息后可能存在的安全风险，及不提供个人信息可能产生的影响；

（8）处理个人信息主体询问、投诉的渠道和机制，以及外部纠纷解决机构及联络方式。

上述隐私政策的内容几乎涵盖了个人信息收集和使用的重要方面，且与国际社会通行的隐私政策较为一致，《规范》特别制作了参考附录 D，供社会参考使用。

2. 隐私政策的发布规范

隐私政策是有效同意的重要环节，因而为了不至于使隐私政策成为摆设或个人信息控制者规避法律的工具，需要控制者正确地发布和使用隐私政策。在这方面，《规范》隐私政策的发布也作出特别要求：

（b）隐私政策所告知的信息应真实、准确、完整；

（c）隐私政策的内容应清晰易懂，符合通用的语言习惯，使用标准化的数字、图示等，避免使用有歧义的语言，并在起始部分提供摘要，简述告知内容的重点；

（d）隐私政策应公开发布且易于访问，例如，在网站主页、移动应用程序安装页、社交媒体首页等显著位置设置链接；

（e）隐私政策应逐一送达个人信息主体。当成本过高或有显著困难时，可以公告的形式发布；

（f）在5.6（a）所载事项发生变化时，应及时更新隐私政策并重新告知个人信息主体。

隐私政策有效性关键不在于内容，甚至不在于发布形式，而在于个人信息控制者是否真正地按照自己的承诺收集和使用个人信息。在这方面，我们一方面要监督隐私政策内容和发布，另一方面更需要加强个人信息控制者实施其发布的隐私政策的监督。

# 四、个人信息的保存规范

个人信息保存是个人信息重复利用的前提条件，也是个人信息安全的重要环节。《规范》对个人信息的保存作出简要的规范。

## （一）个人信息存储的基本要求

《规范》对个人信息存储规范的基本要求有二：其一，"个人信息保存时间最小化"，个人信息保存期限应为实现目的所必需的最短时间；其二，"超出上述个人信息保存期限后，应对个人信息进行删除或匿名化处理"。显然这两项规定旨在严格贯彻目的限定原则，个人信息保存限定在目的的实现，实现后即应删除或进行匿名化处理。

《规范》在个人信息保存条目下规定去标识化处理（第6.2条），其专门对去标识化处理作出规定："收集个人信息后，个人信息控制者宜立即进行去标识化处理，并采取技术和管理方面的措施，将去标识化后的数据与可用于恢复识别个人的信息分开存储，并确保在后续的个人信息处理中不重新识别个人。"这一规定似乎是针对个人信息控制存储个人信息的一般规定。也就是说，收集个人信息后一律必须进行去标识化处理。这似乎成为个人信息存储的前提性要求。它要求个人信息控制者收集后即进行去标识化处理，且"确保在后续的个人信息处理中不重新识别个人"。因为合法收集个人信息后，企业往往需要不断地重复利用，而这一过程中也要不断地识别，所以这一要求可能与实践脱节，导致企业组织难以遵守和执行。

《规范》在同样的条文出现了两个相关的术语，即在保存期限规范中使用"匿名化处理"，而在个人信息保存的一般性要求方面，使用了"去标识化处理"。根据《规范》的定义匿名化（anonymization）是指通过对个人信息的技术处理，使得个人信息主体无法被识别，且处理后的信息不能被复原的过程（个人信息经匿名化处理后所得的信息不属于个人信息）。去标识化（de‐identification）是"通过对个人信息的技术处理，使其在不借助额外信息的情况下，无法识别个人信息主体的过程"，并进一步解释认为，"去标识化建立在个体基础之上，保留了个体颗粒度，采用假名、加密、哈希函数等技术手段替代对个人信息的标识"。从字面理解，二者都是"无法识别"，只是匿名化强调处理后不被能复原，而去身份则没有强调这一点。也许从概念的角度来看，二者存在差别，但是实践中所采取的技术手段大多数是相同的，只是去身份或匿名的程度有所不同而已。企业在实施《规范》中，如何理解和实践这两个要求，需要进一步指引。

### （二）个人敏感信息的传输和存储

个人敏感信息的泄露风险和危害无疑高于一般个人信息，因此个人敏感信息的安全应当有更高的标准。鉴于此，《规范》对个人敏感信息的传输和存储作了特别要求，规定个人信息控制者传输和存储个人敏感信息时"应采用加密等安全措施"，存储个人生物识别信息时，"应采用技术措施处理后再进行存储，例如仅存储个人生物识别信息的摘要"。

从内容看，《规范》只是对个人敏感信息的传输和存储的安全作了列举式的规定，如果降低个人敏感信息在传输和存储的泄露的风险，还需要个人信息控制者根据信息类型和可采用安全技术手段等实施。

### （三）停止运营时的处理

《规范》规定，个人信息控制者停止运营其产品或服务时，应当做到以下三点：（a）及时停止继续收集个人信息的活动；（b）将停止运营的通知以逐一送达或公告的形式通知个人信息主体；（c）对其所持有的个人信息进行删除或匿名化处理。据此，个人信息控制者停止运营时，不仅要停止继续收集个人信息，而且要逐一通知或公告通知个人信息主体，同时，删除或匿名化处理已经收集的个人信息。原则上，个人信息控制者停止收集个人信息的业务，其对个人信息的使用应当仅限于停止运营相关的事务，而不能继续使用已收集的个人信息，在该事务结束后，即应当删除或匿名化处理已收集的个人信息。因此，从理论上，《规范》中这样的规定尚属合理。

但是，《规范》这里规定的情形是"停止运营其产品或服务"，而不是个人信息控制者终止或消灭。通常来讲，企业等组织很少将收集的个人信息用在特定的产品或服务上，也不大会在停止特定产品或服务时即删除或匿名化处理个人信息，其所积累的客户资源很有可能被用于新产品或服务，大多是在破产清算或终止时才会全面清理和处置其资产，包括积累的个人信息资源。因此，对《规范》这一规定是否能够得到业界的参照执行，笔者表示怀疑。

# 五、个人信息使用：个人信息控制者义务

个人信息控制者在使用个人信息过程中应当确保个人信息的安全，同时确保其使用符合收集时的目的，以维护个人信息主体对个人信息的控制权。

### （一）个人信息安全管理义务

现行许多法律均规定了信息控制者的安全保障义务。比如《网络安全法》第四十二条第二款规定："网络运营者应当采取技术措施和其他必要措施，确保其收集的个人信息安全，防止信息泄露、毁损、丢失。……"但是，这样的规定并不具有多少可操作性。

在个人信息安全管理方面，《规范》规定了两项内容，一是访问控制措施，二是个人信息的展示限制。

个人信息是不断被使用的，因而个人信息安全管理最基本的内容是访问控制，防范非经授权的访问。在这方面，《规范》对个人信息控制者的内部访问控制作出具体要求，以确保个人信息使用安全，防止个人信息的不当泄露。这些要求包括：

（a）对被授权访问个人信息的内部数据操作人员，应按照最小授权的原则，使其只能访问职责所需的最少够用的个人信息，且仅具备完成职责所需的最少的数据操作权限；

（b）宜对个人信息的重要操作应设置内部审批流程，如批量修改、拷贝、下载等；

（c）应对安全管理人员、数据操作人员、审计人员的角色进行分离设置；

（d）如确因工作需要，需授权特定人员超权限处理个人信息的，应由个人信息保护责任人或个人信息保护工作机构进行审批，并记录在册（注：个人信息保护责任人或个人信息保护工作机构的确定见本标准10.1）；

（e）对个人敏感信息的访问、修改等行为，宜在对角色的权限控制的基础上，根据业务流程的需求触发操作授权。例如，因收到客户投诉，投诉处理人员才可访问该用户的相关信息。

《规范》第7.2条规定了个人信息的展示限制："涉及通过界面展示个人信息的（如显示屏幕、纸面），个人信息控制者宜对需展示的个人信息采取去标识化处理等措施，降低个人信息在展示环节的泄露风险。例如，在个人信息展示时，防止内部非授权人员及个人信息主体之外的其他人员未经授权获取个人信息。"显然，这里"展示"一词就是公开，通过电子或纸质方式公开个人信息，其后果是让不特定人或非经授权的人阅读、了解或获得个人信息。因此，《规范》认为个人信息展示时应作"去标识化处理"等，以防止个人被识别的风险。

### （二）个人信息的使用限制

在个人信息使用方面，世界各国的基本原则是目的特定原则。我国的现行法律也遵循该原则，要求信息控制者在收集和使用个人信息时即"明示收集、使用信息的目的、方式和范围",并不得违反法律、行政法规的规定和双方的约定收集、使用个人信息。《规范》7.3 细化了个人信息使用规范,并列出了最基本的要求,具有一定的可操作性。这些要求是:

(a) 除目的所必需外,使用个人信息时应消除明确身份指向性,避免精确定位到特定个人。例如,为准确评价个人信用状况,可使用直接用户画像,而用于推送商业广告目的时,则宜使用间接用户画像。

本款对个人信息使用划分为两类:一类是目的所必需的使用,一类是目的之外的使用,认为目的所需的使用可以指明身份,而目的之外的使用则不能直接指向具体个人(具有身份指向)。以用户画像为例,《规范》如果是用来评价个人信用,那么可以指明身份,指明身份是对一个人信用评价所必需的;而如果用于推送商业广告,那么宜使用间接用户画像。这里的间接用户画像应当是指以用户名、设备号或 IP 地址等为识别符的画像,它不能直接指向特定的人,但间接地可以联系到特定的个人。

(b) 对所收集的个人信息进行加工处理而产生的信息,能够单独或与其他信息结合识别自然人个人身份,或者反映自然人个人活动情况的,应将其认定为个人信息。对其处理应遵循收集个人信息时获得的授权同意范围。

该款是对个人信息加工处理后是否仍然属于个人信息,需要征得信息主体同意的明确。根据该规范,即使在加工处理之后产生的信息(称为派生信息),如果能够认识个人身份或者反映自然人个人活动情况,仍然应当认定为个人信息,其再使用仍然需要获得授权同意。这里使用了两个标准,一个是识别,另一个是联系(反映自然人个人活动情况),在某种意义上大大扩展了个人信息的范畴,使派生个人信息在大多数情形下的使用仍然需要遵循知情同意规则。《规范》以注释的方式特别强调,加工处理而产生的个人信息属于个人敏感信息的,对其处理应符合本标准对个人敏感信息的要求。

(c) 使用个人信息时,不得超出与收集个人信息时所声称的目的具有直接或合理关联的范围。因业务需要,确需超出上述范围使用个人信息的,应再次征得个人信息主体明示同意。

该款是对个人信息使用的目的特定原则的强调。在原目的范围内使用个人信息,不需要同意,而超出该目的范围则需要再次征得个人信息主体的同意。

目的范围的判断包括了合理关联范围。《规范》以注释的方式，特别明确：将所收集的个人信息用于学术研究或得出对自然、科学、社会、经济等现象总体状态的描述，属于与收集目的具有合理关联的范围之内。但对外提供学术研究或描述的结果时，应对结果中所包含的个人信息进行去标识化处理。

# 六、个人信息权利的保障

《规范》并没有直接规定信息主体的权利，而是对个人信息控制者在使用个人信息过程中应尽的义务进行规范。也可以认为《规范》是从义务的角度规定了信息主体的权利。

## （一）确保个人信息访问

我国现行法律并没有明确信息主体对个人信息享有访问权，但是《规范》借鉴国际社会个人信息保护规则，确立个人信息主控制者确保个人信息主体访问权的义务，明确个人信息控制者应向个人信息主体提供访问下列信息的方法：

（a）其所持有的关于该主体的个人信息或类型；

（b）上述个人信息的来源、所用于的目的；

（c）已经获得上述个人信息的第三方身份或类型。

注：个人信息主体提出访问非其主动提供的个人信息时，个人信息控制者可在综合考虑不响应请求可能对个人信息主体合法权益带来的风险和损害，以及技术可行性、实现请求的成本等因素后，做出是否响应的决定，并给出解释说明。

## （二）确保个人信息更正

《网络安全法》第四十三条明确个人"发现网络运营者收集、存储的其个人信息有错误的，有权要求网络运营者予以更正"，网络运营者应当采取措施予以更正。《规范》7.5条着意落实个人信息主体的更正权，规定："个人信息主体发现个人信息控制者所持有的该主体的个人信息有错误或不完整的，个人信息控制者应为其提供请求更正或补充信息的方法。"该规定增加了更正的另一情形，即个人信息"不完整"。在笔者看来，个人信息不完整并不是属于错误范畴。错误是信息控制者收集或掌握的个人信息不正确，而不完整是指个人信息不全面或有缺漏。而对于不完整的更正实质上只有通过补充提供个人信息才能提供，而这是背离更正目的的。

### （三）个人信息删除

《网络安全法》第四十三条明确规定，"个人发现网络运营者违反法律、行政法规的规定或者双方的约定收集、使用其个人信息的，有权要求网络运营者删除其个人信息"。这也就是我国现行法律对删除权的规定。《规范》7.6 旨在落实个人信息主体的删除权。

对于应当予以删除个人信息的情形，《规范》并没有超出《网络安全法》的规定，包括两种情形：

（1）个人信息控制者违反法律法规规定，收集、使用个人信息的；

（2）个人信息控制者违反了与个人信息主体的约定，收集、使用个人信息的。

在这两种情形下，个人信息主体要求删除的，个人信息控制者应当及时删除。

《规范》对个人信息控制者在将个人信息提供给他人、共享或公开情形下，如何保障个人信息删除权的实现，作出了规范。主要内容为：

个人信息控制者违反法律法规规定或违反与个人信息主体的约定向第三方共享、转让个人信息，且个人信息主体要求删除的，个人信息控制者应立即停止共享、转让的行为，并通知第三方及时删除；

个人信息控制者违反法律法规规定或与个人信息主体的约定，公开披露个人信息，且个人信息主体要求删除的，个人信息控制者应立即停止公开披露的行为，并发布通知要求相关接收方删除相应的信息。

这两项规定使信息控制者的删除义务延伸至第三人或公开行为，有利于保障信息主体权益的实现。

### （四）个人信息主体撤回同意

我国现行法律并没有明确规定同意的撤回，但在有些国家的个人信息保护法中为信息主体提供了撤回机制。为强化个人权利保护，使个人不仅能够事先决定是否同意，而且事后还可以拒绝，全面体现信息主体对个人信息使用的控制力，《规范》要求个人信息控制者提供相应的方法，确保信息主体能够实现对同意的撤销：

（a）应向个人信息主体提供方法撤回收集、使用其个人信息的同意授权。撤回同意后，个人信息控制者后续不得再处理相应的个人信息。

（b）应保障个人信息主体拒绝接收基于其个人信息推送的商业广告的权利。对外共享、转让、公开披露个人信息，应向个人信息主体提供撤回同意的方法。

在注解环节中，《规范》明确撤回同意不影响撤回前基于同意的个人信息处理，意味着撤回同意不具有溯及既往的效力。这样的规则较为合理。

### （五）个人信息主体注销账户

针对现在用户注销账户困难，《规范》对个人信息注销账户作出规定。对个人信息控制者提出如下要求：

（a）通过注册账户提供服务的个人信息控制者，应向个人信息主体提供注销账户的方法，且该方法应简便易操作；

（b）个人信息主体注销账户后，应删除其个人信息或做匿名化处理。

### （六）个人信息主体获取个人信息副本

数据移转权或数据可携权是欧盟《统一数据保护条例》规定的一项新权利。我国现行法律并没有任何规定。《规范》有限地接受了条例规定的数据移转权，将该权利限定在两类信息：

（a）个人基本资料、个人身份信息；

（b）个人健康生理信息、个人教育工作信息。

针对这两类信息，信息主体可以获取个人信息副本，并移转给第三方。《规范》规定：根据个人信息主体的请求，个人信息控制者应为个人信息主体提供获取这两类型个人信息副本的方法，或在技术可行的前提下直接将以下个人信息的副本传输给第三方。

### （七）约束信息系统自动决策

当仅依据信息系统的自动决策而做出显著影响个人信息主体权益的决定时（例如基于用户画像决定个人信用及贷款额度，或将用户画像用于面试筛选），个人信息控制者应向个人信息主体提供申诉方法。

### （八）个人权利保障机制

为了保障信息主体权利的实现，维护信息主体的利益，《规范》要求个人信息控制者建立信息主体投诉响应机制，并对申诉进行管理。

在个人信息投诉响应机制方面，《规范》作出较为详细的规定：

（a）在验证个人信息主体身份后，应及时响应个人信息主体基于本标准第7.4至7.10提出的请求，应在三十天内或法律法规规定的期限内做出答复及合理解释，并告知个人信息主体向外部提出纠纷解决的途径；

（b）对合理的请求原则上不收取费用，但对一定时期内多次重复的请求，可视情收取一定成本费用；

（c）如直接实现个人信息主体的请求需要付出高额的成本或存在其他显著的困难，个人信息控制者应向个人信息主体提供其他替代性方法，以保护个人信息主体的合法权益；

考虑到公共利益的实现，《规范》规定了一些例外情形，个人信息控制者可以不响应个人信息主体的请求，即上述访问、更正、删除、撤回同意、注销账户、取回副本、自动决策申诉。这些情形包括但不限于：

（1）与国家安全、国防安全直接相关的；

（2）与公共安全、公共卫生、重大公共利益直接相关的；

（3）与犯罪侦查、起诉、审判和执行判决等直接相关的；

（4）个人信息控制者有充分证据表明个人信息主体存在主观恶意或滥用权利的；

（5）响应个人信息主体的请求将导致个人信息主体或其他个人、组织的合法权益受到严重损害的；

（6）涉及商业秘密的。

《规范》同时规定信息控制者应当建立申诉管理制度。个人信息控制者应建立申诉管理机制，包括跟踪流程，并在合理的时间内，对申诉进行响应。

## 七、个人信息共同控制和委托处理规范

个人信息可能为两个以上主体所控制，也可能委托第三方处理，在这两种情形下都可能明确个人信息保护责任，防范个人信息安全风险。

### （一）共同个人信息控制者

在万物互联的时代，相同个人信息为两个主体所控制是非常普遍的事情，但何为个人信息的共同控制者，并没有明确界定。《规范》也并未对此作出明确的定义，但其举例认为，服务平台与平台上的签约商家之间对平台上的个人信息形成共同控制关系，同时在注释中明确："个人信息控制者在提供产品或服务的过程中部署了收集个人信息的第三方插件（例如网站经营者与在其网页或应用程序中部署统计分析工具、软件开发工具包 SDK、调用地图 API 接口），且该第三方并未单独向个人信息主体征得收集、使用个人信息的授权同意，则个人信息控制者与该第三方为共同个人信息控制者。"依据这样的解释，凡是两个主体共同获取、接触、访问、使用共同的个人信息就构成个人信息的共同控制。

我们理解，个人信息的共同控制的基本要件是：

其一，主体独立，即两个主体之间相互独立，不存在股权或组织关系；

其二，两个主体之间存在业务关系或者业务合作，双方可以共同获取、使用相同的个人信息。

从《规范》对共同控制者规定来看，在共同控制关系中，有一个信息控制者位于主要控制人角色，而其余因为业务关系而"加入"进来，由此形成所谓的共同控制。实际上，这里的共同控制本质上是个人信息在两个主体之间的分享。因而在个人信息共同控制关系中，不需要个人信息分别同意，而只要单一

同意即可。也就是说，居于主导地位的个人信息控制者获得同意后，因为业务关系而加入的另一共同控制者不需要获得同意，只需要对个人信息的安全承担共同责任。《规范》规定，个人信息控制者应通过合同等形式与第三方共同确定应满足的个人信息安全要求，以及在个人信息安全方面自身和第三方应分别承担的责任和义务，并向个人信息主体明确告知。

### （二）委托处理的基本要求

拥有个人信息的个人信息控制者并不一定精通数据处理分析技术，且时常发生委托他人处理个人信息的情形。在这种情形下，即会引发向处理者提供个人信息或允许其访问，存在个人信息滥用或泄露的风险。《规范》对个人信息委托处理的责任分配作出了规范。

《规范》规定，委托处理个人信息时，应遵守以下要求：

（a）个人信息控制者作出委托行为，不得超出已征得个人信息主体授权同意的范围或遵守本标准5.4规定的情形；

（b）个人信息控制者应对委托行为进行个人信息安全影响评估，确保受委托者具备足够的数据安全能力，提供了足够的安全保护水平。

第一项要求是目的限定原则的体现。受托处理个人信息是为信息控制者利益而从事的个人信息加工利用行为，应当受信息控制者获取个人信息明确的目的的限制，或者属于毋需征得个人同意的例外情形（即第5.4条规定的例外情形）。受托人只有在该目的范围内处理个人信息，才属于合法的处理。

第二项要求是要对委托行为进行"个人信息安全影响评估"。由于委托处理有可能带来个人信息的泄露和滥用风险，规范要求需开展对此进行安全影响评估。该项评估主要涉及受托人资质、特定个人信息处理需要的安全环境、受托人安全保障措施等，对委托处理行为引发的个人信息安全风险做出结论。

《规范》对受托人（受委托者）的受托处理行为作出规范，对受托处理者提出基本要求：

（1）严格按照个人信息控制者的要求处理个人信息。如受委托者因特殊原因未按照个人信息控制者的要求处理个人信息，应及时向个人信息控制者反馈；

（2）如受委托者确需再次委托时，应事先征得个人信息控制者的授权；

（3）协助个人信息控制者响应个人信息主体基于本标准 7.4 至 7.10 提出的请求；

（4）如受委托者在处理个人信息过程中无法提供足够的安全保护水平或发生了安全事件，应及时向个人信息控制者反馈；

（5）在委托关系解除时不再保存个人信息。

在委托处理的情形下，委托人仍然要对受托者的行为承担责任，因此，委托人要对受托人进行必要的监督。《规范》认为，个人信息控制者应对受委托者进行监督，其方式包括但不限于：（1）通过合同等方式规定受委托者的责任和义务；（2）对受委托者进行审计。同时，个人信息控制者应准确记录和保存委托处理个人信息的情况。显然，保持委托处理的记录是信息控制者澄清责任的重要方式。

# 八、个人信息的委托处理、共享、转让、公开披露

个人信息并不总是控制在信息控制者手中，而是处于不断使用和流动之中。《规范》对个人信息委托共享、转让和公开披露等作出规范，以建立个人信息流通使用的规则。

## （一）个人信息的共享和转让

《规范》规定"个人信息原则上不得共享、转让"，但是，确实需要共享转让时应当采取必要的措施，防范不必要的风险，并将个人信息共享转让区分为因收购、兼并和重组原因和非因收购、兼并、重组原因两类，对两类个人信息共享和转让分别做出了规范。

非因收购、兼并和重组原因，个人信息控制者实施个人信息共享和转让的应当满足以下条件：

（a）事先开展个人信息安全影响评估，并依评估结果采取有效的保护个人信息主体的措施；

（b）向个人信息主体告知共享、转让个人信息的目的、数据接收方的类型，

并事先征得个人信息主体的授权同意。共享、转让经去标识化处理的个人信息，且确保数据接收方无法重新识别个人信息主体的除外；

（c）共享、转让个人敏感信息前，除8.2（b）中告知的内容外，还应向个人信息主体告知涉及的个人敏感信息的类型、数据接收方的身份和数据安全能力，并事先征得个人信息主体的明示同意；

（d）准确记录和保存个人信息的共享、转让的情况，包括共享、转让的日期、规模、目的，以及数据接收方基本情况等；

（e）承担因共享、转让个人信息对个人信息主体合法权益造成损害的相应责任；

（f）帮助个人信息主体了解数据接收方对个人信息的保存、使用等情况，以及个人信息主体的权利，例如，访问、更正、删除、注销账户等。

当个人信息控制者发生收购、兼并、重组等变更时，个人信息控制者应：

（a）向个人信息主体告知有关情况；

（b）变更后的个人信息控制者应继续履行原个人信息控制者的责任和义务，如变更个人信息使用目的时，应重新取得个人信息主体的明示同意。

从上述要求来看，《规范》对因收购、兼并、重组时的个人信息共享和转让显然宽松于非因收购、兼并、重组时的共享和转让。这是因为收购、兼并和重组属于公司组织结构变动引发的个人信息控制主体的变化，个人信息流通动仍然是在可控的范围内，因而只要履行告知义务，只有目的变更时才需要获得个人的同意。

### （二）个人信息公开披露

《规范》明确，"个人信息原则上不得公开披露"，但在法律授权或具备合理事由时，也可公开披露，只是应充分重视风险，遵守《规范》明确的要求。这些要求是：

（a）事先开展个人信息安全影响评估，并依评估结果采取有效的保护个人信息主体的措施；

（b）向个人信息主体告知公开披露个人信息的目的、类型，并事先征得个人信息主体明示同意；

（c）公开披露个人敏感信息前，除8.4（b）中告知的内容外，还应向个人信息主体告知涉及的个人敏感信息的内容；

（d）准确记录和保存个人信息的公开披露的情况，包括公开披露的日期、规模、目的、公开范围等；

（e）承担因公开披露个人信息对个人信息主体合法权益造成损害的相应责任；

（f）不得公开披露个人生物识别信息。

**（三）共享、转让、公开披露个人信息时事先征得授权同意的例外**

《规范》仍然强调个人对个人信息共享、转让、公开披露等环节的控制，即同意，但是正如在个人信息收集和使用时存在例外，在共享、转让和公开披露环节也应当存在例外。因此，《规范》明确在以下情形中，个人信息控制者共享、转让、公开披露个人信息无需事先征得个人信息主体的授权同意：

（a）与国家安全、国防安全直接相关的；

（b）与公共安全、公共卫生、重大公共利益直接相关的；

（c）与犯罪侦查、起诉、审判和判决执行等直接相关的；

（d）出于维护个人信息主体或其他个人的生命、财产等重大合法权益但又很难得到本人同意的；

（e）个人信息主体自行向社会公众公开的个人信息；

（f）从合法公开披露的信息中收集个人信息的，如合法的新闻报道、政府信息公开等渠道。

**（四）个人信息跨境传输要求**

《网络安全法》第三十七条规定，关键信息基础设施的运营者在境内运营中收集和产生的个人信息和重要数据应当在境内存储，因业务需要，确需向境外提供的应当进行安全评估。《规范》将安全评估义务规范适用于所有的个人信息控制者控制的个人信息，第8.7条规定：在中华人民共和国境内运营中收集和产生的个人信息向境外提供的，个人信息控制者应当按照国家网信部门会同国务院有关部门制定的办法和相关标准进行安全评估，并符合其要求。

跨境传输控制是与数据本地化存储相关的一个概念。数据本地化存储是指数据存储在数据来源国本地的服务器。比如在中国境内收集和处理来自国内主体（自然人、法人和社会组织）的数据应当在境内存储。而一旦向境外传输，包括向境外提供（传输）、境外可访问、调用等均属于向境外提供。这里的境内或境外，是以国家主权的疆域为边界，以服务器为标准而不是以主体为标准。国家对于重要数据实施本地化存储管控，主要目的是确保国家经济和政治安全，保护本国公民个人权益。目前，跨境数据管控的主要措施是跨境数据安全评估。

根据《网络安全法》第三十七条，需要跨境数据评估的个人信息限于关键信息基础设施，但是《个人信息和重要数据出境安全评估办法》（征求意见稿）将其扩大为一切个人信息的出境。显然《规范》也采取这样的规则。但是，如何根据个人信息类型和数量实施不同形式的安全评估，既使评估起到必要的作用（而不是流于形式），又不至于因烦琐复杂的评估而妨碍正当的个人信息正常的跨境流动，仍然是一件需要研究的事情。希望正在制定中的"个人信息和重要数据出境安全评估办法"能够很好地解决这个问题。

# 九、个人信息安全事件处置

个人信息安全事件发生后的处理与应对是个人信息保护的重要措施。《网络安全法》仅对发生网络安全事件的政府的应急处置作出规范，并没有针对企业组织或个人信息控制者的个人信息安全事件处置作规范。《规范》弥补这一空白，规定了个人信息控制者如何应对个人信息安全事件。个人信息控制者在安全事件的应对义务，主要包括事前应急预案和事后的处置，并履行相应的报告和告知义务。

## （一）安全事件应急预案

《规范》规定，个人信息控制者应制定个人信息安全事件应急预案，并定期（至少每年一次）组织内部相关人员进行应急响应培训和应急演练，使其掌握岗位职责和应急处置策略、规程。

安全事件应急预案不是一成不变的，要根据法律和社会发展而不断调整。《规范》规定个人信息控制者应当根据相关法律法规变化情况，以及事件处置情况，及时更新应急预案。

目前，对于什么是"个人信息安全事件"并没有权威的解释。根据中央网信办发布的《国家网络安全事件应急预案》①，网络安全事件分为有害程序事件、网络攻击事件、信息破坏事件、信息内容安全事件、设备设施故障、灾害性事件和其他网络安全事件等。② 在这些网络安全事件中，与个人信息安全事件最密切的应是信息破坏事件，包括信息篡改事件、信息假冒事件、信息泄露事件、信息窃取事件、信息丢失事件和其他信息破坏事件。但是，其他的网络安全事件也对个人信息安全有重大影响。个人信息安全事件与网络安全事件不完全等同，但存在包含关系，只是哪些应落入个人信息安全事件，可能需要根据实际情况加以判断。

### （二）安全事件的处置

《规范》对发生个人信息安全事件后，个人信息控制者的处置应对作出规范。首先要根据应急响应预案进行处置，记录事件内容；同时评估事件可能造成的影响，并采取必要措施控制事态，消除隐患。

《规范》规定应急处置时记录事件内容包括但不限于以下内容：发现事件的人员、时间、地点，涉及的个人信息及人数，发生事件的系统名称，对其他互联系统的影响，是否已联系执法机关或有关部门。

---

① 中央网信办《国家网络安全事件应急预案》（网办发文〔2017〕4 号）。

② 具体解释为：（1）有害程序事件分为计算机病毒事件、蠕虫事件、特洛伊木马事件、僵尸网络事件、混合程序攻击事件、网页内嵌恶意代码事件和其他有害程序事件；（2）网络攻击事件分为拒绝服务攻击事件、后门攻击事件、漏洞攻击事件、网络扫描窃听事件、网络钓鱼事件、干扰事件和其他网络攻击事件；（3）信息破坏事件分为信息篡改事件、信息假冒事件、信息泄露事件、信息窃取事件、信息丢失事件和其他信息破坏事件；（4）信息内容安全事件是指通过网络传播法律法规禁止信息，组织非法串联、煽动集会游行或炒作敏感问题并危害国家安全、社会稳定和公众利益的事件；（5）设备设施故障分为软硬件自身故障、外围保障设施故障、人为破坏事故和其他设备设施故障；（6）灾害性事件是指由自然灾害等其他突发事件导致的网络安全事件；（7）其他事件是指不能归为以上分类的网络安全事件。

### （三）安全事件的报告义务

安全事件发生后，个人信息控制者在处置事件时，还要履行两项义务，一是向主管机构报告，二是告知信息主体。

依据《国家网络安全事件应急预案》，发生网络安全事件后，事发单位应立即启动应急预案，实施处置并及时报送信息。《规范》将个人信息安全事件完全等同于网络安全事件，要求个人信息控制者在发生安全事件后，按《国家网络安全事件应急预案》的有关规定及时上报。报告内容包括但不限于：涉及个人信息主体的类型、数量、内容、性质等总体情况，事件可能造成的影响，已采取或将要采取的处置措施，事件处置相关人员的联系方式。

### （四）安全事件告知义务

在发生个人信息安全事件后，个人信息控制者还应当向信息主体告知或公告。个人信息控制者首先应当应及时将事件相关情况以邮件、信函、电话、推送通知等方式告知受影响的个人信息主体。在难以逐一告知个人信息主体的情形下，应采取合理、有效的方式发布与公众有关的警示信息。

《规范》明确告知内容应包括但不限于以下内容：（1）安全事件的内容和影响；（2）已采取或将要采取的处置措施；（3）个人信息主体自主防范和降低风险的建议；（4）针对个人信息主体提供的补救措施；（5）个人信息保护负责人和个人信息保护工作机构的联系方式。

# 十、组织的管理要求

个人信息安全保护关键在于将法律规则落实到企业组织管理实践中，为此需要建立相应的组织和管理制度。《规范》对个人信息控制者如何实施个人信息安全管理提出了要求。

**（一）明确责任部门与人员**

根据《规范》对个人信息控制者的要求，一个组织应当落实两种管理责任：一是领导责任；二是执行责任。

领导责任：依据《规范》，每个组织在高级管理层中应指定专人负责个人信息安全，将领导责任落实在具体的个人，该人可以是法定代表人，也可以是主要负责人。领导责任主要是负全面领导责任，包括为个人信息安全工作提供人力、财力、物力保障，等等。

执行责任：按照《规范》，每个组织应当有专门的负责个人信息保护工作的人员和工作机构，满足一定条件时需要设立专职岗位和独立部门，负责个人信息保护具体工作。

当一个企业组织满足以下条件之一时，即应设立专职的个人信息保护负责人和个人信息保护工作机构，负责个人信息安全工作：

（1）主要业务涉及个人信息处理，且从业人员规模大于200人；

（2）处理超过50万人的个人信息，或在12个月内预计处理超过50万人的个人信息。

个人信息保护负责人，在欧盟法律中称为个人数据保护官（DPO，Data Protection Officer），在美国法中称为隐私保护官（CPO，Chief Privacy Officer）。我国还没有正式的称谓，不过也有许多企业已经设立了各种个人信息保护机构和隐私保护官这样的职位。

几乎所有的企业均涉及个人信息的处理，且很多企业的从业人员可能超过200人，但是并不是所有超过200人的企业均要设立专职个人信息保护负责人。唯一的限定条件是"主要业务"，因此如何理解主要业务的范畴就很关键。对此，尚没有权威的解释。从规范精神上，主要业务应理解为一个组织的主要收入来源是用户流量。因此，以互联网为业务基础，为网络用户提供信息服务，建设运行网络交易平台为用户提供经营服务，向潜在网络用户发布商业信息（网络广告）等，肯定属于主要业务涉及个人信息保护。按照另一条标准，处理超过50万人或在一个年度内处理超过50万人个人信息，许多面向消费者的终端产品生产、贸易企业和服务企业也可能成为需要设立专职个人信息保护负责人的组织。

《规范》对个人信息保护负责人和个人信息保护工作机构应履行的职责作了较为详尽的列举，认为包括但不限于以下职责：

（1）全面统筹实施组织内部的个人信息安全工作，对个人信息安全负直接责任；

（2）制定、签发、实施、定期更新隐私政策和相关规程；

（3）应建立、维护和更新组织所持有的个人信息清单（包括个人信息的类型、数量、来源、接收方等）和授权访问策略；

（4）开展个人信息安全影响评估；

（5）组织开展个人信息安全培训；

（6）在产品或服务上线发布前进行检测，避免未知的个人信息收集、使用、共享等处理行为；

（7）进行安全审计。

### （二）开展个人信息安全影响评估

个人信息安全评估是个人信息合规管理的重要管理措施。在欧盟《统一数据保护条例》中称为"数据保护影响评估"，在国际社会中也称为"隐私影响评估（Privacy Impact Assessment）"，二者的目的和内容几乎相同，只是依据的法律或标准不同。我国尚未建立一般意义上个人信息安全影响评估制度，只有在《网络安全法》第三十七条中规定了重要数据和个人信息跨境流通需要进行安全评估，被称为"数据出境安全评估"。《规范》规定的"个人信息安全影响评估"虽然从名称上强调安全，但实质内容上类似于欧洲的数据保护影响评估或美国的隐私影响评估。由于我国还没有建立统一的较为详细的个人信息保护规则，因而"个人信息安全影响评估"在某种意义上就缺失权威的法律依据，更多地依据《规范》本身来实施。

#### 1. 需要评估的情形

《规范》规定将个人信息评估分为常规评估和专项评估。依据规定个人信息控制者应当建立个人信息安全影响评估制度，定期（至少每年一次）开展个人信息安全影响评估。定期评估属于个人信息安全影响常规性评估。除此之外，以下三种情形下，还需要开展专项评估，以评估这些事件对个人信息安全的影响，即：（1）在法律法规有新的要求时；（2）在业务模式、信息系统、运行环境发生重大变更时；（3）发生重大个人信息安全事件时。

2. 评估的依据和内容

如前所述，《规范》规定的个人信息安全影响评估是依据规范自身的评估，因此其评估的依据是《规范》所确立的个人信息保护原则和保护规范。评估的内容包括个人信息处理活动遵循个人信息安全基本原则的情况和个人信息处理活动对个人信息主体合法权益的影响。具体内容包括但不限于：

（1）个人信息收集环节是否遵循目的明确、选择同意、最少够用等原则；

（2）个人信息处理是否可能对个人信息主体合法权益造成不利影响，包括处理是否会危害人身和财产安全、损害个人名誉和身心健康、导致歧视性待遇等；

（3）个人信息安全措施的有效性；

（4）匿名化或去标识化处理后的数据集重新识别出个人信息主体的风险；

（5）共享、转让、公开披露个人信息对个人信息主体合法权益可能产生的不利影响；

（6）如发生安全事件，对个人信息主体合法权益可能产生的不利影响。

3. 评估管理

个人信息安全评估既是组织合规管理的手段，也是应对各种安全监督管理和检查、个人信息保护的法律责任认定等方面重要依据。因此，组织应当重视个人信息安全评估，形成个人信息安全影响评估报告，并以此采取保护个人信息主体的措施，使风险降低到可接受的水平。同时要妥善留存个人信息安全影响评估报告，确保可供相关方查阅，并以适宜的形式对外公开。

### （三）数据安全管理

个人信息安全管理既涉及技术安全管理，更涉及组织内部人员安全管理。《规范》对这两个方面均作了规范。

《规范》从能力建设方面，对组织的数据安全技术管理作出总体要求：个人信息控制者应根据有关国家标准的要求，建立适当的数据安全能力，落实必要的管理和技术措施，防止个人信息的泄漏、损毁、丢失。

组织的人员管理对于数据安全管理来讲非常重要。《规范》从许多方面对组织的人员管理提出要求，包括了招聘录用、到岗位职责和终止的员工全流程管理和外部人员的管理。具体内容包括：

（a）应与从事个人信息处理岗位上的相关人员签署保密协议，对大量接触个人敏感信息的人员进行背景审查；

（b）应明确内部涉及个人信息处理不同岗位的安全职责，以及发生安全事件的处罚机制；

（c）应要求个人信息处理岗位上的相关人员在调离岗位或终止劳动合同时，继续履行保密义务；

（d）应明确可能访问个人信息的外部服务人员应遵守的个人信息安全要求，与其签署保密协议，并进行监督。

另外，《规范》还对员工培训作出要求，包括定期培训和专项培训。基本要求是：应定期（至少每年一次）或在隐私政策发生重大变化时，对个人信息处理岗位上的相关人员开展个人信息安全专业化培训和考核，确保相关人员熟练掌握隐私政策和相关规程。


### （四）安全审计

安全审计（audit）是审查评估系统安全风险并采取相应措施的一个过程。安全审计通过记录与审查用户操作计算机系统活动和应用程序的活动，如用户所使用的资源、使用时间、执行的操作等，从而发现系统漏洞、入侵行为或改善系统性能，提高系统安全性的重要举措。个人信息安全审计是安全审计的组成部分，重点审查个人信息安全，通过存储、访问、调用等个人信息处理和日常安全管理，来确定个人信息安全性和利用合规性。相对于传统的安全审计，更强调个人信息利用行为是否合规。显然，安全审计是个人信息安全管理的另一项重要措施。《规范》对个人信息控制者的安全审计提出的要求包括：

（a）应对隐私政策和相关规程，以及安全措施的有效性进行审计；

（b）应建立自动化审计系统，监测记录个人信息处理活动；

（c）审计过程形成的记录应能对安全事件的处置、应急响应和事后调查提供支撑；

　　（d）应防止非授权访问、篡改或删除审计记录；

　　（e）应及时处理审计过程中发现的个人信息违规使用、滥用等情况。

# 十一、总体评价

　　《规范》被定位为我国个人信息保护工作的基础性标准文件，它从收集、保存、使用、共享、转让、公开披露等个人信息处理活动方面进行了详细规定。在我国尚未制定统一的较为详尽的个人信息保护法的情形下，推荐性国家标准《个人信息安全规范》无疑填补了我国个人信息保护规则的空白。《规范》的调整范围和适用主体是模仿欧盟《统一数据保护条例》的，其规定的个人信息控制者涵盖了处理个人信息的各类组织（包括政府机构、企业、社会组织等），其所规定的个人信息保护制度规则和措施是体系化的、全面的，甚至已经大大超出标准所应当承载的内容。

　　《规范》虽然是推荐性标准，但是，一经发布就对业界产生了巨大影响。因为目前粗放法律原则且消极规范为主的法律，根本不具有操作性，而《规范》恰恰可以弥补这样的缺憾，让想保护个人权利的企业有规可依。这样的《规范》的重要价值在于指导企业和其他组织开展个人信息保护实践，为今后制定和实施个人信息保护法提供实践经验，以寻找有效和可行个人信息保护方案。《规范》明确，本标准适用于规范各类组织个人信息处理活动，也适用于主管监管部门、第三方评估机构等组织对个人信息处理活动进行监督、管理和评估。因而通过不久后，政府部门在个人信息监督执法中会以《规范》作依据，将符合不符合《个人信息安全规范》国家标准的精神作为评判标准。可见，规范正在发挥它的作用。

　　在内容上，《规范》虽然有法律依据，遵循了现行法的精神，试图细化现行法律的基本原则，尤其是《网络安全法》，突出了个人信息保护规则的可操作性，使法律落地实施成为可能。但是，其内容远远超出我国现行法。《规范》更多的是借鉴了 OECD 隐私指南、APEC 隐私框架等国际规则，尤其是欧盟《统一数据保护条例》的规定。比如在个人权利方面，确立了个人信息访问权利，借鉴欧盟的数据移转权（可携权），规定了个人信息主体获取副本权。

　　从目的上，《规范》的编制充分体现安全与发展的关系，着眼于大数据发展和新技术应用，寻求既与世界接轨，又具有中国特色的个人信息保护规则，试图在保护个人基本权利的前提下，促进个人信息的利用。在一些方面，比欧盟《条例》有所缓和，比如，在自动决策方面，欧盟的规则是数据主体有权拒绝或者必须事先同意，而《规范》只是要求个人信息控制者应向个人信息主体提供申诉方法。相对而言，这样的规则更有利于自动决定机制的应用，无疑是更可取的规则。

　　总体上，《规范》仍然是坚持个人信息由个人控制基本理论，强调个人对个人信息使用的控制，将选择同意和个人参与贯彻整个保护规则之中，强调个人信息控制者应当向个人信息主体提供能够访问、更正、删除其个人信息以及撤回同意、注销账户等方法，确保个人权利的实现。但是，无论如何完善用户协议、隐私政策，提供透明度，如何为个人提供同意和撤回的途径，在个人信息利用与服务或交易绑定的情形下，个人控制能够起到多少保护作用。另外，从企业的角度来讲，企业完全按照《规范》实施合规，需要相应人力和物力资源的投入，而在《规范》属于推荐标准的情形下，《规范》隐含的企业合规与运营成本对整个产业发展的影响还要今后研究和观察。虽然合规守法的、真正保护用户权益的企业能走得更远，但在个人信息利用作为核心竞争资源的领域，没有统一的强制规则，很难保证不出现"劣币驱逐良币"的事情。

# 第五部分 05

## 个人信息保护法
## 现存问题及其出路

在对个人信息法律和标准两个维度进行梳理和分析之后，这里对我国个人信息保护立法作一个整体的评述。我们发现我国个人信息立法基本上是问题应对式立法，没有系统的整体设计，各个法律之间简单重复，不能形成全面一致的个人信息保护和利用规范，在扼制个人信息滥用行为的同时，促进个人信息的合法利用。因此，制定个人信息保护法就肩负着重新定位我国个人信息保护法和全面构筑个人信息利用规范重任。

# 一、个人信息保护立法的基本评价

## （一）个人信息保护立法基本特征

### 1. 分散立法

目前为止，我国个人信息保护没有统一的立法，分散于各基本法，主要为《刑法》《网络安全法》《刑法》。在行政立法层面，也无统一行政法规，不同业务领域存在不同的立法。分散立法模式和美国个人信息保护立法类似。其优势在于可依据不同业务领域的特殊性，制定特别规则，实现更优的保护。但对于我国而言，分散立法存在诸多弊端：第一，个人信息保护领域概念不确定，导致执法难；第二，个人信息保护执法机构不统一，执法效力和效果差；第三，分散立法下的法律规则不健全，民事救济难以实现。个人信息保护立法仍需进行统一立法，可在统一立法基础上，作出特别规定，以满足各领域的特别需求。

### 2. 内容简单重复

分散立法模式下，各基本法本应依据其各自领域的特殊性，制定特别法。但现状是，我国个人信息保护立法的核心规则过于简单，各基本法之间的规则无实质性差异，没有体现出不同基本法应有的特色。简单重复的立法对于个人信息保护无益，可以说，从 2012 年《决定》以来，个人信息保护民事立法无实质进展。这种重复立法是对立法资源的严重浪费。此外，个人信息保护规则的滞后，严重影响相关产业，尤其是数据产业的发展。

### 3. 问题应对式立法，没有整体设计

从目前立法规则来看，个人信息保护立法主要为问题应对式立法，无整体立法设计。具体而言，民事立法规则过于简单，基本属于象征性立法；刑事立法的出台主要是为了打击目前社会普遍存在的个人信息黑市交易及利用个人信息从事犯罪的行为，尤其是诈骗。在缺乏整体设计的情况下，民事立法无法发挥其个人信息保护的主要作用，相反，刑法成为目前个人信息保护的重要手段。这样的局面增大了个人信息合法利用的风险成本，不利于构建合法有序的个人

数据利用秩序。

### （二）我国个人信息保护规范结构不合理

个人信息既需要保护，也需要被利用，个人信息保护规范内含利用规范，我们既需要对信息主体赋予一定的权利，又要给个人信息控制人（即利用人）以一定的义务，使其在保护个人权益的前提下，实现对个人信息的利用。因此，个人信息保护规范是一个平衡信息主体和信息利用双方权益的法律安排。但是，我国现行个人信息规范相当粗糙，具有以下特征。

其一，授权性规范少。对于个人信息保护主要依赖信息主体的自治，即将同意作为个人维护权益的主要手段。认为个人可以根据情形决定是否允许他人收集和使用，以避免对自己权益造成损害。但是，事实上，个人在大多数情形下根本无法拒绝（不同意）其信息的被收集和使用，因而同意只是一种形式，起不到维护个人权益的作用。由于同意被法律作为个人信息收集、使用的合法性基础，导致同意被滥用，通过概括性同意条款使被收集人放弃了几乎所有的权利。

其二，数据控制人的义务性规范粗糙简单，难以发挥法律的指引作用。在法律规范中，义务性规范代表确定的行为指引，即法律明确规定人们应该这样行为或不应该这样行为以为人们提供确定的行为规则。为了实现对个人信息利用行为的调整，法律需要规定个人信息控制人（利用人）以确定的义务，从而给数据控制人以行为指引。在这方面，我国法律仅原则性地规定数据控制人需遵循合法、正当、必要的原则，明示收集、使用信息的目的、方式和范围，应当依法或依合同约定使用个人信息。这样简单粗糙的义务性规范，导致数据控制人收集、使用个人信息的行为缺乏明确和全面约束，信息控制人可以通过合同约定（同意）规避许多法律风险。另外，法律虽然规定数据控制人的个人信息安全保障义务，但是如何监督落实，还没有相应的机制。因此，在现行法律规范下，信息主体的权利难以得到切实有效的保障。

其三，义务性规范以禁止性规范为主。个人信息的法律规范需要实现个人信息的流通利用，因而重要的是明确何为合法的利用，但是我国的多部法律均重复了不得出售和非法提供个人信息、不得盗取或非法获取个人信息的禁律，对何为合法并无清晰的判断依据。这使得个人信息的流通使用面临巨大的不确定性，甚至相当于间接禁止了个人信息的流通。

其四，责任性规范中缺失民事责任规则。义务规范必然伴随责任规范，违反法定义务就应承担某种否定性的法律后果。个人信息保护属于对个人权益性保护，任何法律后果（责任）均应当建立在侵害个人权益的基础之上，因此，侵害个人信息的责任应当是民事责任、行政责任和刑事责任三位一体，却以民事责任为基础的责任体系。个人信息保护的行政责任和刑事责任的成立均应当建立在是否侵害个人权益判定的基础上，对于具有破坏公共秩序、具有社会危害性的严重侵害行为进行行政处罚和刑事制裁。但是，目前我国缺失个人信息利用行为是否侵害个人权益的判断规则，只是机械地依据法律执法，导致执法结果的正当性（是否侵害个人权益）受到质疑。

其五，刑事责任主导，刑罚成为最有效的保护手段。在个人信息保护责任体系中，刑事责任不仅处于领头位置，而且被寄予厚望。在个人信息民事和行政保护体系还未健全的背景下，率先确立的侵犯公民个人信息罪及其扩张完善对于保护个人基本权利，维护正当个人信息利用秩序具有非常重要的意义。但是，在现行法律对于合法的流通利用没有明确规范的情形下，可以入罪的"非法提供"和"非法获取"个人信息的两种行为就缺失判断依据。可以说，现阶段，刑事保护超前越位，刑事责任覆盖面广，民事和行政责任几乎不起作用。由此，实践中的大多数个人信息的利用应当均具有刑事责任风险。

## （三）个人信息保护的定位问题

我国个人信息保护法目的单一，仅仅考虑了个人利益的保护，没有考虑个人信息的利用。个人信息保护的目的是在不侵犯个人权益的前提下促进个人信息的利用，而分散于不同立法中的个人信息保护条款的目的只有一个，保护信息主体的权利。因此，我国现行个人信息保护规范主旨和目的有失偏颇，缺失合法使用（包括流通利用）的规范。个人信息保护规则偏重静态保护，而不是动态利用，一味注重安全，而忽视了数据价值的发挥。这主要表现在以下方面：

其一，个人信息保护法律规范中缺失促进个人信息流通使用的宗旨和目的。在国际社会有关个人信息法律文件中或主要国家的个人信息保护立法中，均开宗明义地将个人信息流通使用作为个人信息保护立法的重要目的。由于我国没有单一的立法，因而也就不可能有相应的宣示。在各个分散的立法文件中，也很少有考虑个人信息流通使用需求的条文或规则。因此，我国个人信息保护规范缺少促进个人信息流通使用的价值考量，使我国个人信息保护价值取向出现偏颇。

其二，在个人信息收集和使用法律基础规范中，缺少法定事由。在我国，个人信息的收集和使用必须经过信息主体的同意，而缺少法律直接规定可以使用个人信息的情形。在欧盟，数据控制人（使用人）的合法利益也是法律规定的6种情形之一，这至少可以给经营者非经个人同意使用个人数据留下了空间。而在我国，现行法既没有数据控制人的合法利益，也没有其他公共利益等目的的规范，这极其不符合个人信息收集和使用的现实，也不利于社会利益和公共利益的实现。

其三，在个人信息保护规范中，义务性规范粗糙简单，且存在大量禁止性义务规范，而不是指引性规范。"不得非法提供" + "不得非法获取"在每个法律中重复强调，但是对于什么是合法向他人提供个人信息或如何合法从他人之处获取个人信息，没有相应的规范。再加上不得非法提供或获取又与刑事责任挂钩，导致大数据应用中普遍存在的个人信息流通使用缺失明确的法律指引，充满了法律的不确定性和风险，妨碍着大数据的应用。

### （四）个人信息保护模式与大数据应用不吻合

截至目前，我国对个人信息保护并没有形成明确统一的认识和定位。在学术界，对于个人信息的法律属性、如何保护个人信息等没有较为一致的看法，而大多数的学术主张仍然是基于20世纪80年代西方形成的观念和理论作为支撑，以个人信息权或个人信息控制权为主流。在立法层面，现行法律均宣布个人信息受法律保护，但是作为基本权利保护，还是作为人格权保护，是通过赋予个人单一权利以纯私权救济的模式保护，还是定位于基本权利基础上通过法定权利义务规范来实现保护，并不明确。

在定位不明确的情形下，问题应对式的立法，就使我国现行个人信息保护规范不统一、不协调，不能权衡各种利益。从现行法律规范内容分析，我国个人信息保护总体是支持单一的个人信息权制度，且倾向于作为一种具体人格权。这一观念被贯彻到各个单行法律的条文中，主要表现为现行法律多认同个人信息归属于个人或个人信息使用关涉人格利益，可否为他人使用由个人支配或控制。因而在法律规范中，将同意作为个人信息收集和使用的基本前提，作为个人信息保护的主要手段。虽然在《消保法》《网络安全法》中也有确保个人信息安全、泄露告知或通知的法定义务规定，但是总体上仍然依赖个人同意来维护个人权益。个人信息保护立法的内在逻辑是：个人信息是个人控制的，主要应当通过个人维权来保护。

这一定位和保护方式，既与国际社会通行规则不一致，也与大数据应用实践和趋势不吻合。无论是欧洲还是美国，个人信息受法律保护，并没有上升为一种单一权利，而是将确立个人信息利用的法律规范或救济体系，建立个人信息利用规范，使个人权益得到保护。也就是说，保护的不是个人对个人信息的支配或控制，而是个人信息的权益不因为个人信息的利用（处理）而受到侵犯。在欧盟，个人数据保护权被作为基本权利来保护，通过统一的个人数据保护法来建立个人数据的保护和利用规则；而在美国，个人信息被置于宪法意义上隐私权来保护，除个别领域（如政府、健康、金融）有立法外，其他领域主要由企业根据符合公平正义的个人信息准则自行规范，同时通过发达的司法救济体系，对隐私利益受侵害的个人给予保护。虽然两大法域的保护路径不同，但是，对于个人信息（个人数据）保护的认知大致相同，个人数据（信息隐私）并不是纯粹的私权利决定的事情，而是法律在权衡私人和公共利益基础上的权利和义务规则。

应当说，个人信息的控制论源自于美国，在欧盟的立法中也有体现。该理论形成于 20 世纪 80 年代，并成为国际社会个人信息保护规则的重要理论基础。欧美国家许多研究者已经发现，传统理论影响下的个人信息保护规则已经不适应大数据时代的需要。比如，有学者提出目的限定规则（收集限于特定目的必要）已经不合适宜，而建立在特定目的基础的同意规则，如果严格执行，那么会妨碍大数据的应用，如果仍然采取概括式的同意，仅具有形式意义，对个人信息保护并没有多少实际意义。但是，由于欧美各国受该理论影响颇深，积重难返，其至今无法摆脱这一理论的束缚，创制适应大数据应用的规则。现在的美国，更多地认同通过选退规则（事后拒绝）来缓和个人信息控制论的影响。

将个人信息定位于完全由个人控制不仅在实践上很难实现，而且与当今的大数据发展和应用方向不相吻合。在 20 世纪末，个人对于个人信息尚具有一定的控制能力，个人信息被谁收集、存储和使用在一定程度上可控制，基于网络和传感器形成的个人活动信息还没有大规模出现和应用，数据经济尚未出现。而如今，大数据已经驱动全面的经济转型，个人数据将支撑个性化生产、贸易和服务，个人数据的社会化利用已经成为普遍的社会需要，法律应当与时俱进，为经济转型提供秩序保障。

## 二、分散立法下个人信息保护对象：个人信息范畴问题

个人信息保护旨在保护个人信息上个人权益，而个人信息范畴或内容决定个人信息所要保护的合法立法。由于我国目前是分散立法，每部法律或法规因立法目的和调整范围不同，因而保护个人信息范围就会有差异。实质上，我国大多数法律对其保护的个人信息范畴是没有界定的，在法律适用时就得求助于更基本的法律寻求适用解释。这里讨论几部对个人信息有界定的基础性法律，分析这些法律对个人信息范畴的界定，看是否可以为现行法适用提供支持。我们发现，我国现行法律对个人信息含义和范围界定不清晰，没有一部法律给出个人信息全面保护的基础概念。

### （一）《中华人民共和国居民身份证法》对公民个人信息界定：公民身份信息

关于公民个人信息，最权威的规定来源于《居民身份证法》。因为身份登记是基于公安的户籍登记而建立的"证明居住在中华人民共和国境内的公民的身份"的一项制度。基于这样的宗旨，《居民身份证法》规定的公民个人信息就是公民的身份信息。

《居民身份证法》第三条规定："居民身份证登记的项目包括：姓名、性别、民族、出生日期、常住户口所在地住址、公民身份号码、本人相片、指纹信息、

证件的有效期和签发机关。"①这些信息均可以认为属于公民个人的身份信息。其中，公民身份证号码"每个公民唯一的、终身不变的身份代码"② 具有非常强的身份识别性。由于姓名存在重名，所以身份代码反而要比"姓名"更具有唯一性。因此，姓名与身份证号往往配合起来可验证一个人的身份。同时，身份证申领时采集的照片和指纹信息也具有较强的验证和证明身份功能。

《身份证法》第十九条和第二十条规定的保护公民的个人信息，主要是针对公民身份证登记的信息而言的。例如，第十九条规定："国家机关或者金融、电信、交通、教育、医疗等单位的工作人员泄露在履行职责或者提供服务过程中获得的居民身份证记载的公民个人信息，构成犯罪的，依法追究刑事责任；尚不构成犯罪的，由公安机关处十日以上十五日以下拘留，并处五千元罚款，有违法所得的，没收违法所得。单位有前款行为，构成犯罪的，依法追究刑事责任；尚不构成犯罪的，由公安机关对其直接负责的主管人员和其他直接责任人员，处十日以上十五日以下拘留，并处十万元以上五十万元以下罚款，有违法所得的，没收违法所得。

有前两款行为，对他人造成损害的，依法承担民事责任。"

《居民身份证法》建立了民事责任、行政责任和刑事责任三重责任体系来保护公民的身份信息。这为之后各行政法、行业管理法保护个人信息奠定了基础，可以说，我国保护公民人身权益或个人信息的许多行政性、管理性法律均是在保护公民个人的身份信息。

### （二）个人信息保护类法律对个人信息界定

专门针对个人信息保护的法律，起始于 2012 年全国人大通过的《关于加强网络信息保护的决定》（下称《决定》）。该《决定》明确："国家保护能够识别公民个人身份和涉及公民个人隐私的电子信息。"该条既是对公民个人信息保护

---

① 《中华人民共和国居民身份证法》经 2003 年 6 月 28 日第十届全国人大常委会第 3 次会议通过并公布（2011 年 10 月 29 日修订）；取代了 1985 年全国人大常务委员会制定的《中华人民共和国居民身份证条例》（该条例明确的身份登记事项只有：性别、民族、出生日期、住址）。

② 身份证号码的编制是按照 GjB11643—1999《公民身份号码》国家标准进行的，每个公民出生时所在地的公安户籍登记机构为每个公民编制身份号码。

的宣示性规定，也可以视为对公民个人信息的界定。据此，受保护的公民个人信息包括两类，一是能够识别公民个人身份的信息；二是涉及公民个人隐私的信息。显然，《决定》区分了身份信息和隐私信息，只是对哪些属于身份和隐私信息并没有明确规定。

之后，个人信息保护进入《消保法》《网络安全法》《民法总则》等法律规定，但只有《网络安全法》对个人信息作出了明确界定。

《网络安全法》第七十六条规定："个人信息，是指以电子或者其他方式记录的能够单独或者与其他信息结合识别自然人个人身份的各种信息，包括但不限于自然人的姓名、出生日期、身份证件号码、个人生物识别信息、住址、电话号码等。"《网络安全法》明确地将个人信息定位于"识别自然人个人身份"的信息。这样，它的文义解释不包括隐私信息。因此，其范围也窄于《决定》对个人信息的定义。《网络安全法》虽然将个人信息纳入网络信息安全范畴，但由于该法主要宗旨和核心内容是"保障网络安全，维护网络空间主权和国家安全、社会公共利益"，它还不是严格意义上个人信息保护立法，它对个人信息的保护是也只能是从维护网络安全和信息利用秩序安全的角度开展规范，因而它将个人信息限定在识别个人身份的信息上是正确的。因为识别身份的信息关系着网络用户的个人安全，既包括隐私安全，也包括财产安全。作为旨在保障网络安全的法律，将个人信息限定在识别身份信息上是妥当的。

《消保法》第十四条规定："消费者在购买、使用商品和接受服务时，享有人格尊严、民族风俗习惯得到尊重的权利，享有个人信息依法得到保护的权利。"只是该法并没有对个人信息含义和范畴作出界定，不过，它将其保护的消费者的利益明确为保护人格尊严（及民族风俗习惯），这一点与国际社会保护个人信息（数据）的目的一致。因此，从该条所体现的宗旨或消费者个人权利的内容的角度，该法规定的个人信息应作广义的理解，即不仅应当保护识别个人身份的信息，而且还应当包括在"购买、使用商品和接受服务"时所获取的消费者消费个人身体特征、性格特征、消费习惯等方面信息。因为这些信息是开展个性化定制和服务，是实施精准商业推送和营销的重要信息。也就是说，虽然消费者权益保护法没有明确界定个人信息，但是从该法的精神来看，它旨在保护全面的识别个人的信息。

**（三）《统计法》等行业管理法有关个人信息规定**

《中华人民共和国统计法》（1984 年制定，1996 年和 2009 年两次修订）2009 修订版中新增"被调查特定对象的资料"的"保密义务"。《统计法》第二十五条规定："统计调查中获得的能够识别或者推断单个统计调查对象身份的资料，任何单位和个人不得对外提供、泄露，不得用于统计以外的目的。"

《统计法》规定的统计调查对象包括个人，也包括法人和非法人组织①，当统计调查对象为个人时，即可以将该条视为个人信息（被称为个人资料）的定义。显然，统计法将个人信息定位于识别个人身份的资料。《统计法》对"个人资料"的保护的意义在于不使相应主体身份被识别或者说是被暴露，因而其所界定的个人信息，就是识别特定个人身份信息。

对于个人身份的识别，《统计法》理解为"能够识别"或"推断"识别。如果推断识别被理解为结合其他信息即可识别目的的话，那么推断识别大致相当于现在人们所讲到的间接识别。在某种意义上，我们可以说，《统计法》中的个人信息包括了直接识别（独立识别）和间接识别个人身份的两种情形。《统计法实施条例》（2017 年 5 月公布，2017 年 8 月 1 日起施行）第 29 条对这两种情形作出了明确规定，认为"统计调查对象身份资料"包括：（1）直接标明单个统计调查对象身份的资料；（2）虽未直接标明单个统计调查对象身份，但是通过已标明的地址、邮政编码等相关信息可以识别或者推断单个统计调查对象身份的资料；（3）可以推断单个统计调查对象身份的汇总资料。

这样，在统计法上的个人信息专指识别身份的信息，而识别可以是姓名，也可以是地址、编码识别，还可以是与个人有关的汇总资料的推断的识别。虽然其范围包括了推断，但纳入到保护的还是有限的，仅限于识别身份。

我国还有大量的行政法、行业管理法涉及到个人信息的保密义务规范。这些行政法、行业管理法均没有对个人信息作出定义，而使用了"个人信息"或"公民个人信息"（如护照法等）、个人隐私（如税收征收管理法实施细则）、

---

① 《统计法》第七条对统计调查对象有明确列举："国家机关、企业事业单位和其他组织以及个体工商户和个人等统计调查对象。……"

"举报人的相关信息"（如环境保护法）、"客户身份资料和交易信息"（反洗钱法）。也有个别法律强调保密义务限定在身份信息，比如《精神卫生法》第四条第三款明确，有关单位和个人应当对精神障碍患者的姓名、肖像、住址、工作单位、病历资料以及其他可能推断出其身份的信息予以保密；但是，依法履行职责需要公开的除外。显然，由于各个法律保护目的不同，因而使用不同的词汇表示要保护的公民个人信息也属于正当。不过从其保护目的来看，多侧重于身份的保密性，而对于身份信息的解释，则应当参考《居民身份证法》对公民身份信息的界定。因为该法属于有关公民身份的专门性法律，其对于公民个人信息的界定可以作为其他法律对身份信息范畴的解释依据。

### （四）《刑法》对个人信息界定

2009 年，《刑法修正案（七）》（简称《刑修七》）针对个人信息侵害行为，引入个人信息刑事保护制度，以惩治"出卖和非法提供个人信息行为""盗取和以其他方法非法获取个人信息行为"。2015 年，《刑法修正案（九）》再次对刑法第二百五十三条作出修改，将罪名统一为"侵犯公民个人信息罪"。该罪控制两种行为，其一是"违反国家有关规定，向他人出售或者提供公民个人信息"的行为；其二是"窃取或者以其他方法非法获取公民个人信息"的行为。

刑法条文本身并没有对个人信息作出定义。2013 年，三部门发布的文件首次对刑法保护的个人信息作出界定："公民个人信息包括公民的姓名、年龄、有效证件号码、婚姻状况、工作单位、学历、履历、家庭住址、电话号码等能够识别公民个人身份或者涉及公民个人隐私的信息、数据资料。"① 之后，2017 年5 月 9 日，最高人民法院、最高人民检察院发布《关于办理侵犯公民个人信息刑事案件适用法律若干问题的解释》② 对刑法上的个人信息作出权威的解释：刑法第二百五十三条规定的"公民个人信息"，是指以电子或者其他方式记录的能够单独或者与其他信息结合识别特定自然人身份或者反映特定自然人活动情况

---

① 最高人民法院 最高人民检察院 公安部．关于依法惩处侵害公民个人信息犯罪活动的通知（公通字［2013］12 号）．

② 最高人民法院 最高人民检察院．关于办理侵犯公民个人信息刑事案件适用法律若干问题的解释．

的各种信息，包括姓名、身份证件号码、通信通讯联系方式、住址、账号密码、财产状况、行踪轨迹等。①

2017 年司法解释将刑法保护的公民个人信息限定于识别特定自然人身份的信息和反映个人活动情况的信息。这样的定义符合刑法保护目的。侵犯公民个人信息罪是放在"侵犯公民人身权利、民主权利罪"范畴，显然它旨在保护公民人身权利。公民识别公民的身份和活动信息最宜被犯罪分子用来识别侵害对象，实施犯罪行为，非法获取或提供个人信息，买卖个人信息无疑会增加欺诈、绑架等犯罪行为的机率，危害对公民人身和财产安全。因此，2017 年司法解释，也将不属于活动情况的信息（如财产信息）明确为刑法保护的个人信息。从该司法解释整体来看，刑法将个人信息界定在给个人人身和财产安全带来风险的那些个人信息。

虽然刑法将个人信息限定于识别个人身份的信息和活动信息，但由于个人活动信息范围呈开放性，因而在某种意义上，刑法保护的个人信息不存在明确的边界。

从比较的角度看，刑法保护的活动信息，也可以归类到《决定》所明确的隐私信息范畴。因为，刑法中所列举的财产信息和活动信息，多为个人信息分类中的敏感信息，而敏感信息多是个人希望控制而不为他人擅自利用的信息，可以归类到隐私信息范畴。

### （五）多元立法模式下个人信息定义透视析

在国外，个人信息保护源自于对个人基本权利或个人自由的保护，而我国缺失这样的传统，也没有将个人信息保护上升为对个人尊严和自由的角度加以保护。我国个人信息保护多是从个人人身安全或者隐私保护的角度加以规范的。《居民身份证法》在对保障公民的合法权益，便利公民进行社会活动，维护社会秩序的角度，建立了个人身份信息保护制度。但是，该法对保护公民的什么合法权益，并没有多少讨论，该问题也没有在该法中彰显。但从该法制定的目的

---

① 该规定选自最高人民法院 最高人民检察院．通过的《关于办理侵犯公民个人信息刑事案件适用法律若干问题的解释》（法释〔2017〕10 号），自 2017 年 6 月 1 日起施行。

看，它所保护的公民拥有合法身份，参与社会活动，防止他人假冒（冒名）、欺诈给个人参与社会活动造成妨碍或给人身带来损失。因此，该法总体是保护个人的身份安全。因此，除保护身份信息（防止泄露）外，该法还打击"购买、出售、使用伪造、变造的居民身份证"的行为。

防范公民身份信息的泄露或非法使用，是我国现阶段个人信息保护的主基调。这不仅是大量的管理法和行业法所承载的个人信息保护的使命，而且也是2009年《刑法》率先介入个人信息保护的重要理由。在法律上还没有明确为什么和如何保护个人信息的情形下，《刑法》开始将非法获取、出售或非法提供公民个人信息作为犯罪行为，动用刑罚手段惩罚，也是基于对公民身份安全和人身及财产安全的保护的考虑。因为，伴随计算机和网络应用的深入，公民身份信息的使用越来越电子化，电子化的身份信息不仅会遭遇信息安全问题，而且还会遭遇非法获取、买卖、滥用甚至用于违法犯罪活动，导致公民不堪商业营销骚扰，甚至公民人身和财产安全受到威胁。因此，国家出重拳打击公民个人信息非法获取和出售行为，试图从源头上扼制个人信息的非法取得，保障公民身份安全。因此，从承接《居民身份证法》保护的身份安全的角度，刑法对公民个人信息保护无可厚非。只是后来由于其对个人信息开放性的定义，导致个人信息的刑法保护从规范上延伸至所有的个人信息。这使得我国的个人信息受保护的范畴面临不确定性。

《网络安全法》本身的主要目的是通过保障网络安全来维护网络空间主权和国家安全，保护个人信息的安全本不是其主要使命，但由于我国缺失个人信息保护法，于是法律又承载了个人信息保护法一些使命。这使得《网络安全法》对个人信息的定义仍然将个人信息限定在"识别自然人个人身份"的各种信息，但又通过开放式列举，将其保护不限于身份所列举的身份信息。这体现出了个人身份安全法与个人信息保护之间的摇摆。

应当说，我们现行法律还没有将个人信息保护的重心或目标放在识别个人个性特征的个人信息上。其实，个人身份信息是社会交往和社会各项活动开展的必要条件，因此，其保护主要体现在防范滥用（发垃圾邮件或骚扰电话）或违法犯罪（如电信诈骗等），而不是不让人使用。而欧美个人信息保护更多地强调收集和使用个人信息分析或识别个人的个性特征，对个人的尊严、自由和平等造成损害，强调的是个人精神层面的利益保护。在这方面，我国《消费者权益保护法》本应当建立全面的个人信息概念，对接域外个人信息保护制度规则，但是《消费者权益保护法》并没有清晰地界定消费者个人信息范畴，且按照这样的理念来保护个人信息上的个人权利。从消费者权益保护法的执法情形来看，消费者身份信息的安全仍然是其保护重点。这说明，我国对个人信息保护的尚未从身份信息过渡到识别个人的信息。

从对我国个人信息概念发展的检讨发现，个人信息的定义始终围绕个人身份信息的安全，其一是《居民身份证法》定义的身份信息；其二是公民个人的手机信息、地址信息、位置信息等。这两类信息直接关系到公民的人身和财产安全，而大量用于识别分析的"关于"个人的信息的保护问题并没有成为保护性法律的目的和重点。在某种意义上，这不是这些法律的错，而且这也不是这些法律可以承担的任务。因为，这些法律均有各自的立法目的和调整范围，在所有以安全为目的的法律中，其规范的个人信息应当限定在身份信息范畴上，其个人信息保护也主要限于保密或防止泄露，而对于个人尊严、自由和平等更高层面的个人主体利益保护，则需要更高层面的个人信息保护法来实现。立法的目的决定其所保护的个人信息范围，我们不能苛责现行法对个人信息定位不清晰或不全面（这种苛责本身是没有道理的），而应当寻求对个人权利全面保护的法律的出台。因此，制定个人信息保护法，全面定位个人信息，保护个人信息上的个人权利，才是最终的出路。

## 三、制定个人信息保护法的基本目标

通过前面对我国现行法律涉及个人信息保护的制度规则研究和分析，我们认为有必要制定个人信息保护法解决现行立法存在的问题，并构筑我国面向大数据应用的新的法律规则，以在保护个人权益的前提下，建立个人数据的利用秩序，为以数据为基础的经济提供法制保障。根据 2018 年 9 月公布的第十三届全国人大常委会立法规划，"个人信息保护法"被列为第一类立法规划，即"条件比较成熟、任期内拟提请审议的法律草案"。个人信息保护法正式提上立法议事日程。笔者认为，通过制定个人信息保护法，可以解决以下问题，实现以下目标。

1. 重新定位个人信息属性和保护模式

我国个人信息保护规则探索于 21 世纪初，在制度规则建立过程中直接受到域外个人信息保护立法和理论研究的影响，尤其是来源于美国的个人信息控制论和来源德国的个人信息自决理论；另外，OECD 1980 年《隐私保护和个人数据跨境流通指南》①、欧盟的《个人数据保护指令》② 等均对我国个人信息保护立法和理论研究产生了直接影响，因而总体上仍然是形成于 20 世纪 80 年代的个人信息（隐私）保护理论的体现。伴随互联网的普及应用，物联网、云计算、大数据、机器学习等的出现，人类对数据的应用发生了翻天覆地的变化。在这样的背景下，单纯依赖个人赋权和维权不能解决个人数据保护问题，赋予个人用前控制（同意）、未经同意即构成侵权以寻求司法救济，也不能平衡个人权益和社会公共利益，发挥个人数据应有的价值。《民法总则》宣示性地规定"个人信息受法律保护"仍然为我国准确定位个人信息保护提供了机会和空间。我国应当充分深入研究大数据背景下个人信息保护的新趋势、新规则、新思路，在新的定位基础上，全面重构我国的个人信息保护制度。

作为个人信息保护的基本法，个人信息保护法旨在规定政府机关、公共团体和私营组织收集、利用个人信息的行为基本规范，既保护信息权利人利益，同时又使个人信息得到合理有效利用，实现其社会价值。个人信息保护立法因此要平衡个人信息权利人（信息主体）的利益和社会（个人信息利用人）的利益。个人信息不仅具有个人属性，而且还有社会属性，具有社会价值，涉及公共利益。个人信息是社会各项活动开展的润滑剂，个人信息披露和为社会化利用再所难免，确保信息合理流动和合理利用也是个人信息立法的宗旨。个人信息保护不仅是为个人所设定的一项权利，更是旨在构建一个平衡个人、信息使

---

① 该指南于 2013 年修订重新发布，Recommendation of the Council concerning Guidelines governing the Protection of Privacy and Transborder Flows of Personal Data（2013）［C（80）58/FINAL, as amended on 11 July 2013 by C（2013）79，［EB/OL］. OECD 官网，2015 - 11 - 28.

② 欧盟议会与欧盟理事会 1995 年发布《关于涉及个人数据处理的个人保护以及此类数据自由流通的第 95/46/EC 号指令》（简称《数据保护指令》）。

用者和社会利益的法律框架。

因此，个人信息的人身性和财产性、私人性和公共性并存导致其保护需要复杂的权利安排，以维系"信息流动与信息安全"或"保持信息的自由流动与公民权利保护之间的平衡"。

在这样的理念下，个人信息保护就不是赋予私人对个人信息的支配权并对侵害权利者予以惩罚这么简单，它需要根据个人权益和公共利益平衡原则，建立个人信息利用秩序，让个人信息利用有规范，在合理正当规则下利用，以确保个人权益不受侵害，对于违反法律规则，侵害个人权益的行为提供民事的、行政的和刑事的救济。而建立这样一套复杂的规范体系需要专门的法律来完成。

2. 克服分散立法和分散管理的弊端

如前所述，我国一开始便是分行业或领域制定个人信息保护规则，即使是对我国个人信息保护具有指导作用的《决定》也主要是针对电信和网络服务领域的，因此，总体上没有一部法律统领个人信息保护，建立整体的统一的保护原则和保护方式。在《决定》之后，有多部法律开始规范个人信息保护，但是，基本内容大体一致，属于简单重复并在特殊领域的应用。即使《网络安全法》试图建立更全面的规则，但限于该法性质和调整范围，也不可能全面规范。分散立法带来的许多弊端，包括个人信息概念、保护规则和力度不统一，等等。为克服这些弊端，只有建立一个统一的个人信息保护法才能解决。单一立法是统一法律规则唯一的途径。

3. 全面建立个人信息保护和安全应用的规则

个人信息既需要保护，也需要被利用，因此，在个人信息保护利用之规范中，既需要对信息主体赋予一定的权利，又要给个人信息控制人（即利用人）以一定的义务，使其在保护个人权益的前提下，实现对个人信息的利用。而现在分散的个人信息保护法目的只有一个——保护个人权益，但其缺失合法使用（包括流通利用）的规范。表现于现行法律中，就是数据控制人的义务性规范粗糙简单，且以义务性规范和禁止性规范为主，难以发挥法律的指引作用。要克服这样的缺陷也必须在统一立法下，建立可实现保护和利用双重目的的规则。

4. 厘清个人信息保护与个人隐私保护界线

在现阶段，个人信息保护几乎被等同于隐私保护。但是，在大陆法的语境下，二者差别很大。个人信息保护旨在确立个人信息的使用规则，以防止个人信息的使用侵犯个人尊严、自由和平等利益。公开即无隐私①，是隐私保护法一般规则。如果某人公开了某信息，那么他就不再对该信息享有隐私利益。而在个人信息中，个人信息的公开并不因此丧失个人对个人信息的权利。因此，就会出现处于公共领域的个人信息。在一些特定场景中，一些个人信息也可以被认为处于公共领域。这也是平衡个人权利保护和社会公共利益的结果。例如，对于一个学校来讲，就需要平衡二者，决定教职工的哪些信息可以公开或不公开。一旦个人信息被定位于处于公共领域，那么就意味着该个人信息就可以不经数据主体的同意，而被自动或人工地处理，并向外公开和可能向第三人披露。这就意味着这些信息可能会出现在互联网上，到处可以查询到。② 但是，这些公开可获取的信息是否可以以损害个人权益的方式来使用，就是个人信息保护法需要规定的事情。

5. 建立促进大数据应用的个人数据利用秩序

在大数据时代，个人信息的收集几乎无处不在，个人信息的内涵越来越丰富，范围越来越广。在个人信息被广泛收集、广泛应用的前提下，我们既需要加强对个人信息的保护，又需要促进个人信息的安全利用，以满足我国经济转型和科技创新的需要，促进大数据产业的发展。

基于对我国目前个人信息保护立法和保护状况的分析，笔者认为我国亟待制定个人数据保护法，以确立我国适用于大数据时代的个人数据保护原则，校正法律移植过程中的错误，结束个人信息保护立法散乱和保护不力的局面，为个人信息在经济发展和社会治理中的应用确立基本秩序。

---

① 这里的公开是在自愿和有控制能力的情形下的公开，而不是强迫或无意中公开的。有的时候，汇编于政府或公共机构的文件中，个人信息并不等于该个人放弃了隐私利益。也就是说，个人信息中的隐私利益的公开应当是它有意识地、主动地公开。尤其是在犯罪侦察、证人证言等中记录，不能视为隐私利益的放弃。

② 例如，英国的 Swansea 大学在它的隐私政策中认为，以下信息可以视为处于公共领域并可由任何途径获取，除非个人表示反对：（1）市政厅、法院和议会的成员的姓名；（2）教研人员和教研辅助人员的姓名和学术资格；（3）由数据主体提供的教研人员的简历；（4）考研人员电子邮件地址；（5）教职员工工作电话号码；（6）学位证；（7）新闻稿。内容可查询 swansea 大学官网。

# 四、个人信息保护法立法基本设想

个人数据保护权并不是赋予个人对个人数据的绝对支配权，而是对个人数据上的合法利益的控制权，是通过基本原则和行为规范来实现对个人权利的保护。未来个人信息保护法应当在平衡个人信息主体权益和个人信息的使用人权益的基础上，建立既能够保护个人权益不受侵犯，同时又能够便捷广泛地使用个人信息，构筑数据时代个人信息保护和利用的秩序。

1. 区分个人数据与个人信息

如前所述，美国习惯用信息，欧洲习惯用数据，这导致在国际社会中人们不得不交替或混同使用个人信息和个人数据，或者可以说二者是一回事。因为欧盟 GDPR 也是将个人数据定义为与已识别或者可识别的自然人相关的"任何信息（any information）"。也就是说欧盟的个人数据仍然是从信息层面上讲，而不是在数据层面上。因此，世界各国在对数据上的主体权利的保护，是在信息层面，而不是在数据层面。因此，在我国数据立法中，要坚持个人信息保护是保护个人对个人信息的控制，而不是与个人有关的数据的控制。这意味着与个人有关的数据可以由数据控制者控制，但是数据控制者对与个人有关的数据的分析、对个人的描述（贴标签）等必须尊重个人权利，以不损害数据主体的权利为前提。也就是说，个人信息主体控制的是数据关联到个人的使用，而当对数据的使用不关联到个人时，数据控制者对与个人有关的数据有自主决定权。数据控制者对数据的控制是将数据作为资源，因而其数据控制权属于财产权范畴。而个人对个人信息的控制主要是为了维护个人尊严和自由，是为了基本权利或人格利益。

2. 个人信息收集和使用的合法性原则

在欧洲，虽然个人数据保护朝着强化的方向发展，但是，个人数据处理的合法性原则却一直没有变。2012 年《数据公约》① 第五条修订时特别增加和明确了合法性原则，它要求有合法的目的且有法律依据或基础。《数据公约》列举了几项合法基础：数据主体的同意；履行数据主体为当事人的合同所必需；履行数据控制者的法律义务所必需；为国内法所规定的更重要合法利益。欧盟《统一数据保护条例》遵循该原则，将法定事项列举为六项②。显然，同意只是合法性基础之一。我国现行法律对个人信息收集和使用规定了"合法、正当和必要"原则，但缺少细化，而只是简单粗暴地规定要"明示信息的目的、方式和范围，并经被收集者同意"。显然，同意不是也不应当是所有收集和使用个人信息的法律基础。在制定个人信息保护法过程中，应当借鉴欧盟这一正确的做法，规定恰当全面的个人信息的收集和使用的合法性基础。

3. 夯实透明性原则

透明也称公开，是个人数据保护的基本原则，它要求个人数据处理应当向所涉及的个人公开并为其所了解或知晓。该原则通常需要通过明确数据控制者的通知、告知义务来保障和实现。OECD《隐私指南》规定了公开原则（Openness Principle）③，欧盟《统一数据保护条例》详细规定了透明原则（第五条）的实现（第十二至十四条）。可见透明原则在欧盟立法中占有很重要的地位。我国《个人信息安全规范》也规定了公开透明原则，即数据控制者应以明确、易懂和合理的方式公开处理个人信息的范围、目的、规则等，并接受外部监督。但是现行法律

---

① Convention for the Protection of Individuals with regard to Automatic Processing of Personal Data. ( CETS No. 108，Strasbourg，28/01/1981). 欧盟委员会网站，2015 – 12 – 10.

② OECD《隐私指南》规定公开原则的内容是："第六条　数据处理的合法性（Lawfulness of processing）1. 只有符合以下情况之一的个人数据处理行为才是合法的：（a）数据主体已经对基于一个或多个具体目的而处理其个人数据的行为表示同意；（b）履行数据主体为一方当事人的合同或在订立合同前为实施数据主体要求的行为所必要的数据处理；（c）为履行数据控制者的法定义务所必要的数据处理；（d）为保护数据主体或另一自然人的重大利益所必要的数据处理；（e）为履行涉及公共利益的职责或实施已经授予数据控制者的职务权限所必要的数据处理；（f）数据控制者或第三方为追求合法利益目的而进行的必要数据处理，但当该利益与要求对个人数据进行保护的数据主体的利益或基本权利和自由相冲突时，尤其是当该数据主体为儿童时，则不得进行数据处理。"

③ "应当公开有关个人数据的开发、应用和操作规则的一般政策；应当提供现实可行的手段以确定个人数据的存在状况、性质、使用目的以及数据控制者的身份和住址。"

中多体现为告知义务，且对于告知的内容、方式、程序等没有作出详细规范。另外，现行法律多将告知与同意联系在一起，认为告知是同意的前提，告知必然伴随同意。但是，事实上，告知义务或透明是一项独立的制度，告知并不一定需要伴随同意。因此，我们不仅应当丰满告知的内容，而且要将告知或透明原则作为一项独立的制度加以规范。

4. 限缩同意适用范围，分类实施不同的同意制度

在合法性原则下，同意并不是任何情形下的收集和使用个人信息的法律条件，因而存在大量不需要同意的情形。这实际上相当于限缩了同意的适用范围。在限定适用同意的情形下，还需要分类实施不同的"同意"。这是因为，在许多情形下，普通的个人信息的收集和使用，宜采取事后同意，即采取以拒绝方式表达同意（选退规则）；而对于关系个人隐私的或其他敏感性信息，应当采取事先同意，且严格同意的条件。这样，在正常的业务往来中，收集和使用个人信息具有正当性，可以不需要征得用户的同意。但是，如果没有商品或服务提供或者仅提供免费服务或礼品来专门收集个人信息的，则必须事先征询信息主体的意见，明确收集的目的，取得信息主体的同意。对于信息主体的同意，应当坚持以事后拒绝（选退规则）作为基本原则，事先同意作为例外（个人敏感信息）。对于需要事先同意的情形，我们需要严格同意的条件，同意必须是特定事项或特定目的的且明确表示的同意，而不能将同意作为逃避法律责任的庇护。

5. 区分身份标识类信息和其他个人信息，实施不同的流通利用规则

个人信息应当采取分类规范的模式，根据不同的数据类型和不同使用行为、不同的场景（比如原目的范围的使用、超越收集目的的使用、提供第三人使用等）建立不同的个人数据利用规范，以使个人信息在得到利用的同时，不会侵犯个人权益（包括隐私），使任何侵害行为能够得到救济。在个人信息流通利用方面，建议对直接识别个人身份信息应当予以特别规范。这是因为直接可以识别个人身份的信息可以方便地识别到具体个人，且直接联系该人，具有一定的社会危害性。因此，直接识别个人的身份信息未经个人同意应当禁止随意流通，任何个人信息的共享和流通应当排除可直接识别身份的标识，禁止在任何情况下擅自公开或向第三人提供带有身份标识的个人信息。尤其是在个人信息立法中要贯彻《网络安全法》去身份后即可以流通的原则，明确去身份和不可复原的标准，为实践个人

信息流通利用开辟合法的路径。在笔者看来，只要保护好个人身份信息，那么个人隐私安全或个人信息安全问题就迎刃而解了。因此，怎样严苛规范身份信息的收集和使用，打击身份信息的买卖或非法提供，是我国个人信息立法的重要内容。至于用来评价个人信用的个人信息或者评价个人消费倾向等的个人信息，只要尊重个人基本权利，即可以按照法律规则进行使用。

6. 建立个人信息控制者和国家相互分工的隐私风险防控体系

现代商业离不开数据，尤其是与个人有关的数据，保护个人数据不是禁止使用，而是合法使用，是在保护个人信息的前提下使用。个人信息保护最大的危害来源于泄露、公开、失控，因此，世界各国公认隐私保护最有效的方法是将个人信息保护贯彻到系统设计中，贯彻到企事业单位的日常管理流程和制度中，防范个人信息保护风险的发生而不是事后救济。因此，要引入世界各国公认、默认隐私保护方法，将隐私保护贯彻到系统设计中，贯彻到企事业单位的日常管理流程和制度中，加强企业组织对隐私风险的防范和控制，规范和引导企业事业单位将隐私安全纳入信息安全体系中，纳入合规管理中，并且当某种数据处理行为可能会对个人的隐私和其他权益产生风险时，应当进行隐私风险评估，以防范系统性隐私风险的发生。同时，国家也应成立专门的个人数据保护或隐私保护机构，统一和协同执法，加强国家对个人信息滥用的惩处力度，打击个人信息的非法买卖和非法提供，尤其是盗卖可直接识别个人身份的信息，从事违法犯罪目的的犯罪行为，为个人数据的合法利用提供良好的环境。

# 附录一 个人信息保护和利用基本规范

## 基本法律

| 法规名称 | 具体规范 |
|---|---|
| 《中华人民共和国宪法》全国人民代表大会，2004 年修订 | 第三十三条　凡具有中华人民共和国国籍的人都是中华人民共和国公民。<br>中华人民共和国公民在法律面前一律平等。<br>国家尊重和保障人权。<br><br>第三十八条　中华人民共和国公民的人格尊严不受侵犯。禁止用任何方法对公民进行侮辱、诽谤和诬告陷害。<br><br>第三十九条　中华人民共和国公民的住宅不受侵犯。禁止非法搜查或者非法侵入公民的住宅。<br><br>第四十条　中华人民共和国公民的通信自由和通信秘密受法律的保护。除因国家安全或者追查刑事犯罪的需要，由公安机关或者检察机关依照法律规定的程序对通信进行检查外，任何组织或者个人不得以任何理由侵犯公民的通信自由和通信秘密。 |
| 《中华人民共和国民法总则》全国人民代表大会，2017 年 | 第一百一十一条　自然人的个人信息受法律保护。任何组织和个人需要获取他人个人信息的，应当依法取得并确保信息安全，不得非法收集、使用、加工、传输他人个人信息，不得非法买卖、提供或者公开他人个人信息。 |
| 全国人民代表大会中华人民共和国刑法修正案（七）2009 年（已经被《刑修九》修正） | 七、在刑法第二百五十三条后增加一条，作为第二百五十三条之一："国家机关或者金融、电信、交通、教育、医疗等单位的工作人员，违反国家规定，将本单位在履行职责或者提供服务过程中获得的公民个人信息，出售或者非法提供给他人，情节严重的，处三年以下有期徒刑或者拘役，并处或者单处罚金。<br>"窃取或者以其他方法非法获取上述信息，情节严重的，依照前款的规定处罚。<br>"单位犯前两款罪的，对单位判处罚金，并对其直接负责的主管人员和其他直接责任人员，依照各该款的规定处罚。" |

| 法规名称 | 具体规范 |
| --- | --- |
| 《中华人民共和国刑法修正案（九）》全国人民代表大会2015年 | 第二百五十三条之一："违反国家有关规定，向他人出售或者提供公民个人信息，情节严重的，处三年以下有期徒刑或者拘役，并处或者单处罚金；情节特别严重的，处三年以上七年以下有期徒刑，并处罚金。违反国家有关规定，将在履行职责或者提供服务过程中获得的公民个人信息，出售或者提供给他人的，依照前款的规定从重处罚。窃取或者以其他方法非法获取公民个人信息的，依照第一款的规定处罚。单位犯前三款罪的，对单位判处罚金，并对其直接负责的主管人员和其他直接责任人员，依照各该款的规定处罚。"<br>第二百八十六条之一："网络服务提供者不履行法律、行政法规规定的信息网络安全管理义务，经监管部门责令采取改正措施而拒不改正，有下列情形之一的，处三年以下有期徒刑、拘役或者管制，并处或者单处罚金：<br>（一）致使违法信息大量传播的；<br>（二）致使用户信息泄露，造成严重后果的；<br>（三）致使刑事案件证据灭失，情节严重的；<br>（四）有其他严重情节的。"<br>单位犯前款罪的，对单位判处罚金，并对其直接负责的主管人员和其他直接责任人员，依照前款的规定处罚。<br>有前两款行为，同时构成其他犯罪的，依照处罚较重的规定定罪处罚。 |
| 《中华人民共和国网络安全法》全国人大常委会，2016年 | 第二十二条　网络产品、服务具有收集用户信息功能的，其提供者应当向用户明示并取得同意；涉及用户个人信息的，还应当遵守本法和有关法律、行政法规关于个人信息保护的规定。 |
| | 第三十七条　关键信息基础设施的运营者在中华人民共和国境内运营中收集和产生的个人信息和重要数据应当在境内存储。因业务需要，确需向境外提供的，应当按照国家网信部门会同国务院有关部门制定的办法进行安全评估；法律、行政法规另有规定的，依照其规定。 |
| | 第四十条　网络运营者应当对其收集的用户信息严格保密，并建立健全用户信息保护制度。 |

| 法规名称 | 具体规范 |
|---|---|
| | 　　第四十一条　网络运营者收集、使用个人信息，应当遵循合法、正当、必要的原则，公开收集、使用规则，明示收集、使用信息的目的、方式和范围，并经被收集者同意。网络运营者不得收集与其提供的服务无关的个人信息，不得违反法律、行政法规的规定和双方的约定收集、使用个人信息，并应当依照法律、行政法规的规定和与用户的约定，处理其保存的个人信息。 |
| | 　　第四十二条　网络运营者不得泄露、篡改、毁损其收集的个人信息；未经被收集者同意，不得向他人提供个人信息。但是，经过处理无法识别特定个人且不能复原的除外。<br>　　网络运营者应当采取技术措施和其他必要措施，确保其收集的个人信息安全，防止信息泄露、毁损、丢失。在发生或者可能发生个人信息泄露、毁损、丢失的情况时，应当立即采取补救措施，按照规定及时告知用户并向有关主管部门报告。 |
| | 　　第四十三条　个人发现网络运营者违反法律、行政法规的规定或者双方的约定收集、使用其个人信息的，有权要求网络运营者删除其个人信息；发现网络运营者收集、存储的其个人信息有错误的，有权要求网络运营者予以更正。网络运营者应当采取措施予以删除或者更正。 |
| | 　　第四十四条　任何个人和组织不得窃取或者以其他非法方式获取个人信息，不得非法出售或者非法向他人提供个人信息。 |
| | 　　第四十九条　网络运营者应当建立网络信息安全投诉、举报制度，公布投诉、举报方式等信息，及时受理并处理有关网络信息安全的投诉和举报。网络运营者对网信部门和有关部门依法实施的监督检查，应当予以配合。 |
| | 　　第六十四条　网络运营者、网络产品或者服务的提供者违反本法第二十二条第三款、第四十一条至第四十三条规定，侵害个人信息依法得到保护的权利的，由有关主管部门责令改正，可以根据情节单处或者并处警告、没收违法所得、处违法所得一倍以上十倍以下罚款，没有违法所得的，处一百万元以下罚款，对直接负责的主管人员和其他直接责任人员处一万元以上十万元以下罚款；情节严重的，并可以责令暂停相关业务、停业整顿、关闭网站、吊销相关业务许可证或者吊销营业执照。违反本法第四十四条规定，窃取或者以其他非法方式获取、非法出售或者非法向他人提供个人信息，尚不构成犯罪的，由公安机关没收违法所得，并处违法所得一倍以上十倍以下罚款，没有违法所得的，处一百万元以下罚款。 |

| 法规名称 | 具体规范 |
| --- | --- |
| 《中华人民共和国消费者权益保护法》全国人大常委会，2013 年修订 | 第十四条　消费者在购买、使用商品和接受服务时，享有人格尊严、民族风俗习惯得到尊重的权利，享有个人信息依法得到保护的权利。 |
| | 第二十九条　经营者收集、使用消费者个人信息，应当遵循合法、正当、必要的原则，明示收集、使用信息的目的、方式和范围，并经消费者同意。经营者收集、使用消费者个人信息，应当公开其收集、使用规则，不得违反法律、法规的规定和双方的约定收集、使用信息。<br>　经营者及其工作人员对收集的消费者个人信息必须严格保密，不得泄露、出售或者非法向他人提供。经营者应当采取技术措施和其他必要措施，确保信息安全，防止消费者个人信息泄露、丢失。在发生或者可能发生信息泄露、丢失的情况时，应当立即采取补救措施。<br>　经营者未经消费者同意或者请求，或者消费者明确表示拒绝的，不得向其发送商业性信息。 |
| | 第四十条　消费者在购买、使用商品时，其合法权益受到损害的，可以向销售者要求赔偿。销售者赔偿后，属于生产者的责任或者属于向销售者提供商品的其他销售者的责任的，销售者有权向生产者或者其他销售者追偿。……消费者在接受服务时，其合法权益受到损害的，可以向服务者要求赔偿。 |
| | 第五十条　经营者侵害消费者的人格尊严、侵犯消费者人身自由或者侵害消费者个人信息依法得到保护的权利的，应当停止侵害、恢复名誉、消除影响、赔礼道歉，并赔偿损失。 |
| | 第五十六条　经营者有下列情形之一，除承担相应的民事责任外，其他有关法律、法规对处罚机关和处罚方式有规定的，依照法律、法规的规定执行；法律、法规未作规定的，由工商行政管理部门或者其他有关行政部门责令改正，可以根据情节单处或者并处警告、没收违法所得、处以违法所得一倍以上十倍以下的罚款，没有违法所得的，处以五十万元以下的罚款；情节严重的，责令停业整顿、吊销营业执照；……；（九）侵害消费者人格尊严、侵犯消费者人身自由或者侵害消费者个人信息依法得到保护的权利的；…… |

续表

| 法规名称 | 具体规范 |
|---|---|
| 《中华人民共和国广告法》，2015 年 4 月 24 日全国人大常委会修订 | 第九条　广告不得有下列情形：<br>（六）危害人身、财产安全，泄露个人隐私；<br><br>第四十三条　任何单位或者个人未经当事人同意或者请求，不得向其住宅、交通工具等发送广告，也不得以电子信息方式向其发送广告。<br>以电子信息方式发送广告的，应当明示发送者的真实身份和联系方式，并向接收者提供拒绝继续接收的方式。<br><br>第四十四条　利用互联网从事广告活动，适用本法的各项规定。<br>利用互联网发布、发送广告，不得影响用户正常使用网络。在互联网页面以弹出等形式发布的广告，应当显著标明关闭标志，确保一键关闭。<br><br>第四十五条　公共场所的管理者或者电信业务经营者、互联网信息服务提供者对其明知或者应知的利用其场所或者信息传输、发布平台发送、发布违法广告的，应当予以制止。<br><br>第六十三条　违反本法第四十三条规定发送广告的，由有关部门责令停止违法行为，对广告主处五千元以上三万元以下的罚款。<br>违反本法第四十四条第二款规定，利用互联网发布广告，未显著标明关闭标志，确保一键关闭的，由工商行政管理部门责令改正，对广告主处五千元以上三万元以下的罚款。<br><br>第六十九条　广告主、广告经营者、广告发布者违反本法规定，有下列侵权行为之一的，依法承担民事责任：<br>（一）在广告中损害未成年人或者残疾人的身心健康的；<br>（二）假冒他人专利的；<br>（三）贬低其他生产经营者的商品、服务的；<br>（四）在广告中未经同意使用他人名义或者形象的；<br>（五）其他侵犯他人合法民事权益的。 |

| 法规名称 | 具体规范 |
|---|---|
| 《中华人民共和国电子商务法》 | 第十八条  电子商务经营者根据消费者的兴趣爱好、消费习惯等特征向其提供商品或者服务的搜索结果的，应当同时向该消费者提供不针对其个人特征的选项，尊重和平等保护消费者合法权益。<br>电子商务经营者向消费者发送广告的，应当遵守《中华人民共和国广告法》的有关规定。 |
| | 第二十四条  电子商务经营者应当明示用户信息查询、更正、删除以及用户注销的方式、程序，不得对用户信息查询、更正、删除以及用户注销设置不合理条件。<br>电子商务经营者收到用户信息查询或者更正、删除的申请的，应当在核实身份后及时提供查询或者更正、删除用户信息。用户注销的，电子商务经营者应当立即删除该用户的信息；依照法律、行政法规的规定或者双方约定保存的，依照其规定。 |
| | 第二十五条  有关主管部门依照法律、行政法规的规定要求电子商务经营者提供有关电子商务数据信息的，电子商务经营者应当提供。有关主管部门应当采取必要措施保护电子商务经营者提供的数据信息的安全，并对其中的个人信息、隐私和商业秘密严格保密，不得泄露、出售或者非法向他人提供。 |
| | 第三十二条  电子商务平台经营者应当遵循公开、公平、公正的原则，制定平台服务协议和交易规则，明确进入和退出平台、商品和服务质量保障、消费者权益保护、个人信息保护等方面的权利和义务。 |
| | 第四十条  电子商务平台经营者应当根据商品或者服务的价格、销量、信用等以多种方式向消费者显示商品或者服务的搜索结果；对于竞价排名的商品或者服务，应当显著标明"广告"。 |
| 《全国人大常委会关于加强网络信息保护的决定》全国人大常委会，2012年 | 第一条  任何组织和个人不得窃取或者以其他非法方式获取公民个人电子信息，不得出售或者非法向他人提供公民个人电子信息。 |
| | 第二条  网络服务提供者和其他企业事业单位在业务活动中收集、使用公民个人电子信息，应当遵循合法、正当、必要的原则，明示收集、使用信息的目的、方式和范围，并经被收集者同意，不得违反法律、法规的规定和双方的约定收集、使用信息。网络服务提供者和其他企业事业单位收集、使用公民个人电子信息，应当公开其收集、使用规则。 |
| | 第三条  网络服务提供者和其他企业事业单位及其工作人员对在业务活动中收集的公民个人电子信息必须严格保密，不得泄露、篡改、毁损，不得出售或者非法向他人提供。 |

| 法规名称 | 具体规范 |
| --- | --- |
| 《中华人民共和国电信条例》国务院，2000 年 | 　第四条　网络服务提供者和其他企业事业单位应当采取技术措施和其他必要措施，确保信息安全，防止在业务活动中收集的公民个人电子信息泄露、毁损、丢失。在发生或者可能发生信息泄露、毁损、丢失的情况时，应当立即采取补救措施。 |
| | 　第十一条　对有违反本决定行为的，依法给予警告、罚款、没收违法所得、吊销许可证或者取消备案、关闭网站、禁止有关责任人员从事网络服务业务等处罚，记入社会信用档案并予以公布；构成违反治安管理行为的，依法给予治安管理处罚。构成犯罪的，依法追究刑事责任。侵害他人民事权益的，依法承担民事责任。 |
| | 　第五十七条　任何组织或者个人不得有下列危害电信网络安全和信息安全的行为：……（二）利用电信网从事窃取或者破坏他人信息、损害他人合法权益的活动；…… |
| | 　第六十五条　电信用户依法使用电信的自由和通信秘密受法律保护。除因国家安全或者追查刑事犯罪的需要，由公安机关、国家安全机关或者人民检察院依照法律规定的程序对电信内容进行检查外，任何组织或者个人不得以任何理由对电信内容进行检查。电信业务经营者及其工作人员不得擅自向他人提供电信用户使用电信网络所传输信息的内容。 |

## 部门规章

| 法规名称 | 具体规范 |
| --- | --- |
| 《互联网信息搜索服务管理规定》国家互联网信息办公室，2016 年 6 月 25 日发布 | 　第六条　互联网信息搜索服务提供者应当落实主体责任，建立健全信息审核、公共信息实时巡查、应急处置及个人信息保护等信息安全管理制度，具有安全可控的防范措施，为有关部门依法履行职责提供必要的技术支持。 |

续表

| 法规名称 | 具体规范 |
|---|---|
| 《规范互联网信息服务市场秩序若干规定》工业和信息化部 | 第十一条　未经用户同意，互联网信息服务提供者不得收集与用户相关、能够单独或者与其他信息结合识别用户的信息（以下简称"用户个人信息"），不得将用户个人信息提供给他人，但是法律、行政法规另有规定的除外。互联网信息服务提供者经用户同意收集用户个人信息的，应当明确告知用户收集和处理用户个人信息的方式、内容和用途，不得收集其提供服务所必需以外的信息，不得将用户个人信息用于其提供服务之外的目的。 |
| | 第十二条　互联网信息服务提供者应当妥善保管用户个人信息；保管的用户个人信息泄露或者可能泄露时，应当立即采取补救措施；造成或者可能造成严重后果的，应当立即向准予其互联网信息服务许可或者备案的电信管理机构报告，并配合相关部门进行的调查处理。 |
| | 第十四条　互联网信息服务提供者应当以显著的方式公布有效联系方式，接受用户及其他互联网信息服务提供者的投诉，并自接到投诉之日起十五日内作出答复。 |
| | 第十八条　互联网信息服务提供者违反本规定第八条、第九条、第十条、第十一条、第十二条或者第十四条的规定的，由电信管理机构依据职权处以警告，可以并处一万元以上三万元以下的罚款，向社会公告。 |
| 《电信和互联网用户个人信息保护规定》，中华人民共和国工业和信息化部令第24号（2013年） | 第五条　电信业务经营者、互联网信息服务提供者在提供服务的过程中收集、使用用户个人信息，应当遵循合法、正当、必要的原则。 |
| | 第六条　电信业务经营者、互联网信息服务提供者对其在提供服务过程中收集、使用的用户个人信息的安全负责。 |
| | 第八条　电信业务经营者、互联网信息服务提供者应当制定用户个人信息收集、使用规则，并在其经营或者服务场所、网站等予以公布。 |

| 法规名称 | 具体规范 |
|---|---|
| | 第九条 未经用户同意，电信业务经营者、互联网信息服务提供者不得收集、使用用户个人信息。电信业务经营者、互联网信息服务提供者收集、使用用户个人信息的，应当明确告知用户收集、使用信息的目的、方式和范围，查询、更正信息的渠道以及拒绝提供信息的后果等事项。电信业务经营者、互联网信息服务提供者不得收集其提供服务所必需以外的用户个人信息或者将信息用于提供服务之外的目的，不得以欺骗、误导或者强迫等方式或者违反法律、行政法规以及双方的约定收集、使用信息。电信业务经营者、互联网信息服务提供者在用户终止使用电信服务或者互联网信息服务后，应当停止对用户个人信息的收集和使用，并为用户提供注销号码或者账号的服务。 |
| | 第十条 电信业务经营者、互联网信息服务提供者及其工作人员对在提供服务过程中收集、使用的用户个人信息应当严格保密，不得泄露、篡改或者毁损，不得出售或者非法向他人提供。 |
| | 第十二条 电信业务经营者、互联网信息服务提供者应当建立用户投诉处理机制，公布有效的联系方式，接受与用户个人信息保护有关的投诉，并自接到投诉之日起十五日内答复投诉人。 |
| | 第十三条 电信业务经营者、互联网信息服务提供者应当采取以下措施防止用户个人信息泄露、毁损、篡改或者丢失：<br>（一）确定各部门、岗位和分支机构的用户个人信息安全管理责任；<br>（二）建立用户个人信息收集、使用及其相关活动的工作流程和安全管理制度；<br>（三）对工作人员及代理人实行权限管理，对批量导出、复制、销毁信息实行审查，并采取防泄密措施；<br>（四）妥善保管记录用户个人信息的纸介质、光介质、电磁介质等载体，并采取相应的安全储存措施；<br>（五）对储存用户个人信息的信息系统实行接入审查，并采取防入侵、防病毒等措施；<br>（六）记录对用户个人信息进行操作的人员、时间、地点、事项等信息；<br>（七）按照电信管理机构的规定开展通信网络安全防护工作；<br>（八）电信管理机构规定的其他必要措施。 |

| 法规名称 | 具体规范 |
|---|---|
|  | 第十四条　电信业务经营者、互联网信息服务提供者保管的用户个人信息发生或者可能发生泄露、毁损、丢失的，应当立即采取补救措施；造成或者可能造成严重后果的，应当立即向准予其许可或者备案的电信管理机构报告，配合相关部门进行的调查处理。 |
|  | 第十五条　电信业务经营者、互联网信息服务提供者应当对其工作人员进行用户个人信息保护相关知识、技能和安全责任培训。 |
|  | 第十六条　电信业务经营者、互联网信息服务提供者应当对用户个人信息保护情况每年至少进行一次自查，记录自查情况，及时消除自查中发现的安全隐患。 |
| 《计算机信息网络国际联网安全保护管理办法》公安部 | 第七条　用户的通信自由和通信秘密受法律保护。任何单位和个人不得违反法律规定，利用国际联网侵犯用户的通信自由和通信秘密。 |
|  | 第二十一条　有下列行为之一的，由公安机关责令限期改正，给予警告，有违法所得的，没收违法所得；在规定的限期内未改正的，对单位的主管负责人员和其他直接责任人员可以并处五千元以下的罚款，对单位可以并处一万五千元以下的罚款；情节严重的，并可以给予六个月以内的停止联网、停机整顿的处罚，必要时可以建议原发证、审批机构吊销经营许可证或者取消联网资格。<br>（一）未建立安全保护管理制度的；<br>（二）未采取安全技术保护措施的；<br>（三）未对网络用户进行安全教育和培训的；<br>（四）未提供安全保护管理所需信息、资料及数据文件，或者所提供内容不真实的；<br>（五）对委托其发布的信息内容未进行审核或者对委托单位和个人未进行登记的；<br>（六）未建立电子公告系统的用户登记和信息管理制度的；<br>…… |
|  | 第二十二条　违反本办法第四条、第七条规定的，依照有关法律、法规予以处罚。 |

续表

| 法规名称 | 具体规范 |
|---|---|
| 《互联网安全保护技术措施规定》公安部 | 第四条 互联网服务提供者、联网使用单位应当建立相应的管理制度。未经用户同意不得公开、泄露用户注册信息，但法律、法规另有规定的除外。互联网服务提供者、联网使用单位应当依法使用互联网安全保护技术措施，不得利用互联网安全保护技术措施侵犯用户的通信自由和通信秘密。公安机关公共信息网络安全监察部门负责对互联网安全保护技术措施的落实情况依法实施监督管理。互联网安全保护技术措施应当符合国家标准。没有国家标准的，应当符合公共安全行业技术标准。 |
| 《侵害消费者权益行为处罚办法》国家工商行政管理总局 | 第二条 工商行政管理部门依照《消费者权益保护法》等法律法规和本办法的规定，保护消费者为生活消费需要购买、使用商品或者接受服务的权益，对经营者侵害消费者权益的行为实施行政处罚。<br><br>第十一条 经营者收集、使用消费者个人信息，应当遵循合法、正当、必要的原则，明示收集、使用信息的目的、方式和范围，并经消费者同意。经营者不得有下列行为：<br>（一）未经消费者同意，收集、使用消费者个人信息；<br>（二）泄露、出售或者非法向他人提供所收集的消费者个人信息；<br>（三）未经消费者同意或者请求，或者消费者明确表示拒绝，向其发送商业性信息。<br><br>第十四条 经营者有本办法第五条至第十一条规定的情形之一，其他法律、法规有规定的，依照法律、法规的规定执行；法律、法规未作规定的，由工商行政管理部门依照《消费者权益保护法》第五十六条予以处罚。 |

| 法规名称 | 具体规范 |
|---|---|
| 《网络交易管理办法》国家工商行政管理总局 | 　　第十八条　　网络商品经营者、有关服务经营者在经营活动中收集、使用消费者或者经营者信息，应当遵循合法、正当、必要的原则，明示收集、使用信息的目的、方式和范围，并经被收集者同意。<br>　　网络商品经营者、有关服务经营者收集、使用消费者或者经营者信息，应当公开其收集、使用规则，不得违反法律、法规的规定和双方的约定收集、使用信息。<br>　　网络商品经营者、有关服务经营者及其工作人员对收集的消费者个人信息或者经营者商业秘密的数据信息必须严格保密，不得泄露、出售或者非法向他人提供。网络商品经营者、有关服务经营者应当采取技术措施和其他必要措施，确保信息安全，防止信息泄露、丢失。在发生或者可能发生信息泄露、丢失的情况时，应当立即采取补救措施。网络商品经营者、有关服务经营者未经消费者同意或者请求，或者消费者明确表示拒绝的，不得向其发送商业性电子信息。 |
| 《网络预约出租汽车经营服务管理暂行办法》交通运输部、工业和信息化部、公安部、商务部、国家工商行政管理总局、国家质量监督检验检疫总局、国家互联网信息办公室 | 　　第十八条第二款　　网约车平台公司应当记录驾驶员、约车人在其服务平台发布的信息内容、用户注册信息、身份认证信息、订单日志、上网日志、网上交易日志、行驶轨迹日志等数据并备份。<br><br>　　第二十六条　　网约车平台公司应当通过其服务平台以显著方式将驾驶员、约车人和乘客等个人信息的采集和使用的目的、方式和范围进行告知。未经信息主体明示同意，网约车平台公司不得使用前述个人信息用于开展其他业务。<br>　　网约车平台公司采集驾驶员、约车人和乘客的个人信息，不得超越提供网约车业务所必需的范围。<br>　　除配合国家机关依法行使监督检查权或者刑事侦查权外，网约车平台公司不得向任何第三方提供驾驶员、约车人和乘客的姓名、联系方式、家庭住址、银行账户或者支付账户、地理位置、出行线路等个人信息，不得泄露地理坐标、地理标志物等涉及国家安全的敏感信息。发生信息泄露后，网约车平台公司应当及时向相关主管部门报告，并采取及时有效的补救措施。<br><br>　　第二十七条第一款　　网约车平台公司应当遵守国家网络和信息安全有关规定，所采集的个人信息和生成的业务数据，应当在中国内地存储和使用，保存期限不少于二年，除法律法规另有规定外，上述信息和数据不得外流。 |

| 法规名称 | 具体规范 |
|---|---|
|  | 　　第三十七条　网约车平台公司违反本规定第十、十八、二十六、二十七条有关规定的，由网信部门、公安机关和通信主管部门按各自职责依照相关法律法规规定给予处罚；给信息主体造成损失的，依法承担民事责任；涉嫌犯罪的，依法追究刑事责任。<br>　　网约车平台公司及网约车驾驶员违法使用或者泄露约车人、乘客个人信息的，由公安、网信等部门依照各自职责处以 2000 元以上10000 元以下罚款；给信息主体造成损失的，依法承担民事责任；涉嫌犯罪的，依法追究刑事责任。<br>　　网约车平台公司拒不履行或者拒不按要求为公安机关依法开展国家安全工作，防范、调查违法犯罪活动提供技术支持与协助的，由公安机关依法予以处罚；构成犯罪的，依法追究刑事责任。 |
| 《互联网新闻信息服务管理规定》国家互联网信息办公室 | 　　第十三条第一、二款　互联网新闻信息服务提供者为用户提供互联网新闻信息传播平台服务，应当按照《中华人民共和国网络安全法》的规定，要求用户提供真实身份信息。用户不提供真实身份信息的，互联网新闻信息服务提供者不得为其提供相关服务。<br>　　互联网新闻信息服务提供者对用户身份信息和日志信息负有保密的义务，不得泄露、篡改、毁损，不得出售或非法向他人提供。 |
| 《移动互联网应用程序信息服务管理规定》国家互联网信息办公室 | 　　第七条　移动互联网应用程序提供者应当严格落实信息安全管理责任，依法履行以下义务：<br>　　（一）按照"后台实名、前台自愿"的原则，对注册用户进行基于移动电话号码等真实身份信息认证。<br>　　（二）建立健全用户信息安全保护机制，收集、使用用户个人信息应当遵循合法、正当、必要的原则，明示收集使用信息的目的、方式和范围，并经用户同意。<br>　　（三）建立健全信息内容审核管理机制，对发布违法违规信息内容的，视情采取警示、限制功能、暂停更新、关闭账号等处置措施，保存记录并向有关主管部门报告。<br>　　（四）依法保障用户在安装或使用过程中的知情权和选择权，未向用户明示并经用户同意，不得开启收集地理位置、读取通讯录、使用摄像头、启用录音等功能，不得开启与服务无关的功能，不得捆绑安装无关应用程序。<br>　　（五）尊重和保护知识产权，不得制作、发布侵犯他人知识产权的应用程序。<br>　　（六）记录用户日志信息，并保存六十日。 |

| 法规名称 | 具体规范 |
|---|---|
| | 第八条　互联网应用商店服务提供者应当对应用程序提供者履行以下管理责任：<br><br>（一）对应用程序提供者进行真实性、安全性、合法性等审核，建立信用管理制度，并向所在地省、自治区、直辖市互联网信息办公室分类备案。<br><br>（二）督促应用程序提供者保护用户信息，完整提供应用程序获取和使用用户信息的说明，并向用户呈现。<br><br>（三）督促应用程序提供者发布合法信息内容，建立健全安全审核机制，配备与服务规模相适应的专业人员。<br><br>（四）督促应用程序提供者发布合法应用程序，尊重和保护应用程序提供者的知识产权。<br><br>对违反前款规定的应用程序提供者，视情采取警示、暂停发布、下架应用程序等措施，保存记录并向有关主管部门报告。 |
| 《互联网直播服务管理规定》国家互联网信息办公室 | 第十二条　互联网直播服务提供者应当按照"后台实名、前台自愿"的原则，对互联网直播用户进行基于移动电话号码等方式的真实身份信息认证，对互联网直播发布者进行基于身份证件、营业执照、组织机构代码证等的认证登记。互联网直播服务提供者应当对互联网直播发布者的真实身份信息进行审核，向所在地省、自治区、直辖市互联网信息办公室分类备案，并在相关执法部门依法查询时予以提供。<br><br>互联网直播服务提供者应当保护互联网直播服务使用者身份信息和隐私，不得泄露、篡改、毁损，不得出售或者非法向他人提供。 |

## 最高人民法院司法解释

| | |
|---|---|
| 《最高人民法院关于审理利用信息网络侵害人身权益民事纠纷案件适用法律若干问题的规定》2014年6月23日通过 自2014年10月10日起施行 | 第十二条　网络用户或者网络服务提供者利用网络公开自然人基因信息、病历资料、健康检查资料、犯罪记录、家庭住址、私人活动等个人隐私和其他个人信息，造成他人损害，被侵权人请求其承担侵权责任的，人民法院应予支持。但下列情形除外：<br>（一）经自然人书面同意且在约定范围内公开；<br>（二）为促进社会公共利益且在必要范围内；<br>（三）学校、科研机构等基于公共利益为学术研究或者统计的目的，经自然人书面同意，且公开的方式不足以识别特定自然人；<br>（四）自然人自行在网络上公开的信息或者其他已合法公开的个人信息；<br>（五）以合法渠道获取的个人信息；<br>（六）法律或者行政法规另有规定。<br>网络用户或者网络服务提供者以违反社会公共利益、社会公德的方式公开前款第四项、第五项规定的个人信息，或者公开该信息侵害权利人值得保护的重大利益，权利人请求网络用户或者网络服务提供者承担侵权责任的，人民法院应予支持。 |
| 《关于依法惩处侵害公民个人信息犯罪活动的通知》（公通字［2013］12号） | 出售、非法提供公民个人信息罪的犯罪主体，除国家机关或金融、电信、交通、教育、医疗单位的工作人员之外，还包括在履行职责或者提供服务过程中获得公民个人信息的商业、房地产业等服务业中其他企事业单位的工作人员。<br>公民个人信息包括公民的姓名、年龄、有效证件号码、婚姻状况、工作单位、学历、履历、家庭住址、电话号码等能够识别公民个人身份或者涉及公民个人隐私的信息、数据资料。<br>对于在履行职责或者提供服务过程中，将获得的公民个人信息出售或者非法提供给他人，被他人用以实施犯罪，造成受害人人身伤害或者死亡，或者造成重大经济损失、恶劣社会影响的，或者出售、非法提供公民个人信息数量较大，或者违法所得数额较大的，均应当依法以出售、非法提供公民个人信息罪追究刑事责任。对于窃取或者以购买等方法非法获取公民个人信息数量较大，或者违法所得数额较大，或者造成其他严重后果的，应当依法予以并罚。<br>单位实施侵害公民个人信息犯罪的，应当追究直接负责的主管人员和其他直接责任人员的刑事责任。 |

| | |
|---|---|
| 《最高人民法院 最高人民检察院关于办理诈骗刑事案件具体应用法律若干问题的解释》（法释〔2011〕7 号） | 第五条　诈骗未遂，以数额巨大的财物为诈骗目标的，或者具有其他严重情节的，应当定罪处罚。<br>利用发送短信、拨打电话、互联网等电信技术手段对不特定多数人实施诈骗，诈骗数额难以查证，但具有下列情形之一的，应当认定为刑法第二百六十六条规定的"其他严重情节"，以诈骗罪（未遂）定罪处罚：<br>（一）发送诈骗信息五千条以上的；<br>（二）拨打诈骗电话五百人次以上的；<br>（三）诈骗手段恶劣、危害严重的。<br>实施前款规定行为，数量达到前款第（一）、（二）项规定标准十倍以上的，或者诈骗手段特别恶劣、危害特别严重的，应当认定为刑法第二百六十六条规定的"其他特别严重情节"，以诈骗罪（未遂）定罪处罚。 |
| | 第七条　明知他人实施诈骗犯罪，为其提供信用卡、手机卡、通讯工具、通讯传输通道、网络技术支持、费用结算等帮助的，以共同犯罪论处。 |
| 《最高人民法院、最高人民检察院关于办理侵犯公民个人信息刑事案件适用法律若干问题的解释》最高人民法院、最高人民检察院 2017 年 4 月 26 日通过，次会议通过，自 2017 年 6 月 1 日起施行 | 第三条　向特定人提供公民个人信息，以及通过信息网络或者其他途径发布公民个人信息的，应当认定为刑法第二百五十三条之一规定的'提供公民个人信息'。未经被收集者同意，将合法收集的公民个人信息向他人提供的，属于刑法第二百五十三条之一规定的'提供公民个人信息'，但是经过处理无法识别特定个人且不能复原的除外。 |
| | 第四条　违反国家有关规定，通过购买、收受、交换等方式获取公民个人信息，或者在履行职责、提供服务过程中收集公民个人信息的，属于刑法第二百五十三条之一第三款规定的'以其他方法非法获取公民个人信息'。 |
| | 第五条　非法获取、出售或者提供公民个人信息，具有下列情形之一的，应当认定为刑法第二百五十三条之一规定的"情节严重"：<br>（一）出售或者提供行踪轨迹信息，被他人用于犯罪的；<br>（二）知道或者应当知道他人利用公民个人信息实施犯罪，向其出售或者提供的；<br>（三）非法获取、出售或者提供行踪轨迹信息、通信内容、征信信息、财产信息五十条以上的；<br>（四）非法获取、出售或者提供住宿信息、通信记录、健康生理信息、交易信息等其他可能影响人身、财产安全的公民个人信息五百条以上的； |

（五）非法获取、出售或者提供第三项、第四项规定以外的公民个人信息五千条以上的；

（六）数量未达到第三项至第五项规定标准，但是按相应比例合计达到有关数量标准的；

（七）违法所得五千元以上的；

（八）将在履行职责或者提供服务过程中获得的公民个人信息出售或者提供给他人，数量或者数额达到第三项至第七项规定标准一半以上的；

（九）曾因侵犯公民个人信息受过刑事处罚或者二年内受过行政处罚，又非法获取、出售或者提供公民个人信息的；

（十）其他情节严重的情形。

实施前款规定的行为，具有下列情形之一的，应当认定为刑法第二百五十三条之一第一款规定的"情节特别严重"：

（一）造成被害人死亡、重伤、精神失常或者被绑架等严重后果的；

（二）造成重大经济损失或者恶劣社会影响的；

（三）数量或者数额达到前款第三项至第八项规定标准十倍以上的；

（四）其他情节特别严重的情形。

第六条　为合法经营活动而非法购买、收受本解释第五条第一款第三项、第四项规定以外的公民个人信息，具有下列情形之一的，应当认定为刑法第二百五十三条之一规定的"情节严重"：

（一）利用非法购买、收受的公民个人信息获利五万元以上的；

（二）曾因侵犯公民个人信息受过刑事处罚或者二年内受过行政处罚，又非法购买、收受公民个人信息的；

（三）其他情节严重的情形。

实施前款规定的行为，将购买、收受的公民个人信息非法出售或者提供的，定罪量刑标准适用本解释第五条的规定。

第七条　单位犯刑法第二百五十三条之一规定之罪的，依照本解释规定的相应自然人犯罪的定罪量刑标准，对直接负责的主管人员和其他直接责任人员定罪处罚，并对单位判处罚金。

第八条　设立用于实施非法获取、出售或者提供公民个人信息违法犯罪活动的网站、通讯群组，情节严重的，应当依照刑法第二百八十七条之一的规定，以非法利用信息网络罪定罪处罚；同时构成侵犯公民个人信息罪的，依照侵犯公民个人信息罪定罪处罚。

第九条　网络服务提供者拒不履行法律、行政法规规定的信息网络安全管理义务，经监管部门责令采取改正措施而拒不改正，致使用户的公民个人信息泄露，造成严重后果的，应当依照刑法第二百八十六条之一的规定，以拒不履行信息网络安全管理义务罪定罪处罚。

第十条　实施侵犯公民个人信息犯罪，不属于"情节特别严重"，行为人系初犯，全部退赃，并确有悔罪表现的，可以认定为情节轻微，不起诉或者免予刑事处罚；确有必要判处刑罚的，应当从宽处罚。

第十一条　非法获取公民个人信息后又出售或者提供的，公民个人信息的条数不重复计算。

向不同单位或者个人分别出售、提供同一公民个人信息的，公民个人信息的条数累计计算。

对批量公民个人信息的条数，根据查获的数量直接认定，但是有证据证明信息不真实或者重复的除外。

第十二条　对于侵犯公民个人信息犯罪，应当综合考虑犯罪的危害程度、犯罪的违法所得数额以及被告人的前科情况、认罪悔罪态度等，依法判处罚金。罚金数额一般在违法所得的一倍以上五倍以下。

222

附录二　个人信息保护相关案件案例

| 案由 | 案件名称 | 案号 | 基本案情 | 争议焦点 | 法院观点 |
|---|---|---|---|---|---|
| 隐私权纠纷 | 朱烨诉百度侵犯隐私权案 | 南京鼓楼区人民法院（2013）鼓民初字第2031号判决书；江苏省南京市中级人民法院（2014）宁民终字第5028号判决书 | 原告朱烨诉称，2013年她在家中和单位上网浏览相关网站过程中，发现利用"百度搜索引擎"搜索相关关键词后，会在特定网站上出现与关键词相关的广告。朱烨认为，利用百度公司未经其知情和选择，利用网络技术记录和跟踪朱烨所搜索的关键词，将其兴趣爱好、生活学习工作特点等显露在相关网站上，并利用记录的关键词进行广告投放，侵害了其隐私权，使其感到恐惧，精神高度紧张，影响了正常的工作和生活。于是，朱烨于2013年5月6日向南京市鼓楼区人民法院起诉百度公司，请求判令立即停止侵害，赔偿精神损害抚慰金10000元，承担公证费1000元 | 1. 利用 Cookie 技术收集用户信息的行为是否属于隐私；2. 利用 Cookie 技术收集用户信息对用户进行分析是否需要用户同意；3. 利用 Cookie 信息为合作伙伴投放广告行为是否侵犯用户隐私权 | 2014年10月13日，南京市鼓楼区人民法院对本案作出判决，认定百度公司利用 Cookie 技术收集用户信息，并在朱烨不知情和情愿意的情形下进行商业利用，对未来要求被告停止侵权以支持；由于朱烨未能证明严重后果，赔偿精神抚慰金的诉讼请求不予支持。百度公司不服，向南京市中级人民法院提起上诉。2015年5月6日，南京市中级人民法院最终判定朱烨犯成侵犯朱烨的隐私权构成侵犯朱烨个性化推荐行为不构成侵犯隐私权 |

223

续表

| 案由 | 案件名称 | 案号 | 基本案情 | 争议焦点 | 法院观点 |
|---|---|---|---|---|---|
|  | 庞理鹏诉中国东方航空股份有限公司、北京趣拿信息技术有限公司隐私权纠纷 | 北京市海淀区人民法院（2015）海民初字第10634号民事判决；北京一中院于（2017）京01民终509号民事判决 | 原告庞理鹏委托鲁超于2014年10月11日通过被告趣拿公司的去哪儿网（www.qunar.com）订购机票1张，机票代理商为长沙星旅机票务代理公司。基于购票需要，登记了原告的姓名及身份证号、联系人信息为鲁超及其尾号1858的手机号。之后原告尾号9949手机号收到号码为008255160529的发件人发来短信。随后，鲁超与东航确认该次航班正常，客服人员确认该短信为诈骗短信。2014年10月14日，东航客服多次向原告发送航班取消信息；当日晚，鲁超与东航确认航班时刻调整，并提示原告收到的短信应属诈骗短信。由此，原告知航班因故障已取消。由此，原告认为被告趣拿公司和被告东航泄露其个人信息，侵犯了其隐私权 | 1.本案涉及的姓名、电话号码及行程安排是否可以通过隐私权纠纷而寻求救济；2.根据现有证据能否认定涉案隐私信息是由东航和趣拿公司泄露；3.在东航和趣拿公司有泄露庞理鹏隐私信息的可能之下，其是否应当承担责任；4.中航信有可能泄露庞理鹏信息的责任抗辩事由是否有效成立 | 一审法院认为原告委托鲁超通过去哪儿网购买机票时未留存原告本人尾号9949手机号，本案机票的代理商星旅公司未获得原告手机号，星旅公司向东航购买机票时亦未留存本案机票号码，故无法确认趣拿公司及东航在本案机票购买过程中接触到原告手机号。法院认定无法确认二被告存在泄露原告隐私信息的侵权行为，故原告的诉请请求缺乏事实依据，一审法院不予支持。二审法院认为，姓名、电话号码及行程安排等事项属于个人信息，可以通过本案的隐私权纠纷主张救济。从东航和趣拿的资金、技术等成本上看，作为普通人的庞理鹏根本不具备对东航、趣拿公司内部数据信息管理是否存在漏洞等情况进行举证证明的能力，因而不应要求庞理鹏确凿地证明必定是东航或趣拿公司泄露了其隐私信息。与普通的第三人相比，东航、中航信和趣拿公司有相匹配的能力和条件将庞理鹏的姓名、手机号和行程信息等全方面存在泄露的可能性，但原告有权选择起诉侵权人。就本案而言，东航和趣拿公司在用户信息安全方面存在疏漏，即存在过错，理应承担相应侵权责任。二审法院判决：一、撤销北京市海淀区人民法院（2015）海民初字第10634号民事判决；二、北京趣拿信息技术有限公司于本判决生效后十日内在其官方网站首页以公告形式向庞理鹏赔礼道歉，赔偿庞理鹏信息的持续时间为连续三天；三、中国东方航空股份有限公司于本判决生效 |

续表

| 案由 | 案件名称 | 案号 | 基本案情 | 争议焦点 | 法院观点 |
|---|---|---|---|---|---|
| | | | | | 后十日内在其官方网站首页以公告形式向庞理鹏赔礼道歉,赔偿时间为连续三天;四.驳回庞理鹏的其他诉讼请求 |
| 隐私权纠纷 | 阮璟,北京汇法正信科技有限公司隐私权纠纷案 | (2016)鄂01民终7257号 | 原告于起诉前在百度搜索引擎输入关键词"武汉阮璟","获得与其有关的裁判文书链接行(汇法网),进入汇法网后可查看判决书部分内容,判决书显示原告性别.出生年月.工作单位.电话.家庭住址.身份证号等个人身份信息。截至2016年8月22日,百度.搜狗搜索引擎已经无法检索到涉案判决文书,但汇法网上依旧可以检索到 | 1. 汇法网公开裁判文书是否侵犯原告隐私权?<br>2. 汇法网发布.出售裁判文书的行为是否违反法律的禁止性规定? | 未支持<br>1. 没有任何证据证明汇法网发布的判决书违法公布的个人信息及隐私(工作单位.电话.家庭住址.身份证号码等);<br>2. 汇法网是依法注册登记从事互联网信息服务的企业,其正当的经营活动依法受法律保护,现阮璟没有证据证明汇法网的经营行为违反法律禁止性规定。 |
| 网络侵权责任纠纷 | 徐航程,北京易商科技有限公司网络侵权责任纠纷案 | (2016)浙01民终7399号 | 2015年11月27日,原告发现奇虎公司的好搜,360网页快照服务网站和法易网公司的法易网收录了与其有关的裁判文书,裁判文书中披露了原告家庭住址.身份证号等信息 | 1. 公开的裁判文书包含家庭住址和身份证号信息是否侵犯隐私?原告是否有权要求删除,并请求赔偿 | 《全国人大常委会关于加强网络信息保护的决定》第八条规定:"公民发现泄露个人身份.散布个人隐私等侵害其合法权益的网络信息,或者受到商业性电子信息干扰的,有权要求网络服务提供者删除有关信息或者采取其他必要措施予以制止。"原告有权要求删除相应的身份信息,并有权获得相应的损失赔偿。 |

225

续表

| 案由 | 案件名称 | 案号 | 基本案情 | 争议焦点 | 法院观点 |
|---|---|---|---|---|---|
| 隐私权纠纷 | 舒宇与靖安县嘉园物业管理服务有限公司隐私权纠纷案 | (2017)赣0925民初657号 | 原告等住户与被告物业公司因物业管理费纠纷发生诉讼,被告收到诉状材料后,于2016年12月15日将诉状副本、应诉通知、开庭传票等张贴于三个公告栏内。诉状中涉及原告等人的身份证信息、家庭住址等均没有删除或隐去。原告报警后,与小区其他业主撕下了这些材料。2016年12月20日,被告隐去身份证信息后,在三个公告栏再次张贴了与张弛诉状副本内容相同的材料 | 公开原告的姓名、出生年月、家庭住址、身份证号等真实的个人信息是否侵犯隐私 | 自然人依法享有隐私权,有对其个人与公共利益无关的私人信息,私人活动和私人领域享有支配权。根据《中华人民共和国民法总则》第一百一十一条规定:自然人的个人信息受法律保护。任何组织和个人不得非法提供或者公开他人信息。本案中,被告未经原告的许可,公开泄露原告的姓名、出生年月、家庭住址、身份证号等真实的个人信息,侵犯了原告的隐私权 |
| 隐私权纠纷 | 丁艺玲与汪锡奎隐私权纠纷案 | (2017)川0603民初4743号 | 原、被告因名誉权纠纷通过濮阳区人民法院审理,德阳市中级人民法院进行了开庭审理,判决文书送达后,被告在不隐去原告隐私信息的情况下,将民事判决书张贴范围内,将民事判决书张贴于南滨佳苑小区范围内,德阳城市新媒体在线、德阳城市新媒等网络平台上予以公布 | 将法院裁判文书任在宣传栏张贴、微信群传播是否侵犯个人隐私 | 1.人民法院作出的民事判决书是人民法院审理民事案件所作出的对事实的认定及裁判结果,包含当事人的电子互联网络媒体上发布,不得在公共场上发布,为宣传和教育目的,也需隐去个人信息后发布。<br>2.自然人个人信息主要是指据以识别特定自然人身份的任何生物性、物理性构成的数据,其范围不仅包括自然人的身份证信息、电子档案等资料,其范围不仅包括自然人相关的户籍信息、家庭构成、职业情况、社会活动、电子数据等物理性数据。任何与特定自然人特定化的信息涉及自然人信息均属个人信息。自然人身份属性,具有人身属性,属于人格权范畴。公民个人信息,具有人身属性,属于人格权范畴。公民个人享有自然人信息权,依法受法律保护。 |

| 案由 | 案件名称 | 案号 | 基本案情 | 争议焦点 | 法院观点 |
|---|---|---|---|---|---|
| | | | | | 3. 一般情况下属于自然人个人身份信息，不属于严格的法律意义上的个人隐私。其界限和区别是：①不超过一个"一般人"的"社会容忍度"；②不涉及敏感的信息；③已经公开的个人信息。只要具备这三个特征之一即不再具有隐私的特点，不属于个人隐私。但若未经本人同意而利用其个人身份信息进行非法活动，则构成对公民个人信息权的侵犯。<br>4. 本案属于侵犯个人信息权而非隐私权 |
| 侵权责任纠纷 | 林念平与四川航空股份有限公司侵权责任纠纷案 | （2015）成民终字第1634号 | 2013年11月5日，林念平的公司工作人员通过拨打028-888×××8，为林念平订购了一张由成都飞往昆明的机票。订票同时，林念平的公司工作人员将林念平的手机号码告知四川航空公司，并于当日收到四川航空公司发送的成功出票信息及航班信息。同年同月9日，林念平的手机收到153×××9650号码发送的信息，载明了林念平的姓名及所订购的航班信息，并提示林念平所订购的航班因故将停飞，要求其通过拨打400×××020办理退票或改签手续。后林念平另行订购了一张云南祥鹏航空公司成都飞往昆明的机票，并支付469元。后经查实，林念平于2013年11月5日订购的航班并未取消 | 航空公司是否应就乘客个人信息的泄露承担责任 | 1. 原告的证据能够证明其个人信息是从售票渠道泄露出去的基本事实。<br>2. 原告不具备进一步举证的能力。<br>3. 航空公司未尽到保障个人信息安全等法定义务。<br>4. 航空公司既没有举证证明信息系第三方泄露的，也未对其采取了确保信息安全的技术措施和其他必要措施进行举证证明。<br>5. 综上，原告具体举证虽不能证明其个人信息被泄露的具体环节，但已能证明其个人信息是通过航空公司的售票系统消费者个人信息被泄露，且航空公司未尽到保障有关消费者个人信息安全责任的相关义务，因此航空公司应当承担侵权责任 |

续表

| 案由 | 案件名称 | 案号 | 基本案情 | 争议焦点 | 法院观点 |
|---|---|---|---|---|---|
| 网络侵权责任纠纷 | 马春艳与中国南方航空股份有限公司网络侵权责任纠纷案 | （2016）苏01民终3947号 | 2015年8月2日，原告通过手机经录去哪儿网并经过网站链接至南方航空公司网站购买机票一张；8月5日，原告收到发件号码为0085256155879发送的短信，原告收到该短信后，拨打短信所载热线4008360118进行联系，对方告知需要重新订购一张机票，原告遂通过支付宝向6212260200072792050账户（户名谭旭光）转账8662元用于"重新订购机票" | 1. 马春艳的订票信息泄露是否是南方航空公司网站安全措施不到位导致？ 2. 南方航空公司是否应当对马春艳所遭受的损失8662元承担赔偿责任 | 未支持 首先，马春艳提供的证据不足以证明信息泄露"环节的唯一性。马春艳自认从其从"去哪儿网"登陆并链接至南方航空公司网站，因此，"去哪儿网"，南方航空公司可能被不法分子侵入，都存在信息泄露等环节的可能性。在本案中，涉案信息是在哪一个环节发生了泄露，更不能确认马春艳的信息是从南方航空公司网站上泄露。其次，南方航空公司已尽到了必要的提醒和告知义务，南方航空公司通过手机短信告知马春艳其航空地址和热线电话号码，对信息安全进行了必要的提醒。其对公司网站也进行了必要的安全维护。马春艳亦无证据证明南方航空公司网站何处存在安全措施不到位的情形。再次，马春艳自身存在较为重大的过失 |

续表

| 案由 | 案件名称 | 案号 | 基本案情 | 争议焦点 | 法院观点 |
|---|---|---|---|---|---|
| 航空旅客运输合同纠纷 | 赵俊艳、中国南方航空股份有限公司航空旅客运输合同纠纷案 | （2017）粤71民终11号 | 2015年7月27日，原告在南航营业部为其女儿购买机票，并成功申请名为成人陪伴儿童机票。2015年8月12日下午，原告收到署名南航的短信声称飞机故障需尽快办理改签或退票业务，于是其依照发来的电话回拨过去，对方准确说出其孩子的航班、姓名、电话及身份证号。赵俊艳出于信任，便按照对方的指示向其汇款。此后经核实，不存在航班取消的情况。赵俊艳遂向公安机关报警。另查明，南方航空公司在航空运输网站上注明的电子客票行程单热线为95539 | 南方航空公司是否泄露原告的购票信息和身份信息 | 在经营过程中，经营者的个人信息必须严格保密，不得泄露、出售或者非法向他人提供。经营者应当采取技术措施和其他必要措施，确保信息安全，防止消费者个人信息泄露。本案中，原告主张南航营业部泄露，其应当就该主张承担举证证明责任。首先，原告提供的证据不足以证明信息泄露是南方航空公司。南航营业部是从其从南方航空公司购票，南方航空公司的网站保护其女儿的购票信息和个人信息，据南方航空公司，南航营业部称有可能被不法分子入侵，都存在终端等环节中未侦破信息泄露的可能性。在公安机关案件侦破前，该院无法确认赵俊艳的信息是南方航空公司，更不能确认电子客票号以及热航空公司、南航营业部在南航空运输网址、微信号码，南航营业部已尽到必要的提醒告知义务。其次，南方航空公司上提示有明确的南航空运输网站，南航营业部在航空运输网站上注明南方航空保护在存的提醒告知。原告没有证据证明南方航空公司，南航营业部有证据证失赵俊艳的信息保护存在存在公司、南航营业部对赵俊艳的信息保护不存在存护不力或过失的证据。再次，赵俊艳也没有存在自身存在严重的过失 |

229

续表

| 案由 | 案件名称 | 案号 | 基本案情 | 争议焦点 | 法院观点 |
|---|---|---|---|---|---|
| 网络侵权责任纠纷 | 谢翔与江苏苏宁易购电子商务有限公司网络侵权责任纠纷案 | （2016）粤1702民初1098号 | 2015年7月9日，原告在被告经营的购物网站"苏宁易购"购买一个小米电源插座。原告于2015年7月20日确认收到所订购的货物。2015年8月23日，原告先后接到声称"苏宁客服"和"银行客服"分别打来的电话，在对方准确说出原告姓名、订单编号、付款金额、收货地址等订单详细信息，取得原告谢翔信任后，通过ATM转账方式骗走原告持有的银行卡存款14826元，原告为此支付手续费15元 | 苏宁易购是否泄露原告订单信息和个人身份信息 | 原告谢翔主张被告苏宁易购公司侵犯其的个人信息属隐私权，应当适用《中华人民共和国侵权责任法》第六条第一款规定的过错归责原则，即过错责任原则，在本案中不适用。该条第二款规定的过错推定原则，在本案中不适用。虽然原告主张证明该事实。被告提供的证据"南京市信息安全等级保护测评结果通知书"载明苏宁易购主站系统，三级，基本符合，该通知书盖有"南京市公安局信息安全等级保护专用章"印章，三级属于国内商业网站常用的安全等级标准。退一步来说，即使被告通过上述个人信息也有可能通过被告之外的其他途径获得，被告并不是唯一可能泄露原告个人信息的途径。综上，原告提供的证据不足以证明被告有侵害原告隐私权的行为，原告应承担举证不能的不利后果。因此，被告不应承担侵权责任，原告谢翔的诉讼请求，本院不予支持 |

续表

| 案由 | 案件名称 | 案号 | 基本案情 | 争议焦点 | 法院观点 |
|---|---|---|---|---|---|
| 隐私权纠纷 | 王金龙与汉庭星空（上海）酒店管理有限公司隐私权纠纷案 | （2014）浦民一（民）初字第501号 | 2012年，原告多次入住汉庭酒店。2013年，乌某在其网页上发布漏洞标题为"如家等大量酒店开房记录被泄漏并因存储第三方存储漏洞导致披露的文件中发现。原告在该披露的文件中发现了自己的身份信息，且在"找开房网"上检索到自己入住汉庭酒店的信息。2014年2月12日，乌某发布"乌云声明"，指出："乌某在2013年10月5日发布的'如家等酒店因开房记录被泄漏并因存储第三方存储漏洞'漏洞报告中所提及的'汉庭'等人相关内容，系提交文者Yep个人臆测，乌某经调查核实后，已于2013年10月9日在官网该报告标题以及正文中去除了'汉庭'相关内容。特此发布声明再次予以澄清。" | 1. 互联网上流传的"2000万开房信息"中涉及的原告信息是否是原告被告处的入住信息？ 2. 被告是否泄漏了原告的入住信息，是否构成对原告隐私权的侵害 | 1. 将互联网上流传的"2000万开房信息"中信息与被告酒店管理系统中留存的信息进行比对可以发现，两者所留及的原告存信息在"姓名、身份证号、性别、生日"几方面有一致性，而其他信息，包括住址、手机号码以及开房（入住）时间却不一致。原告虽称上述信息属被告改上述信息的可能，但其并无证据实际更改上述信息的相关证据。虽然两者信息内容一致，但上述信息作为原告的基本信息，其使用频率和范围较广，并不为被告所单独掌握，故亦难以凭此上述部分信息的一致而判断互联网上流传的原告信息即为被告系统中留存的原告信息。 2. 由于原告最初系基于慧某网络公司的无线门户系统存在漏洞，且被告系慧某网络公司无线门户系统的合作客户，故其人住被某慧某的信息被泄露。而从本案查明的事实看，被告与原告无某网络公司均一致认双方在无线门户系统中亦存在合作关系。且最初发布信息的乌某为由以其人住信息的起诉，原告在审理中亦撤回了对慧某网络公司的起诉。因此，在难以确认原告的"2000万开房信息"中所涉及的原告的人住信息等具有关联证明被告泄露了其人住酒店的信息，因此对于原告主张被告泄露其人住酒店信息的事实，法院未予采信。 |

续表

| 案由 | 案件名称 | 案号 | 基本案情 | 争议焦点 | 法院观点 |
|---|---|---|---|---|---|
| 名誉权纠纷 | 深圳市腾讯计算机系统有限公司与王琛花、韩永军等名誉权纠纷案 | （2018）晋05民终153号 | 王琛花与韩永军系夫妻关系,于2016年开始下载腾讯公司开发的全民K歌APP。韩永军在该驾校工作,韩花兰在晋城坤驾校培训时与韩永军相识并发生感情纠葛。2017年5月份,韩花兰与韩永军因此事吵斗殴,在晋城市公安局城区分局北石店派出所处理时,双方达成治安调解协议。后来,王琛花与韩永军登陆全民K歌APP时发现,韩花兰从2017年5月4日开始,并以各种花的照片作为头像,将王琛花的照片在腾讯公司开发的全民K歌平台使用,还把韩永军的头像和照片作为全民K歌其个人的照片上。对于上述侵权行为,王琛花与韩永军多次找韩花兰,要求其删除并不再使用,但置之不理。同时,王琛花曾向全民K歌公司进行投诉,但腾讯公司全民K歌公司对此也没有回复 | 1.未经个人同意使用其照片,并采侮辱性用户名是否侵犯名誉权? 2.平台是否承担责任 | 1.韩花兰因为和韩永军的感情纠葛与韩永军、王琛花产生矛盾,便将王琛花的照片在腾讯公司开发的全民K歌平台使用,并以各种侮辱性的用户名,还把韩永军的头像和照片作为全民K歌个人的照片和头像,侵害了韩永军和王琛花的名誉权、肖像权。上述行为应当承担侵权责任。2.网络运营者应当加强对其用户发布的信息的管理,发现法律、行政法规禁止发布或者传输等的信息,应当立即停止传输等措施,防止信息扩散,保存有关记录,并向有关主管部门报告。腾讯公司对网络用户韩花兰在其开发的全民K歌APP平台上以他人名义使用不适当的照片、用户名没有尽到管理职责,致使他人名誉权被侵犯,应当承担民事责任。 |

续表

| 案由 | 案件名称 | 案号 | 基本案情 | 争议焦点 | 法院观点 |
|---|---|---|---|---|---|
| 一般人格权纠纷【名誉权】(反诉) | 巫蓝霞、周容北一般人格权纠纷案 | (2018)粤0404民终541号 | 周容北等经济联合社的成员对经济联合社的经营管理权移交和签订《土地经营管理权移交协议》等情况进行咨询时与作为群兴经济联合社的董事和负责人的巫蓝霞发生冲突,后经派出所调解。次日,周容北再次当着经济联合社指责联合社理事不作为。事后,巫蓝霞在微信群上发表"文章",并在"文章"最后一段附上"周容北曾是旅游城集团公司属下的农业公司的经理,属退休干部。……周容北也是党员,从未有为白藤湖村集争取过权益的白藤湖前领导,却通过不法手段要求盖章移交社不用开股东大会就去盖章签订没有注明是前管理者或管理权协方负责清赔偿的管理员。他不配做共产党员,知法犯法。"同时配发了周容北的照片并注明"右边白发老人就是周容北"等 | 未经个人同意,公开他人照片等个人信息并配论性言论是否侵犯名誉权? | 依照《中华人民共和国民法总则》第一百一十一条"自然人的个人信息受法律保护。任何组织和个人需要获取他人个人信息的,应当依法取得并确保信息安全,不得非法收集、使用、加工、传输他人个人信息,不得非法买卖、提供或者公开他人个人信息"和《最高人民法院关于审理名誉权案件若干问题的解答》第七问"对未经他人同意,擅自公布他人的隐私材料或者以书面、口头形式宣扬他人隐私,致他人名誉受到损害的,按照侵害他人名誉权处理"的规定,巫蓝霞的行为已构成对周容北名誉权的侵害。 |

续表

| 案由 | 案件名称 | 案号 | 基本案情 | 争议焦点 | 法院观点 |
|---|---|---|---|---|---|
| 名誉权纠纷 | 原告路厚盛与被告天津信有科技有限公司名誉权纠纷案 | （2017）苏0111民初705号 | 被告系域名 www.8264.com 的注册所有人，2014 年 6 月 6 日，www.8264.com 网页上出现了侵犯原告名誉权的文章，此侵权行为已被生效判决所认定。被告并非直接侵权人，直接侵权人是网名为"爬墙等红杏"的会员 | 发现他人在网络平台发文侵犯名誉权时，能否要求网络经营者（平台经营者）提供实际侵权人的个人信息 | 根据《最高人民法院关于审理利用信息网络侵害人身权益民事纠纷案件适用法律若干问题的规定》第四条第一款的姓名（名称）、网络地址等方式，联系方式、"爬墙等红杏"等信息符合规定，本院予以支持。但原告要求被告提供"爬墙等红杏"的电子邮件的请求不符合最高人民法院司法解释中列举的信息范围。同时，电子邮件是其网络用户交流的信息传递，与原告无任何关系，原告要求其提供不合法也不合理 |
| 人格权纠纷 | 赵忠超与泰来县凤春水产养殖专业合作社一般人格权纠纷案 | （2018）黑0224民初595号 | 2017 年 12 月 13 日，被告泰来县凤春水产养殖专业合作社，公司性质为股份制企业。由于未经原告赵忠超本人同意，被告用赵忠超身份证复印件办理工商执照，并让其担任参股股事职位。在未告知原告参证的前提下，借用原告身份未在工商登记中的股东处签名，同时原告本人从未知晓此事。2017 年原告单位在核实本单位员工情况时，在工商局调出了注册信息，认定原告有未经商行为，从而给原告在单位的名誉造成了严重的影响 | 未经同意，用他人身份信息进行工商注册登记，导致原告在单位的名誉造成影响，是否侵犯名誉权 | 自然人的个人信息受法律保护。任何组织和个人需要取得他人个人信息的，应当依法取得，使用、加工、传输他人个人信息，不得非法买卖、提供或者公开他人个人信息。结合被告自认侵权的事实，以及原告提供的相关证据，本院认定被告侵害权实成立 |

续表

| 案由 | 案件名称 | 案号 | 基本案情 | 争议焦点 | 法院观点 |
|---|---|---|---|---|---|
| 名誉权纠纷 | 陈晓雷与董青松名誉权纠纷案 | （2017）苏0509民初11299号 | 2017年9月2日至9月20日，被告董青松连续六次在"寒山闻钟"论坛发表题为《举报吴江绿地晶萃销售滨湖案派出所不作为》的帖子，内容主要意思为：本人于2016年5月在吴江绿地晶萃买房被开发商销售经理诈骗75万元，于今年8月17号在网发商售楼处打110报警诈骗。吴江滨湖新城派出所不作为，连笔录都没有做就认定性为纠纷，不立案也不出具法律文书，公然挑战法律公正，请政府部门监管。原告认为被告通过网络捏造散播谣言的方式污蔑原告诈骗，使不少业主和同行对原告产生了重大的误解，在业界造成极坏影响，严重侵害了原告的名誉权 | 在网上披露售房中心的不当行为是否构成名誉权侵权 | 被告发布的网帖并未写明当事人姓名，无法使社会公众因案涉网帖联想至原告本人，从而也不足以使社会公众因被告发帖的行为降低对原告的评价。原告也未提供其名誉受损的事实。此外，被告在"寒山闻钟"论坛上发帖后，网站管理人员及时回帖澄清事实，在一定程度上也消除了案涉网帖可能带来的不良社会影响。原告主张被告侵犯其名誉权事实依据不足，不予支持 |

235

续表

| 案由 | 案件名称 | 案号 | 基本案情 | 争议焦点 | 法院观点 |
|---|---|---|---|---|---|
| 名誉权纠纷 | 冯大辉与北京智者天下科技有限公司名誉权纠纷案 | （2017）京01民终2061号 | 2016年9月8日，登录互联网，在网页浏览器地址栏输入http://bbs.sarabal st.com/2b/thread-1323051-1-1.html，显示该论坛标题为"微博＆知名人fenng冯大辉被前员工扒得底朝天案"的贴文，发帖人告名曾伽，发表于2016年8月23日，其中转载了知乎上涉案三个贴文，并附有知乎上的三个链接地址。对于该三个贴文，冯大辉主张知乎上原发的三个链接的如下内容侵犯其名誉权，并主张智者天下公司就此承担侵权责任 | 未实施实名注册的平台（实名政策实施前）是否有向被侵犯人提供加害人的手机号、身份证等身份信息义务 | 1. 平台并非涉案贴文的发布者，为便于侵权人向相关用户主张权利，平台在一审程序中，已就其相关用户保存着的相关用户信息以书面形式通过法院向用户进行了必要的披露，其中包括用户ID、注册时间、注册邮箱、注册IP、用户页、微信Open ID、微信名等，其数据库中并无侵权人的手机号、身份证等身份信息。2. 平台提供的是信息存储空间服务，对相关用户发布的帖子并不具有审查义务，涉案贴文在起诉前就已删除，并无过错。 |
| 名誉权纠纷 | 刘锋与昆山市运策企业形象设计有限公司、严礼红名誉权纠纷案 | （2015）苏靖园民初字第165号 | 原告在"看靖江"网站注册了名为"卍"的用户账户，在该网站聚焦靖江版块中的"实验学校搬迁正北二环方案敲定"，2015年2月12日22点12分、22点15分，被告严礼红以"北漂一生"的网名发帖针对原告进行漫骂，诽骂，帖子中所写的"刘峰"与原告真实姓名读音相同，字形相近，而且是"@卍"的形式 | 本案原告和被告是否为适格主体、网络平台有无义务提供侵权人的相关真实身份信息？ | 关于"北漂一生"的真实身份，原告主张"北漂一生"是严礼红，应当承担举证责任。现仅有原告陈述而无其他证据证实，对此主张本院不予采信。原告已经诉请运策公司提供"北漂一生"的身份信息，其可待运策公司提供有关信息后，另行主张权利。侵权信息人是网站的超级版主，网络平台应当掌握侵权人的身份地址，其仅提供了网络地址，尚未充分履行告知义务，依法应当判令其限期提供。 |

续表

| 案由 | 案件名称 | 案号 | 基本案情 | 争议焦点 | 法院观点 |
|---|---|---|---|---|---|
| 电信服务合同纠纷 | 杨京璇与通化市东昌区百信通讯器材销售中心电信服务合同纠纷案 | （2018）吉0502民初221号 | 2017年11月27日，原告到被告处办理宽带业务，被告在未向原告充分说明的情况下，将原告身份证、银行卡通过手机信息身份绑定在"联璧金融"APP上。在交付原告的工单上体现："存200一次入账，79套餐，1000分钟全国语音，100G本地流量，1G全国流量，来显送送宽带；存350含400一次入账"。现原告办理了宽带业务。另交纳350元。被告为原告办理了交付宽带业务。现原告银行卡已自行解绑，另400元也已提取 | 办理宽带业务，未末明确告知原告银行卡通过手机银行卡绑定在"联璧金融"APP上，是否可以要求解除身份信息绑定 | 《中华人民共和国消费者权益保护法》第二十九条第一款："经营者收集、使用消费者个人信息，应当遵循合法、正当、必要的原则，明示收集、使用信息的目的、方式和范围，并经消费者同意。经营者收集、使用消费者个人信息，应当公开其收集、使用规则，不得违反法律、法规的规定和双方的约定收集、使用信息。"第五十条："经营者侵害消费者的人格尊严、侵犯消费者人身自由或者侵害受法律保护的权利的，应当停止侵害、恢复名誉、消除影响、赔礼道歉，并赔偿损失。"原告要求被告身份证上的银行卡原告已自行解除，因银行卡原告已自行解除的诉讼请求，本院无需处理；关于身份信息解除的诉讼请求，本院认为应由被告和银行卡信息在"联璧金融"定在"联璧金融"，并应当就该行为向原告赔礼道歉 |

237

续表

| 案由 | 案件名称 | 案号 | 基本案情 | 争议焦点 | 法院观点 |
|------|---------|------|---------|---------|---------|
| 姓名权纠纷 | 张发兰与青海福财商贸有限公司、马国福等姓名权纠纷案 | （2017）青0102民初3268号 | 2017年3月份原告张发兰在西宁市城西区国家税务局采集信息过程中得知自己的身份信息被被告青海福财商贸有限公司冒用，在税务机关实名办税平台显示原告一直在青海福财商贸有限公司担任财务办税员一职。2017年6月19日原告张发兰到青海福财商贸有限公司已列人非正常户，原告经多方和被告列入高风险人群，原告要求更改财务机关办理变更财务人员信息事宜，但被告马国福一直拖延办理 | 冒用他人姓名作为公司负责人，是否侵犯姓名权 | 姓名权是自然人对其姓名享有的设定、变更和使用的权利，禁止他人干涉、盗用、假冒。《中华人民共和国民法总则》第一百一十一条规定："自然人的个人信息受法律保护。任何组织和个人需要获取他人个人信息的，应当依法取得并确保信息安全，不得非法收集、使用、加工、传输他人个人信息，不得非法买卖、提供或者公开他人个人信息。"被告青海福财商贸有限公司，非法使用原告姓名作为公司财务负责人及办税人员，该行为侵犯了原告的姓名权。由于被告青海福财商贸有限公司被列为高风险企业，原告张发兰在社会列为高风险风险企业纳税人，导致张发兰社会评价贬损，造成精神痛苦及压力，构成对原告名誉权的侵权 |
| 姓名权纠纷 | 陈建清与中国电信股份有限公司乐山分公司姓名权纠纷案 | （2014）乐山民终字第488号 | 本案中，以陈建清名义登记的手机原号码为15386555532的手机使用其姓名的人，未经陈建清同意使用且使用了该号码手机 | 冒用他人身份办理手机卡，电信公司是否构成侵权 | 《全国人大常委会关于加强网络信息保护的决定》第六条规定："网络服务提供者为用户办理网站接入服务，或者为用户提供固定电话、移动电话等入网手续，或者签订协议或者确认提供服务时，应当在与用户签订协议或者确认提供服务时，要求用户提供真实身份信息。"网络服务提供者有义务对用户的真实身份予以审核，中国电信乐山分公司在办理涉案手机卡号业务时未尽审核义务，致使他人冒用被授权人名义办理业务的侵权行为，对冒用他人身份证登记乐山分公司姓名权行为存在过错，应当承担相应的侵权责任 |

续表

| 案由 | 案件名称 | 案号 | 基本案情 | 争议焦点 | 法院观点 |
|---|---|---|---|---|---|
| 计算机软件著作权许可使用合同纠纷 | 周盛春与阿里巴巴（中国）有限公司计算机软件著作权属纠纷、计算机软件著作权许可使用合同纠纷案 | （2015）杭西知民初字第667号 | 原告起诉要求确认原、被告间签订的《手机淘宝——软件许可使用协议》第七条第一款、告司无权使用并销毁原告在阿里巴巴公司处形成的数据。涉案条款内容为：六、5.本协议终止后，阿里巴巴没有义务以任何形式向您提供该信息等信息。七、特别授权。您完全理解并不可撤销地授予阿里巴巴及其关联公司下列权利：1.对于使用该软件时提供的资料及数据信息，您授予阿里巴巴及其关联公司独家的、全球通用的、永久的、免费的许可（并有权在多个层面对该权利进行再授权）。此外，阿里巴巴及其关联公司有权（全部或部分地）使用、复制、修订、改写、发布、翻译、分发、执行和展示您的全部资料数据或制作其派生作品，并以现在已知或日后开发的任何形式、媒体或技术，将上述信息纳入其他作品内 | 1.协议第七条第一款是否无效；2.协议第五条是否依原告诉请而予以撤销；3.阿里巴巴公司是否有权使用原告因使用阿里巴巴软件在阿里巴巴公司处形成的数据 | 1.该第七条第一款不存在侵害原告通信自由、人格权和个人隐私的情形，也不存在损害社会公共利益或违反法律、行政法规的强制性规定而无效的情形。原告与阿里巴巴公司签订《手机淘宝——软件许可使用协议》虽系格式合同，但该协议第七条第一款并无合同法规定的无效情形，也无免除阿里巴巴公司主要责任或者排除原告主要权利的无效情形，应为合法有效。2.阿里巴巴公司在该协议规定终止协议后保留原告的信息并未违反法律、法规的规定。原告要求阿里巴巴公司删除原告使用淘宝软件因信息形成的数据，无法律依据 |

239

续表

| 案由 | 案件名称 | 案号 | 基本案情 | 争议焦点 | 法院观点 |
|------|---------|------|---------|---------|---------|
| 网络侵权责任纠纷 | 周新营与上诉人中国保险监督管理委员会、北京中科汇联科技股份有限公司网络侵权责任纠纷案 | （2016）琼02民终375号 | 因申请信息公开在证监会网站上提交了身份证号、地址和电话等个人信息，事后发现通过百度检索自己姓名即可获得该个人信息 | 通过百度能够检索到提交至证监会网站的个人信息，是否构成侵权 | 证监会的系统经公安部信息安全等级保护评估中心测评为合格，这可证明网站符合相应的安全标准，具有安全运行的资格；在当今互联网技术不断迅猛发展的时代，网络安全没有绝对的安全。因此，若互联网网站被非法入侵，用户信息被窃取，就意味着系统存在缺陷。该会网站因网络漏洞泄露了周新营的个人注册信息，系违法行为，构成侵权 |
| 侵权责任纠纷 | 陈斌、中国移动通信集团江西有限公司九江分公司侵权责任纠纷案 | （2018）赣04民终78号 | 被告伪造原告的身份证件，在移动营业厅补办原告的手机SIM卡，进而盗取原告工商银行账户里的人民币共计七万余元 | 移动营业厅是否有保障手机用户信息安全的义务 | 保障手机用户信息安全是运营商的法定义务及合同义务。办理手机SIM卡时营业厅应尽到合理的审查义务。补办手机SIM卡业务给用户带来的经济损失，移动公司作为授权人应当承担相应赔偿责任 |

续表

| 案由 | 案件名称 | 案号 | 基本案情 | 争议焦点 | 法院观点 |
|---|---|---|---|---|---|
| 电信服务合同纠纷 | 丁家文与中国电信股份有限公司南京分公司电信服务合同纠纷案 | （2017）苏01民终10531号 | 丁家文被电信南京分公司限定进行二次验证，才能查询电信费用和话费详单；一审判决电信南京分公司向丁家文提供的短信通信接收信息不含合同约定的服务内容，未包含短信息接收事实错误。电信南京分公司应当按合同约定提供短信息记录的义务。电信南京分公司没有履行向丁家文提供详单的义务 | 1. 电信南京分公司在为用户提供查询费用及话费清单时提供及否取消二次验证行为？ 2. 电信南京分公司是否应该提供用户接收短信的相关记录 | 1. 电信服务提供者有法定义务保障电信用户的个人信息安全，电信服务提供者要求用户提供短信息数码进行二次验证，该行为仅需要用户花费微量时间即可操作完成，用户对此应有协助忍义务。 2. 用户手机中已能显示其接收短信的发送端、时间及内容，其上诉主张电信南京分公司向其提供接收短信的相关记录，缺乏必要性 |
| 委托合同纠纷 | 广东聚光电子科技有限公司、洛阳千博文化传播有限公司委托合同纠纷案 | （2016）豫03民终3457号 | 洛阳千博公司在庭审中确认广东聚光公司系统中的业主信息是洛阳千博公司录入的，但洛阳千博公司直至一审庭审终录入到广东聚光公司系统中的同意业主是得到的证明材料。据此，上诉人认为洛阳千博公司提供业主信息不真实和来源不合法的。洛阳物业公司未经业主的同意，大量搜集业主信息并录入到"云上城"平台中，其行为涉嫌侵犯了 | 委托合同中提供的业主个人信息来源是否合法、来源是否得到业主的同意 | 1. 上诉人认为被上诉人提供的信息缺乏真实性及来源合法性，但未提交证明上述观点的证据。 2. 被诉人物业公司涉及相关物业公司及业主等诸多案外人，会产生与本案不同的法律关系，这些问题无法在本案中一并解决 |

续表

| 案由 | 案件名称 | 案号 | 基本案情 | 争议焦点 | 法院观点 |
|------|---------|------|---------|---------|---------|
| | | | 相关业主的个人隐私。广东聚光公司不能接受洛阳千博公司通过违法的行为完成的履约成果 | | |
| 委托合同纠纷 | 广西南宁鼎信投资有限公司与广东云上城网络科技有限公司委托合同纠纷案 | （2016）粤0305民初1754号 | 原告（乙方）与被告（甲方）签订了一份《"云上城"平台业务代理协议》,该协议约定:为了共同开拓和经营"云上城"平台,甲方授予乙方为"云上城"业务在广西南宁市的特约代理商。乙方代表甲方发展物业公司,居民住宅区等以及为居民提供配套服务的商家接入甲方的"云上城"平台,发展住宅区内住户通过手机接入"云上城"平台,并利用"云上城"平台开展电子商务经营业务 | 原告采集、录入的业主信息是否经过了业主本人的同意 | 依据《中华人民共和国消费者权益保护法》第二十九条,《电信和互联网用户个人信息保护规定》第九条,《最高人民法院、最高人民检察院、公安部关于依法惩处侵害公民个人信息犯罪活动的通知》等规定,个人信息的获取、使用受到法律的严格限制。双方在庭审中亦均确认,建立业主信息档案均需经业主同意;其次,原告确认有部分业主信息从合作的物业公司获取并录入了"云上城"平台,有部分业主信息由物业公司录入"云上城"平台,但原告并未能提供证据证明被录入"云上城"平台的业主信息经过其本人同意的;原告也未知悉物业公司尽到了充分的监督义务,确实知悉物业公司提供的"云上城"平台业主信息是经过业主同意录入"云上城"平台的;再次,原告未提交证据证明在将业主信息主本人同意的过程中,曾设置了操作流程,只有业主本人同意才能录入成功的操作流程 |

242

续表

| 案由 | 案件名称 | 案号 | 基本案情 | 争议焦点 | 法院观点 |
|---|---|---|---|---|---|
| 服务合同纠纷 | 广州市炬烽广告有限公司与广州市万业房地产开发有限公司、广州市合富投资有限公司服务合同纠纷案 | （2014）穗天法民二初字第2485号 | 万业房地产公司作为甲方与炬烽广告公司作为乙方签订《南沙鸿创汇信息发送服务合同》，约定由乙方接受甲方的委托为甲方发送信息发送服务，具体发送内容和发送时间以甲方确认的《短信类业务订单》为准。原告炬烽公司在按约定发送短信广告后，被告公司未按时支付合同价款 | 双方约定的向不特定人发送送楼信息的服务合同在信息来源不合法时的效力如何 | 当事人订立、履行合同，应当遵守法律、行政法规，尊重社会公德，不得扰乱社会经济秩序，损害社会公共利益。本案中，当事人所发出《短信类业务订单》，所写明的短信内容均为楼盘发送信息，当事人自行提供的手机号码发送上述广告，双方在对所发送的短信内容及发送人群数据的性质是否合法知晓的情况下，无视手机用户群体是否直接同意接收商业广告，违反网络信息保护及电子信息发布的相关规定，侵害不特定公众的利益，案涉服务合同应属无效，所发的短信可认定为垃圾短信 |

243

续表

| 案由 | 案件名称 | 案号 | 基本案情 | 争议焦点 | 法院观点 |
|---|---|---|---|---|---|
| 网络侵权责任纠纷 | 韩孟、中国移动通信集团山东有限公司网络侵权责任纠纷案 | （2016）鲁04民终1563号 | 被告移动公司通过10086向原告韩孟所持移动通讯卡发送推销广告短信一条，原告韩孟认为被告移动公司未经其同意发送该条短信影响了其休息，遂提起诉讼，请求依法判令被告移动公司以书面形式向原告韩孟道歉。被告移动公司在接到原告韩孟投诉后，已停止向其发送类似短信 | 未经用户同意所发送的短信是否属于广告，是否构成侵权 | 1. 根据《中国移动通信客户入网服务协议》格式合同第四条第十二款的约定：为方便甲方及时准确了解乙方的各类业务信息，甲方同意乙方以电话、短消息、电子邮件、商函信息等，向甲方发送乙方的业务通告等，包括但不限于电话、短消息、服务热线、服务通告、服务营业厅、网站等方式取消乙方业务通告（赋予了选择退出的权利）。因此，被上诉人向上诉人发送一条短信介绍其业务的被上诉人约定的行为系合同约定的行为，并无违反法律规定的情形。为不应认定为广告，上诉人约定的被上诉人约定的行为介绍其业务的行为。2. 被上诉人向上诉人即停止了其发送短信的行为，相对于被上诉人发送多条短信、连续地发送短信扰乱客户正常生活的目的，故意发送免费短信后仍不停止发送短信，显然属于轻微发送短信的情形，没有对上诉人造成损害后果 |

续表

| 案由 | 案件名称 | 案号 | 基本案情 | 争议焦点 | 法院观点 |
|---|---|---|---|---|---|
| 侵权责任纠纷 | 霍亚慧与中国移动通信集团陕西有限公司榆林分公司侵权责任纠纷案 | （2017）陕08民终622号 | 原告霍亚慧手机号码因欠费被被告移动公司销号6个月后,被告于2015年2月4日将该号码二次放号给客户王美丽,由于工作人员在业务办理操作时不规范,未将客户资料完善,致使账户资料仍为原告霍亚慧。原告发现后,多次交涉未果,后申诉于工业和信息化部电信用户申诉受理中心,原、被告最终未达成一致意见,故原告诉至法院 | 用户欠费停号后,移动通信公司二次出号给他人,但账户资料仍为原用户,是否构成侵权 | 手机销号后双方之间的服务合同因欠费已终止,此后,移动通信公司将该号码提供给另一客户使用,未修改原客户资料构成侵害姓名权、侵害民事权益。《中华人民共和国侵权责任法》规定民事权益应当依照本法承担侵权责任。民事权益包括姓名权。移动通信公司在将上诉人称述因工作人员疏忽,致新客户在使用该号码时有关信息仍为原客户,故被人移动通信资料存在过错,显然侵犯了上诉人的民事权益,依法应当承担侵权责任 |
| 服务合同纠纷 | 昆明盛唐恒基科技有限公司、云南沐荣欣成房地产开发有限公司服务合同纠纷案 | （2017）云01民终6408号 | 盛唐恒基公司与沐荣欣成公司于2013年7月24日签订《信息战略合同》约定,盛唐恒基成公司（即乙方）为沐荣（即甲方）提供手机信息投放服务,盛唐恒基公司投放的手机信息内容为商业广告,且盛唐恒基公司投放信息范围不特定,即手机用户信息未经同意或书面授权,沐荣欣成公司亦未对盛唐恒基公司提供的手机用户是否同意接收信息进行审查 | 未取得接收信息的手机用户的同意或书面同意的投放短信广告的协议的效力 | 根据《全国人民代表大会常务委员会关于加强网络信息保护的决定》第七条:"任何组织和个人未经电子信息接收者同意或者明确表示拒绝的,不得向其固定电话、移动电话或者个人电子邮箱发送商业性电子信息。"当事人订立、履行合同,应当遵守法律、行政法规,尊重社会公德,不得扰乱社会经济秩序,损害社会公共利益。《信息战略合同》及双方在对所发送的手机短信的性质是否同意接收商业广告的主观机用户群体是否特定手机用户的权益,强行向不特定公众的手机用户发送信息,侵害了手机用户的权益。另外,本案的手双方系向不特定手机用户发送信息,发送的手 |

续表

| 案由 | 案件名称 | 案号 | 基本案情 | 争议焦点 | 法院观点 |
|---|---|---|---|---|---|
| | | | | | 机用户所属群体,手机号码都予以明确,在发送信息的过程中难免会造成手机用户的个人信息泄露,侵害手机用户的个人隐私。故本案违反双方在《信息战略合同》中约定的个人信息的权利义务违反了不特定公众的利益,该信息的保护属规定,该信息合同应属无效 |
| 服务合同纠纷 | 李利捷与中国移动通信集团北京有限公司服务合同纠纷案 | (2017)京02民终7737号 | 李利捷称其大约于2005年左右购买了移动的手机号码138XXXXXXXX,该号码一直未进行实名登记,因涉案手机号码一直未办理实名登记,号码已于2016年11月20日停机。一审经询问李利捷,是否同意在接受涉案号码实名登记的情况下恢复该号码的使用,李利捷表示不接受 | 用户是否可以拒绝提供手机号码的实名登记 | 《中华人民共和国反恐怖主义法》第二十一条规定,电信、互联网、金融、住宿、长途客运、机动车租赁等业务经营者,服务提供者,应当对客户身份进行查验。对身份不明或者拒绝身份查验的,不得提供服务。本案中,涉案手机号经多次提示后,仍未按要求进行实名登记,北京移动公司对涉案号码予以停机,北京移动公司的行为并无不当 |

续表

| 案由 | 案件名称 | 案号 | 基本案情 | 争议焦点 | 法院观点 |
|---|---|---|---|---|---|
| 侵权责任纠纷 | 李枚加与阿里云计算有限公司侵权责任纠纷案 | （2015）乐中民初字第3009号 | 2015年7月25日12时07分、12时10分，原告李枚加所使用手机接收到发送号码为10698095188的短信息共计5条，2015年8月7日，原告李枚加收到该号码内容相同信息1条。是被告阿里云计算有限公司与电信运营商签订短信业务服务协议后，由电信运营公司向被告阿里云计算有限公司提供企业移动短信平台服务号码，被告使用该号码向原告发送短信。2015年8月10日6时35分，原告进入申请注册页面按流程操作再次收到该号码发送的内容相同的短信息1条 | 使用手机号码快速注册账号服务中所接受的短信验证码等消息是否侵害了用户同意接受及隐私权 | 1. 被告通过短信服务平台号码发送验证码短信息的行为具有被动性和单向性的特点，即只有在其官方页面由行为人点击"免费注册"，并在接下来几步分别输入手机号码，点击"验证"后，服务平台号码才会向输入的手机号码发送验证码。被告在设置该注册页面功能中，并不能主动向广大手机终端用户发送短信。2. 从原告收到的验证码短信内容来看，信息并未包含直接或间接的介绍和推销商品或所提供服务的内容，不属于商业性短信息。法律规定发送者未取得短信息接受者同意或者不得发送的电子信息明确拒绝的情况下不得发送的电子信息明确界定为商业性短信息。综上，被告仅仅被动向原告手机终端发送了个别短信息，并非在较长时间内不断向原告发送商业广告类短信，被告对此不具有过错，不足以构成法律上的侵害原告隐私权 |

| 案由 | 案件名称 | 案号 | 基本案情 | 争议焦点 | 法院观点 |
|---|---|---|---|---|---|
| 生命权、健康权、身体权纠纷 隐私权纠纷 财产损害赔偿纠纷 | 李枚加与中国电信股份有限公司乐山分公司健康权、隐私权、财产损害赔偿纠纷案 | （2013）乐民终字第1109号 | 2011年8月29日，李枚加到电信乐山分公司办理了一个尊享e9套餐业务，该套餐含手机号码三个。2013年3月23日至4月15日，电信乐山分公司通过10001及10006向其客服号码为189xxxx0627的手机终端发送短信10条；从2013年5月16日至8月6日，电信乐山分公司通过"10659"短信服务平台向李枚加手机终端发送的短信18条；李枚加提供的短信内容中发送号为0833215422，10689，0833215244，10698并非电信乐山分公司客服号码，也非电信乐山分公司的短信通道号码 | 电信乐山分公司通过其客服号码10001及10006以及通过"10659"短信平台向当事人手机终端发送和转发的短信息是否属于商业广告信息，以及是否侵害了当事人的隐私权、财产权、健康权 | 1. 短信内容包括介绍和推销手机上网流量，推销手机和告知手机卖场开业，都是以短信为媒介直接或间接的介绍和推销商品或推销商业广告类服务，故上述短信息都属于商业广告类信息。<br>2. 法院认为，隐私权是指自然人享有的对其个人信息、私人活动和私有领域利用权。根据生活常识，人生活宁静权及个人私生活自由权。根据生活常识，手机用户选择可即可直接传播，其接受方式具有被动性和无序性，用户只能选择浏览或者不浏览。而且，每当用户的手机接收到短信息时，可能会影响人的正常工作和生活，并一直显示在原告手机上的侵权未停止。但电信业务信息在法律上的侵权；但电信公司仅就上网是有新信息，可能会影响人的正常工作和生活，并一直显示在原告手机上的侵权；但电信公司短信息在较长时间内不断向原告加发送商业广告类短消息，不足以构成法律上的信息，侵害了原告隐私权中包含的主要内容，即个人生活宁静权、个人私有领域的自由的私人通信以外的信息，必然会对原告隐私权造成某种程度上的困扰，侵害了个人生活宁静权，个人私有领域不受侵犯 |

续表

| 案由 | 案件名称 | 案号 | 基本案情 | 争议焦点 | 法院观点 |
|---|---|---|---|---|---|
| 侵权责任纠纷 | 刘春泉等侵权责任纠纷案 | （2015）沪一中民六（商）终字第107号 | 2011年6月3日，上诉人刘春泉填写申请表向上诉人工行上海分行申领牡丹畅通卡一张，2013年6月起，工行上海分行向刘春泉使用"95588"短号码向刘春泉连卡佛发送诸如"牡丹卡携手连卡佛倾情回馈"等信息。后刘春泉多次向95588的号码发送短信要求对方停止向其发送推销短信，但未能得到满意的答复，遂起诉至法院 | 银行发送系争电子信息的行为是否构成侵权 | 一审法院：<br>1. 商业性短信不应被理解为"与信用卡相关的信息"，格式条款的多种理解应采不利于格式条款提供方的理解；<br>2. 手机号码作为个人信息应属于一般人格权的保护范围；<br>3. 银行限制用户退订短信的行为构成侵犯了用户的个人信息权，构成一般人格权的侵权<br>二审法院：<br>1. 涉案信息属于系争银行卡的将来商业信息，虽银行提供的"与信用卡有关的信息"条款含义不尽明确，但不足以否定系争电子信息的法律属性，也不能说明银行行为有过错。<br>2. 用户收到信息后并未立刻提出异议，而是在4个月才提出主张。此种不作为可视为对银行发送信息的默示同意。<br>3. 发送的信息数量较少，16个月中仅有30余条，此种行为虽对用户的隐私空间及个人信息受保护的权利造成一定影响，但其影响的频率亦属低微，类似行为普遍存在于社会生活之中，尤其商业活动中更为多见，如缺乏现实意义，而要求相关行为人承担民事责任，不仅将使相关行为人承担超乎法律动辄犯法的境地，属不当加重民事主体的义务 |

续表

| 案由 | 案件名称 | 案号 | 基本案情 | 争议焦点 | 法院观点 |
|------|---------|------|---------|---------|---------|
| 不正当竞争、垄断纠纷 | 北京奇虎科技有限公司、北京三际网络科技有限公司与腾讯科技(深圳)有限公司、深圳市腾讯计算机系统有限公司、奇智软件(北京)有限公司不正当竞争纠纷案 | 北京市第二中级人民法院:(2011)二中民终字第12237号 | 1."360隐私保护器"针对QQ软件进行监测,监测的结果将QQ2010软件正常的文件扫描描述为侵犯了用户隐私;<br>2."360网"发布明确针对QQ软件的多篇文章内容,称QQ软件窥视用户隐私由来已久 | 1."360隐私保护器"只针对QQ软件进行监测,监测的结果将QQ2010软件正常的文件扫描描述为侵犯了用户隐私,这一事实否成立?<br>2."360网"发布的针对QQ软件的多篇文章内容,称QQ软件窥视用户隐私由来已久,该言论是否虚构事实,构成诋毁商誉 | 《360用户隐私保护白皮书》中将隐私信息界定为电话号码,工作职衔,财务状况,账户号等个人信息。上诉人奇虎科技有限公司,三际计算机公司,腾讯计算机公司并未提交充分证据证明被上诉人奇智软件科技有限公司扫描的文件含有上述性质的个人信息。上诉人奇虎科技有限公司,三际无限公司,原审被告奇智软件公司关于QQ软件确实存在扫描用户电脑中可能含有个人信息的现象的相关上诉主张,法院不予支持。在无事实依据的基础上,"360隐私保护器"通过记录等隐私泄露事件"的行为构成上网和聊天记录等隐私泄露事件"的行为构成商业诋毁 |

续表

| 案由 | 案件名称 | 案号 | 基本案情 | 争议焦点 | 法院观点 |
|------|---------|------|---------|---------|---------|
| 不正当竞争、垄断纠纷 | 宁波张力网络有限公司与宁波前程人力资源有限公司、徐文福商业贿赂不正当竞争纠纷案 | （2015）浙知终字第211号 | 原告张力公司网站的企业招聘信息系依据招聘企业的授权刊登，该网站只向付费企业展示。被告在其经营招聘网站时，将张力公司网站的招聘信息及个人简历上传在其网站上下载并上传在其网站上使用 | 1. "宁海人才招聘网"上的完整个人简历信息是否构成商业秘密？ 2. 被告整体复制"宁海人才招聘网"上的企业招聘信息和个人简历信息并运用于"云聘网"经营的行为，是否违反了公平竞争和诚实信用原则，违反了公认的商业道德 | 1. 张力公司主张的个人简历信息，除个人联系方式以外的其他信息如姓名、性别、出生年月、政治面貌、身高、体重、婚姻状况、最高学历、毕业年份、所学专业、教育经历、求职意向、工作经历、自我评价均可从公开渠道获得，不属于"不为公众所知悉"的信息，不符合商业秘密中原审被告使用的个人简历信息包括了个人的联系方式、"宁海人才招聘网"获得，故张力公司关于两原审被告使用侵害了其主张的商业秘密的诉请不能成立，对此不予支持。 2. 张力公司通过自身多年的经营，在"宁海人才招聘网"上积累了大量的企业招聘信息和个人简历信息，这些信息是张力公司的劳动和智力成果，对于开展人才招聘业务具有重要的商业价值，对企业声誉的积累具有一定的关联关系。徐文福擅自使用太平洋恒业公司的账号，密码把有关企业招聘和个人简历信息下来集中复制到"云聘网"上采复制的信息与张力公司的信息高度一致性，前程公司、徐文福将将力公司通过自身经营所积累的客户信息，复观上导致了"宁海人才招聘网"的客户主观故意，客观上"云聘网"上，具有搭便车的主观故意，损害上张力公司的合法权益，其行为违反了公平竞争和诚实信用原则，违反了公认的商业道德，扰乱了社会经济秩序，构成不正当竞争 |

251

续表

| 案由 | 案件名称 | 案号 | 基本案情 | 争议焦点 | 法院观点 |
|---|---|---|---|---|---|
| 不正当竞争、垄断纠纷 | 桂林市文化语言培训学校与桂林市教育咨询有限公司、李立飞侵害经营秘密纠纷案 | （2016）桂03民终109号 | 被告斯坦公司的法定代表人被告李立飞、股东被告蓝海青系原告原来员工,其二人利用在原告处就职的便利,使用了45位在原告桂林市九岗岭校区培训的学生信息,为其成立的被告斯坦公司抢占生源 | 1. 学生名册信息是否属于商业秘密? 2. 上课点名名册是否属于商业秘密 | 1. 首先,电子版学生名册信息,其中包含学生的姓名、性别、民族、出生年月、就读学校、曾任班干部、家庭住址、班主任姓名、职务、联系电话、父母亲姓名、学历、辅导班名、推荐好友及电话。上述信息需要经过长期的积累和整理汇集而成,体现了上诉人为开发客户信息付出了时间、人力、物力和财力的代价,这些信息内容非一般公知领域能够轻易获得。其次,学生名册所有人的交易成本,增加收入带来现实的或者潜在的经济利益。同时,上诉人为防止信息的泄露,采取了一系列的保密措施,包括在《劳动合同书》及《员工手册》中对商业秘密、知识产权和竞业禁止作出了明确约定,也为保护该信息采取了合理的措施。因此,本院认为,上诉人所主张采取了合理的电子版的学生名册信息符合我国法律规定的关于商业秘密的构成要件,属于商业秘密的范畴。2. 商业秘密中的客户名单应当是客户的综合信息,除了客户名称、地址、联系方式等简单的客户信息之外,还应当包括交易习惯、交易的深度等需求、意向、内容等。其次,仅有客户名称、电话号码、联系人等信息组成的客户名单不足以构成商业秘密,客户信息中的所有内容也不当然地都能构成商业秘密。 |

续表

| 案由 | 案件名称 | 案号 | 基本案情 | 争议焦点 | 法院观点 |
|---|---|---|---|---|---|
| | | | | | 3.客户名单应当具备交易的长期性和稳定性,仅是一次性、偶发性交易的客户或者曾经的交易客户,不能认定为具有商业秘密的属性。上诉人所提交的纸质版的学生上课信息从信息构成看,仅记载有姓名、性别和联系电话,在当前信息资讯相对丰富、来源信息渠道越发多样化的前提下,以上信息并不具备隐秘性和难以获得的特点,被上诉人通过其他公开普通渠道同样能够实现联系或获取得到上课名单中所记载的信息。因此上诉人课名单不属于商业秘密。 |
| 不正当竞争纠纷 | 北京百度网讯科技有限公司与上海汉涛信息咨询有限公司其他不正当竞争纠纷 | (2016)沪73民终242号 | 汉涛公司系大众点评网的经营者,大众点评网上积累有大量消费者对商户的评价信息。但是在百度地图和百度知道产品中搜索某一商户,页面会显示用户对该商户的评价信息,其中大部分信息都来自于大众点评网,汉涛公司认为百度公司该行为构成不正当竞争 | 百度公司使用大众点评网点评信息是否构成不正当竞争 | 百度地图大量使用大众点评网的点评信息,替代大众点评网向网络用户提供信息,会导致大众点评网的流量减少。百度地图在大量使用大众点评网点评信息的同时,又推介了自己的团购等业务,搜取了大众点评网的部分交易机会。此外,当网络用户使用百度搜索时,百度公司通过百度知道直接向用户提供来自大众点评网的点评信息,将一些想要获取百度公众点评信息的网络用户导流到百度知道,即百度公司通过百度知道使用上述大众点评信息,也会截取大众点评网的流量,给大众点评信息造成损害。针对本案百度公司使用大众点评网的点评信息的行为是否具有不正当性,我们认为:第一,大众点评网的核心竞争资源之一,大众点评信息是能给汉涛公司 |

253

续表

| 案由 | 案件名称 | 案号 | 基本案情 | 争议焦点 | 法院观点 |
|---|---|---|---|---|---|
| | | | | | 带来竞争优势,具有商业价值;第二,汉涛公司为运营大众点评网付出了巨额成本。第三,大众点评网的点评信息是其长期经营的成果。评网的点评信息由网络用户发布,汉涛公司获取、使用大众点评网发布点评信息未违反法律禁止性规定,也愿在大众点评网等网络用户自身用户持有,使用上述信息未违反法律禁止性规定,也不违背公认的商业道德。第四,在审判用户无法获取点评信息的情况下,百度公司通过技术手段,从大众点评网等网站获取大众点评信息,用于充实自己的百度地图和百度知道。百度公司此种使用方式,实质替代汉涛公司造成损害。其行为向用户提供信息,对汉涛公司造成损害。百度公司上述行为给汉涛公司造成了实质损害,具有明显的"搭便车""不劳而获"的特点。百度公司上述行为构成不正当竞争,具有不正当性,构成不正当竞争 |

续表

| 案由 | 案件名称 | 案号 | 基本案情 | 争议焦点 | 法院观点 |
|---|---|---|---|---|---|
| 不正当竞争纠纷 | 淘宝(中国)软件有限公司、安徽美景信息科技有限公司不正当竞争纠纷案 | (2017)浙8601民初4034号 | 淘宝公司开发、运营的涉"生意参谋"数据产品,是在收集用户浏览、搜索、收藏、交易等行为痕迹所产生的巨量原始数据基础上,以特定的算法深度分析并整合形成的预测型、指数型,其呈现方式是趋势图,排行榜,占比图等,天猫商家的网店运营能是为淘宝系统商家提高经营水平。淘宝公司运营的"咕咕互助众筹"及"咕咕众筹"网站,以提供远程登录已订购涉案数据产品用户电脑技术服务的方式,组织、帮助他人获取涉案数据产品中的数据内容,并从中获取利益 | 1. 淘宝公司收集并使用网络用户信息的行为是否正当;<br>2. 淘宝公司对于"生意参谋"数据产品是否享有法定权益;<br>3. 美景公司的行为是否构成不正当竞争 | 从规则公开方面来看,淘宝公司已向淘宝用户公开了涉及个人信息、非个人信息的《法律声明及隐私权政策》;从获取用户同意方面来看,淘宝公司在其用户注册账号时通过服务协议,法律声明及隐私政策形式取得了授权许可;从行为的合法正当来看,淘宝用户的原始数据均来自于淘宝用户的主动提供或平台自动抓取的活动痕迹,不存在非法渠道获取信息的行为;从行为必要性来看,淘宝公司收集原始数据获取为其合理经营提供的目的在于通过大数据分析为用户提供的经营参谋服务,其使用网络数据收集信息的目的、方式和范围均符合相关法律规定。因此淘宝公司公开收集使用网络用户信息以及"生意参谋"数据产品公开法律规定,具有正当性。<br>涉案"生意参谋"数据产品中的数据内容虽然来源于原始网络数据,但经过淘宝公司的深度开放已不同于普通原始网络数据。首先,该产品所提供数据内容不再是原始网络数据,而是巨量原始网络数据基础上通过一定的算法,经过深度分析过滤,提炼整合及匿名化脱敏处理而形成的预测型、统计型的衍生数据。其次,该产品呈现为排行榜,占比图等图形,提供的时可视化的数据内容。"生意参谋"数据产品通过一定的算法,将巨量的原始网络数据过滤,整合分析,形成大数据内容, |

255

续表

| 案由 | 案件名称 | 案号 | 基本案情 | 争议焦点 | 法院观点 |
|---|---|---|---|---|---|
| | | | | | 并直观地呈现给用户,能够给用户全新的感知体验,其已不是一般意义上的网络数据库,已成为网络大数据产品。由于网络用户信息与原始网络数据是网络数据产品"生意参谋"数据产品是否享有合法权益,享有何种法定权益,首先应当明确淘宝公司作为网络运营者与相关网络用户对于网络用户信息,原始网络数据,数据产品的权利边界。由于互联网经济作为新型市场形态与网络用户相互探索的立阶段,目前对于网络运营者与网络用户之间的利益分配与权利冲突,应当秉持"合法,合理,公平"的原则,综合考量法律规定,双方同法律关系属性以及有利于社会公共秩序与社会公众利益维护等因素予以评判。<br><br>就本案双方争议的权利边界焦点问题,本院认为:首先,网络运营者向网络用户之间系属合同关系。网络用户向网络运营者提供用户信息的真实目的是为了获取相关网络服务;网络用户信息作为单一信息具有直接的经济价值,在无法律规定或合同特别约定的情况下,网络用户对其提供的财产权或财产性权益尚可。其次,鉴于原始网络数据,只是对网络用户信息进行了数字化记录的转换,网络运营者虽然在此转换过程中付出了 |

256

续表

| 案由 | 案件名称 | 案号 | 基本案情 | 争议焦点 | 法院观点 |
|---|---|---|---|---|---|
| | | | | | 一定劳动,但原始网络数据的内容仍未脱离原网络用户信息范围,故网络运营者对原始用户信息仍应受制于网络用户所提供的用户信息的控制,而不能享有独立的权利,网络运营者只能依其与网络用户的约定享有对原始网络数据的使用权。其三,网络大数据内容不同于原始网络数据,其提供的数据内容虽然同样来源于网络用户信息,但经过网络运营者大量的智力劳动成果投入,经过深度开发与系统整合,最终呈现给消费者的数据内容,已独立于网络用户信息、原始网络数据之外,是与网络用户信息、原始网络数据无直接对应关系的衍生数据。网络运营者对于其开发的大数据产品,应当享有自己独立的财产性权益。随着互联网科技的迅猛发展,网络大数据产品虽然表现为无形资源,但可以为运营于市场的网络运营者带来相应的经济利益,随着网络大数据产品市场价值的日益凸显,网络大数据产品自身已成为了商品交易的对象,已实质性地具备了商品的交换价值。对于网络运营者而言,网络大数据产品已成为其拥有的一项重要的财产权益。另一方面,网络数据产品的开发应用已成为当前互联网行业的主要商业模式,是网络运营者市场竞争优势的重要来源。数据中的内容系淘宝公司付出生意参谋"数据产品的开发应用已成为当前互联网行出了大量人力、物力、财力,经过长期经营积累 |

257

续表

| 案由 | 案件名称 | 案号 | 基本案情 | 争议焦点 | 法院观点 |
|---|---|---|---|---|---|
| | | | | | 而形成，具有显著的即时性、实用性，能够为商户提供即时性、实用性，能够为商户提供运营提供系统的大数据分析服务，帮助商户提高经营水平，进而改善了可观的商户提高经营水平，进而改善了可观的商业利益，同时也为淘宝公司带来了可观的商业利益。"生意参谋"数据产品系淘与市场竞争优势。"生意参谋"数据产品系淘宝公司的劳动成果，其所带来的权益，应当归淘宝公司所享有。<br>美景公司的被诉行为违反了诚信原则和公认的商业道德，这种"不劳而获"的搭便车行为损害了同行业竞争者淘宝公司的合法利益，具有明显的不正当性，已构成不正当竞争。<br>需要指出的是，随着互联网科技的高速发展，数据已日益成为信息社会中的基础资源，数据价值日益凸显，发展大数据产品已成为国家重要战略。数据产品通过对处于粗放状态的原始数据的提炼整合，将原本单一目价值有限的碎片化数据信息通过云计算、大数据分析处理，可以成倍提升数据的使用价值，极大提高社会各方面活动的效能。因此，依法制止侵害大数据产品研发者相应权益，及时依法行为，营造健康、有序的数据市场竞争秩序，已变得十分迫切。为此，一方面，必要的原则，在严格履行对用户信息的安全保护义务，依法采集、使用各类数据信息，获得相应的数据权益，保障个人信息权利和数据安全的基础上，保并不断改进商业模式和提高服务质量，给数据用户带来更新的体验和更多的获得感。另一方面， |

续表

| 案由 | 案件名称 | 案号 | 基本案情 | 争议焦点 | 法院观点 |
|---|---|---|---|---|---|
| | | | | | 对不正当利用他人数据产品获取竞争优势，扰乱互联网大数据市场竞争秩序的行为应及时予以制止，同时加大惩治力度，依法保护数据产品研发者充分、有效救济，有效保护数据产品研发者的合法权益。唯有此，方能保障大数据产业的健康可持续发展，进一步激励数据产品研发者的热情，创造出更多有价值的数据产品，进而推动互联网大数据产业的健康发展，构建公开、公平、公正、诚信有序，兼顾各方利益的数据产业竞争秩序 |